English-Ukrainian
Dictionary of Business

Англо-український
словник ділової лексики

Англо-український словник ділової лексики

д-р Олександр Круглов
Катя Курилко
Дмитро Костенко

Бізнес-консультант д-р Джон У. Сельський

Видавництво «МакФарленд і Компанія, Інк.»
Джефферсон, Північна Кароліна, і Лондон

English-Ukrainian Dictionary of Business

Alexander Krouglov, Ph.D.
Katya Kurylko
Dmytro Kostenko

Consulting Editor John W. Selsky, Ph.D.

McFarland & Company, Inc., Publishers
Jefferson, North Carolina, and London

British Library Cataloguing-in-Publication data are available

Library of Congress Cataloguing-in-Publication Data

Krouglov, Alexander, 1955–
    English-Ukrainian dictionary of business terms = Anhlo-ukraïns'kyĭ
slovnyk dilovoï leksyky / Alexander Krouglov, Katya Kurylko,
Dmytro Kostenko ; business editor John W. Selsky.
        p.   cm.
    Preface also in English.
    ISBN 0-7864-0301-2 (library binding : 55# alkaline paper) ∞
    1. Business—Dictionaries.   2. English language—Dictionaries—
Ukrainian.   I. Kurylko, Katya.   II. Kostenko, Dmytro.   III. Title.
HF1002.K74   1997
650'.03—dc21   97-5050
                                                                              CIP

©1997 Alexander Krouglov, Katya Kurylko, Dmytro Kostenko.

Manufactured in the United States of America

McFarland & Company, Inc., Publishers
  Box 611, Jefferson, North Carolina 28640

A number of individuals have contributed and offered support to the development of this dictionary. The list of them is so long that recording our thanks to everyone is impossible. Most importantly, our gratitude is due to the late Professor Pavel Tichy, a philosopher and linguist, who offered us significant help and many constructive suggestions which considerably improved the book.

The project has especially profited from numerous discussions with Dr. John W. Selsky, our business consultant, who made valuable comments on various problems covered in the dictionary.

We are extremely grateful to our friend Mychajlo Wowk, for his invaluable technical expertise in assisting us with putting the project into its final form.

Very special thanks are due to friends and colleagues: George Luckyj, Professor Emeritus, University of Toronto; Dr. Zenon E. Kohut, Acting Director, Canadian Institute of Ukrainian Studies; Professor Marko Pavlyshin, Monash University; Senior Lecturer Jim Dingley, School of Slavonic and East European Studies, London University; Dr. Marko Bojcun, University of North London; Mr. Simon N. P. Hemans, former British Ambassador to Ukraine; Mr. Dick Jenkins, First Secretary of the British Ambassy in Kiev; Dr. Olena Bech, Kiev University; Associate Professor Andy Barrat, Dr. Sandra Bennet and Alexandra Bello for their suggestions and encouragement.

PREFACE

The post-Soviet period has witnessed a rapid and unprecedented growth of international trade and commerce with business people from the countries of the former USSR. As a result, there has been a corresponding growth of practical interest in the mastery of the required foreign languages in both western and former eastern bloc countries. No one understands better than business people that the main requirement for the successful conduct of business matters is agreement based on a complete and thorough understanding of one's associates. However, it is obvious that the simple attainment of a certain level of proficiency in English and Ukrainian will not in itself suffice for the achievement of such aims in the business world. It was with this consideration in mind that the present project was undertaken.

As the language of the business world is in a state of constant flux, we have used a wide range of up-to-date materials – business correspondence, commercial documents from information agencies, specialist periodicals, etc. – in the compilation of this unique Dictionary. Practical knowledge and experience also find their reflection in the Dictionary by means of our familiarity with the current economic situation in Ukraine and the local subtleties of meaning found in the lexicon of the Ukrainian language and of several English speaking nations as well. Our aim was to have the Dictionary embrace the current terminology used in economic and business spheres of communication. New terms have recently appeared as a consequence of new realities, and we have included these in the present volume.

At all times we have kept in mind the point of view of the potential user, for whom it is essential to be able to quickly find the appropriate term or word combination in its expected place. Once the user has found the required form, he or she can also obtain information regarding its application in specific circumstances. Thus, in numerous instances, an entry contains not only the various translations of a word or word combination but also, in parenthesis, how it is to be interpreted.

Each entry is also followed by a list of examples of its use in various phrases. As the meanings of thematically specialised terms very often can only be determined within the context of word combinations, these examples will assist the user in more quickly and accurately finding the translation of the required term in a given context.

The present work is intended first and foremost for business people in Ukraine and in English-speaking countries who are already, or intend to be, part of a commercial enterprise in that country. Its use is not limited to the world of commerce, however. Translators should find it to be a valuable reference source as should those studying or teaching Ukrainian/English who wish to attain a better grasp of the given thematic vocabulary. The Dictionary will also be of use to secretaries, managers, foreign trade consultants, workers in joint ventures and many others involved in international commerce.

The Dictionary is compiled alphabetically. Illustrative word combinations are provided in alphabetical order under the corresponding key word, regardless of whether or not the key word appears first in the phrase. Within each entry the word combinations are listed alphabetically according to the word beginning the phrase. Where English terms yield more than one equivalent in Ukrainian, the Ukrainian words are listed according to the following convention: synonyms are separated by commas, whereas words of similar meaning are separated by a semi-colon. Different meanings of the same term are enumerated.

All nouns in the Ukrainian section, other than those appearing in oblique cases, have their definitions followed by their gender and, if the noun is used in the plural, a plural marker is used. All words in the English section have their grammatical categories indicated. If a word is used only in the singular or plural, this too is indicated in parenthesis. In the Ukrainian section of the dictionary words having more than one syllable have their stress indicated.

At the end of the Dictionary there is a List of Abbreviations. The user is advised that English does not have a single norm for fixing the forms of abbreviations or acronyms. For example, in various texts one can encounter the following abbreviations:

asap; ASAP as soon as possible якомо́га скорі́ше, якомо́га шви́дше
ass.; assn. association об'є́днання, асоціа́ція, товари́ство

Our list offers the most widely used forms of abbreviation, but the reader is advised that, should the necessary abbreviation not be found in a familiar variant, it may be represented in some other form.

In addition to the above, we draw your attention to the fact that we have avoided forms that are not characteristic of Ukrainian (e.g. active participles with the ending -учий, -ючий, and others). Nouns of the third declension are given in the genitive singular with the inflectional ending -и (labor theory of value – робо́ча тео́рія ва́ртости). The use of г and ґ is differentiated.

American orthography has been employed except in those cases when the term is restricted to the usage in other English-speaking countries and has a spelling which differs from the American.

ВСТУП

Зі зростанням обсягів міжнародної торгівлі та комерції за участю ділових людей з держав колишнього СРСР, що стало реальністю в пострадянський період, закономірно зросла обопільна зацікавленість в оволодінні відповідними іноземними мовами. Адже хто, як не бізнесмен, розуміє, що для успішного ведення справ необхідна мова – то домовленість, досягнута при певному й адекватному розумінні партнера. Однак, просте досягнення певного рівня володіння українською/англійською мовою не завжди може слугувати надійною гарантією такого розуміння у діловому контексті. Тому виникла ідея укладення цього Словника.

Оскільки мова ділового світу постійно змінюється, при укладанні цього унікального Словника ми широко використовували сучасні першоджерела (ділова кореспонденція, комерційна документація, спеціалізовані матеріали інформаційних агенств та засобів масової інформації, фахова періодика й література і т. ін.). У Словнику також знайшло відображення знання самими укладачами особливостей економічного становища та місцевих реалій в Україні та кількох англомовних країнах. Словник охоплює економічну та бізнесову термінологію, яка вживається в діловому спілкуванні сьогоднішнього дня, включно з термінами та значеннями, що виникли останнім часом через появу нових реалій.

Структурно ми укладали цей Словник з точки зору потенційного покористовувача, для якого важливо швидко, у сподіваному місці знайти потріб не слово/словосполучення. Ще однією метою було не допустити, аби покоритовувач, знайшовши потрібну словникову одиницю та її переклад, залишався у сумнівах щодо її значення. Тому в деяких випадках подано не лише переклад слова/словосполучення, але і його тлумачення чи пояснювальне розширення у дужках.

Для ліпшого розуміння кожної словникової одиниці ми подаємо низку прикладів її реального вжитку у словосполученнях. Оскільки значення слів у тематичному спеціалізованому мовленні часто можна визначити лише в контексті словосполучень, подані у Словнику ілюстрації допоможуть швидше й точніше знайти переклад потрібного терміну у контексті, даному Вам.

Цей Словник укладено, передусім, для ділових людей в англомовних країнах та в Україні, які вже провадять або мають намір провадити дво/багатосторонній бізнес. По-друге, для перекладачів. По-третє, для тих, хто вивчає або викладає українську/англійську мову й прагне ліпше оволодіти даною конкретною тематичною галуззю вокабуляру. Словник може стати у пригоді секретарям, менеджерам, консультантам з питань зовнішньої торгівлі, працівникам спільних підприємств і багатьом іншим, хто має відношення до міжнародної комерції.

Словник укладено в алфавітному порядку. Ілюстративні словосполучення подано в алфавітному порядку під відповідним ключовим словом. Незалежно від того, чи ключове слово є першим у словосполученні, чи ні, алфавітний порядок визначає саме слово. Синонімічні переклади англійського терміну українською мовою подаються через кому; подібні, однак, не цілком синонімічні – через крапку з комою. Різні значення одного й того ж слова позначено цифрами.

Усі іменники української частини Словника, за винятком тих, які з'являються в непрямих відмінках, супроводжуються зазначеннями їхнього роду, а якщо іменник вжито у множині – то й числа. Усі слова англійської частини подано з вказанням їхньої належности до певної частини мови. Якщо слово вживається лише в одній числовій формі, це також вказується в дужках. В українській частині Словника в кожному слові, яке має більше, ніж один склад, позначено наголос.

У кінці Словника подано Список Скорочень, при користуванні яким просимо зважати на те, що в англійській мові не існує усталених норм оформлення аб ревіатур чи акронімів. Наприклад, у різних текстах можна зустріти одну й ту саму абревіатуру в таких виглядах:

asap; ASAP   as soon as possible якомо́га скоріше, якомо́га шви́дше
ass.; assn.   association об'є́днання, асоціа́ція, товари́ство

Наш список подає найбільш широковживані форми, тож, якщо ви не знайшли потрібне скорочення у відомому Вам вигляді, подивіться, чи воно не подане в іншому.

Крім сказаного вище, звертаємо Вашу увагу, що в українських термінах ми уникали невластивих для української мови словоформ (наприклад, дієприкметників активного стану з закінченнями -учий, -ючий і т. ін.). Іменники 3-ої відміни подаються в родовому відмінку однини з закінченням -и (labor theory of value – робо́ча тео́рія ва́ртости). Розрізнено також уживання г і ґ.

Щодо правопису, ми використовували за основу американський варіант англійської мови. Виняток становлять терміни, які представляють суто реалії інших англомовних країн і пишуться відмінно від відповідних слів у американському варіанті.

List of Abbreviations
Used in the Dictionary

adj.	adjective	m.	masculine noun
adv.	adverb	n.	neuter noun
f.	feminine noun	pl.	plural noun
Lat.	Latin	v.	verb

мор.	sea	т.д.	etc.
напр.	for example	т.ін.	and others
неоф.	unofficial	утв.	created

List of Short Explanations
Used in the Dictionary

пате́нт	patent
сленґ	slang
стати́стика	statistics
страхува́ння	insurance
умо́ва контра́кту	condition of a contract
фіна́нси/у фіна́нсах	finance/in finance

Список скорочень, що вжива́ються у словнику

n.	іменник	*m*	іменник чоловічого роду
v.	дієслово	*f*	іменник жіночого роду
adj.	прикметник	*n*	іменник середнього роду
adv.	прислівник	*pl*	множина
Lat.	латинська мова	*pl only*	що вживається тільки у множині

мор.	морський термін	т.д.	так далі
напр.	наприклад	т.ін.	та інше
неоф.	неофіційний	утв.	утворений

English Alphabet
Англійський алфавіт

A a	N n
B b	O o
C c	P p
D d	R r
E e	S s
F f	T t
G g	U u
H h	V v
I i	W w
J j	X x
K k	Y y
L l	Z z
M m	

A

abandon (v.) відмовля́тися **abandon a claim** 1. відмовля́тися від по́зову 2. відмовля́тися від прете́нзії

abandonment (n.) 1. абандо́н *m* (страхува́ння) 2. відмо́ва *f* (су́дно- чи вантажовла́сника від своїх прав)

absence (n.) 1. відсу́тність *f* 2. неста́ча *f* **absence of choice** відсу́тність ви́бору

absorption (n.) абсо́рбція *f*; вбира́ння *n* **absorption rate** прогно́з ча́стки купі́влі нерухо́мости (да́ною компа́нією)

accelerate (v.) приско́рювати **accelerate securities** приско́рювати (наближа́ти) да́ту пога́шення ці́нних папе́рів

accept (v.) прийма́ти, акцептува́ти **accept a check** прийма́ти чек **accept an application** прийма́ти зая́ву, прийма́ти зая́вку **accept an invitation** прийма́ти запро́шення **accept an order** прийма́ти замо́влення до викона́ння

acceptance (n.) 1. акце́пт *m* 2. прийма́ння *n*, прийняття́ *n* 3. зго́да *f* прийня́ти щось **acceptance against documents** акце́пт про́ти докуме́нтів **acceptance for honor** акцептува́ння зара́ди врятува́ння креди́ту подавача́ ве́кселя **acceptance of bill of exchange** ве́ксельний акце́пт **acceptance of a check** че́ковий акце́пт **acceptance of commercial documents** акце́пт комерці́йних докуме́нтів **acceptance of an offer** прийняття́ пропози́ції **acceptance sampling** вибірко́ве прийма́ння, вибірко́ва переві́рка (статисти́чна процеду́ра контро́лю я́кости) **acceptance supra protest** акцептува́ння опротесто́ваної тра́тти тре́тьою осо́бою **advise of acceptance** аві́зо про акце́пт **banker's acceptance** ба́нківський акце́пт **conditional acceptance** умо́вний акце́пт **general acceptance** безумо́вний акце́пт **long-term acceptance** до́вгостроко́вий акце́пт **non-acceptance** відмо́ва від акцептува́ння **partial acceptance** частко́вий акце́пт **preliminary acceptance** попере́дній акце́пт **qualified acceptance** обме́жений акце́пт **short-term acceptance** короткостроко́вий акце́пт **subsequent acceptance** насту́пний акце́пт **to present for acceptance** представля́ти до акцептува́ння **unconditional acceptance** необумо́влений акце́пт

unqualified acceptance необме́жений акце́пт

acceptor (n.) акцепта́нт *m*, трасса́т *m*

access (v.) вихо́дити (на), ма́ти до́ступ (до) **access a file** вихо́дити на файл

access (n.) до́ступ *m*, ви́хід *m* **access right** пра́во до́ступу **access to foreign markets** до́ступ до зо́внішніх ри́нків; ви́хід на зо́внішні ри́нки **access to resources** до́ступ до ресу́рсів **access to technology** до́ступ до техноло́гії

accident (n.) 1. ава́рія *f* 2. неща́сний ви́падок *m* **accident insurance** страхува́ння від неща́сних ви́падків

accord (n.) домо́вленість *f*; зго́да *f* **accord and satisfaction** «зго́да та задово́леність» (пі́сля викона́ння контра́кту) (фра́за з ділово́ї документа́ції чи кореспонде́нції)

account (n.) 1. раху́нок *m*, розраху́нок *m* 2. звіт *m*; зві́тна до́повідь *f*; торгіве́льний бала́нс *m* **account agent** 1. рекла́мний аге́нт, аге́нт рекла́мної фі́рми (яки́й працю́є з конкре́тним кліє́нтом) 2. аге́нт бро́керської фі́рми **account balance** са́льдо раху́нку, бала́нс раху́нку **account book** розрахунко́ва кни́га; бухга́лтерська кни́га **account broker** 1. рекла́мний аге́нт, аге́нт рекла́мної фі́рми (яки́й працю́є з конкре́тним кліє́нтом) 2. аге́нт бро́керської фі́рми **account executive** 1. рекла́мний аге́нт, аге́нт рекла́мної фі́рми (яки́й працю́є з конкре́тним кліє́нтом) 2. аге́нт бро́керської фі́рми **account holder** вла́сник раху́нку **account number** но́мер раху́нку (у ба́нку) **accounts payable** кредито́рська заборго́ваність; раху́нки кредито́рів **accounts receivable** раху́нки дебіто́рів **account statement** звіт ба́нку про пото́чний бала́нс раху́нку **account withdrawal** ви́лучення раху́нку **advance account** ава́нсовий звіт **appropriation account** раху́нок асигнува́нь **bank account** ба́нківський раху́нок, раху́нок у ба́нку **below-line balance account** позабала́нсовий раху́нок **buyer's account** раху́нок покупця́ **capital account** раху́нок капіта́лу (підприє́мства) **checking account** че́ковий раху́нок **cheque account** че́ковий раху́нок (Великобрита́нія, Австра́лія, Нова́

Зела́ндія) **clearing account** клі́ринговий раху́нок **closed account** закри́тий раху́нок **correspondent's account** кореспонде́нтський раху́нок **credit account** креди́тний раху́нок **current account** пото́чний раху́нок **delinquent account** раху́нок простро́чених по́зик **disbursement account** дисбурсме́нтський раху́нок **expense account** раху́нок на представни́цькі ви́трати **external payments account** платі́жний бала́нс **foreign currency account** валю́тний раху́нок, раху́нок ВКВ **foreign exchange account** зо́внішньобі́ржови́й раху́нок **frozen account** блоко́ваний раху́нок; раху́нок, на яки́й накла́дено аре́шт **interest account** проце́нтний раху́нок **interest bearing account** проце́нтний раху́нок **joint account** спі́льний раху́нок **loan account** по́зиковий раху́нок **money-market account** термі́но́вий раху́нок **negotiable orders of withdrawal account (NOW)** раху́нок «НАУ» («оборо́тні нака́зи про ви́лучення») **non-interest bearing account** безвідсо́тковий раху́нок **open account** відкри́тий раху́нок **personal account** осо́бистий раху́нок **profit and loss account** раху́нок прибу́тків та зби́тків **sales account** раху́нок про́дажу **savings account** оща́дний раху́нок, заоща́джувальний раху́нок, раху́нок в оща́дному ба́нку **settlement account** розрахунко́вий раху́нок **special account** особли́вий раху́нок **specified account** специфі́ко́ваний раху́нок **summary account** заклю́чний бала́нс **supplier's account** раху́нок постача́льника **term account** термі́но́вий раху́нок **to balance an account** збалансо́вувати раху́нок; підби́ти бала́нс раху́нку **to carry to account** запи́сувати на раху́нок **to charge a debt off an account** спи́сувати заборго́ваність з раху́нку **to charge to account** ста́вити на раху́нок **to credit to an account** запи́сувати су́му у креди́т на раху́нок **to debit an account** вно́сити су́му у де́бет раху́нку; записа́ти на де́бет раху́нку **to draw an amount from an account** знíма́ти су́му з раху́нку **to keep an account** ве́сти раху́нок; підво́дити раху́нок **to open an account with a bank** відкрива́ти раху́нок у ба́нку **to pay an account** спла́чувати су́му; спла́чувати нале́жну за раху́нком су́му **to receive an account** отри́мувати раху́нок **to settle an account** розпла́чуватися за

раху́нком **to transfer an account** переводити раху́нок **transferable account** перевідни́й раху́нок

accountant (n.) бухга́лтер *m* **certified public accountant** ауди́тор, фіна́нсовий контроле́р, реві́зо́р **chartered accountant** грома́дський бухга́лтер; бухга́лтер-експе́рт **tax accountant** податко́во-фіна́нсовий бухга́лтер **senior accountant** ста́рший бухга́лтер

accounting (n.) 1. о́блік *m*; зві́тність *f* 2. бухга́лтерський (adj.) **accounting department** бухгалте́рія **accounting cycle** бухга́лтерський цикл **accounting period** зві́тний пері́од **accounting principles** при́нципи грошово́го о́бліку **accounting procedure** ме́тод бухга́лтерського о́бліку **accounting records** бухга́лтерські кни́ги **accounting standards** но́рми зві́тности **accounting system** систе́ма бухга́лтерського о́бліку **cash accounting** грошови́й о́блік, грошова́ зві́тність

accreditation (n.) акредита́ція *f* **accreditation of agencies** акредита́ція організа́цій **professional accreditation** професі́йна акредита́ція (напр., бухга́лтерів)

accrual (n.) збі́льшення *n*, нарахо́вування *n* **accrual of unpaid interest** нарахо́вування неспла́чених проце́нтів, накопи́чення неспла́чених проце́нтів

accrue (v.) збі́льшуватися, нагрома́джуватися; нароста́ти (про проце́нти)

accrued (adj.) збі́льшений, нарахо́ваний **accrued depreciation** знеці́нювання, що збі́льшилося **accrued income** нарахо́ваний, але ще не ви́плачений прибу́ток **accrued interest** проце́нти, що наросли́ **accrued items** нарахува́ння **accrued taxes** податко́ві нарахува́ння

accumulate (v.) накопи́чувати, нагрома́джувати, акумулюва́ти

accumulated (adj.) накопи́чений, нагрома́джений, акумульо́ваний **accumulated debt** накопи́чений борг **accumulated dividend** нерозподі́лені дивіде́нди **accumulated error** накопи́чена поми́лка

accumulation (n.) накопи́чення *n*, акумуля́ція *f* **accumulation of funds** акумуля́ція фо́ндів

acknowledge (v.) підтве́рджувати **acknowledge receipt of goods** підтве́рджувати оде́ржання това́рів **acknowledge receipt of payment** підтве́рджувати оде́ржання платежу́

acknowledgement (n.) підтве́рдження *n*, розпи́ска *f* **acknowledgement of an order** підтве́рдження замо́влення **acknowledgement of debt** по́зиковий лист; визнання́ бо́ргу **acknowledgement of receipt** підтве́рдження отри́мання

acquire (v.) придба́ти; скупо́вувати **acquire a company** придба́ти компа́нію **acquire securities** придба́ти цінні папе́ри **acquire shares** скупо́вувати а́кції

acquisition (n.) придба́ння *n*, отри́мання *n* **acquisition cost** ва́ртість придба́ння **acquisition of property** придба́ння вла́сности **acquisition of technology** отри́мання техноло́гії

acquittance (n.) звільнення *n* (від відповіда́льности, зобов'яза́ння); розпи́ска *f*; пога́шення *n* бо́ргу

acre (n.) акр *m*

across the board 1. зага́льний 2. що стосу́ється всіх **across the board wage increase** зага́льне підви́щення заробітної пла́ти

act (n.) акт *m*; дія́ *f* **act of God** стихійне ли́хо; форс-мажо́рні поді́ї, надзвича́йні обста́вини **administrative act** адміністрати́вний акт **antitrust act** антимонопо́льний законода́вчий акт **commercial act** комерці́йний акт **illegal act** протипра́вна дія́ **legislative act** законода́вчий акт **normative act** нормати́вний акт **Sale of Goods Act** зако́н про про́даж това́рів (Англія) **standard act** нормати́вний акт

action (n.) 1. по́зов *m*; обвинува́чення *n*; судови́й проце́с *m* 2. рі́шення *n* пате́нтної устано́ви 3. дія́ *f* **action for damages** по́зов про зби́тки **administrative action** рі́шення операти́вного хара́ктеру **affirmative action** дії́ сприя́ння меншина́м **industrial action** страйк **field action** пред'я́влений по́зов **legal action** судови́й проце́с **patent action** пате́нтний по́зов **real action** майнови́й по́зов **to bring an action against someone (against a firm)** пору́шувати спра́ву про́ти кого́сь (про́ти фі́рми) **to compromise an action** знахо́дити компромі́с у спра́ві,

пола́годжувати спра́ву **to dismiss an action** відмовля́ти у по́зові **to lose an action** програ́вати спра́ву, програ́вати проце́с **to take immediate action** вжива́ти терміно́ві за́ходи **to win an action** вигра́вати спра́ву, вигра́вати проце́с

active (adj.) акти́вний; позити́вний **active balance** перевищення акти́ву над паси́вом **active debt** неспла́чений борг **active income** акти́вний прибу́ток, позити́вний прибу́ток **active market** акти́вний ри́нок; ді́ючий ри́нок **active securities** акти́вні цінні папе́ри

activity (n.) 1. дія́льність *f*, акти́вність *f* 2. опера́ції *pl* **commercial activity** комерці́йна дія́льність **economic activity** господа́рча дія́льність **foreign economic activity** зо́внішньоекономі́чна дія́льність **foreign trade activity** зо́внішньоторгіве́льна дія́льність **lending activities** креди́тні опера́ції **market activity** пожва́влення на ри́нку

actual (adj.) 1. факти́чний, чи́нний, ді́йсний 2. пото́чний, суча́сний **actual capital** ді́йсний капіта́л **actual cash value** ді́йсна ва́ртість грошей (теорети́чна конце́пція ва́ртости) **actual cost** факти́чна ва́ртість **actual price** факти́чна ціна́ **actual state of affairs** факти́чний/суча́сний стан **actual total loss** чи́нні зага́льні втра́ти

actuary (n.) стати́стик *m* страхово́го товари́ства, актуа́рій *m*

ad (n.) рекла́мна об'я́ва *f* **ad compaign** рекла́мна кампа́нія **ad item** рекла́мна об'я́ва

add (v.) додава́ти, склада́ти, збі́льшувати **add staff** збі́льшувати штат, розши́рювати штат

addendum (n.) аде́ндум *m*, дода́ток *m*, допо́внення *n* (до умо́ви) (pl.: addenda) **addendum to a contract** допо́внення до контра́кту **addendum to an agreement** допо́внення до уго́ди

addition (n.) дода́ток *m*, допо́внення *n*

additional (adj.) додатко́вий **additional charge** 1. надба́вка 2. додатко́ве збира́ння грошей **additional cost** додатко́ва витра́та **additional expense** додатко́ва витра́та

address (v.) 1. зверта́тися до 2. адресува́ти **address a letter** адресува́ти листа́ **address a meeting** зверта́тися до присутніх на зборах, виступати на зборах

address (n.) адреса *f* mailing address поштова адреса

addressee (n.) 1. адресат *m* 2. одержувач *m*

adjudge (v.) 1. судити 2. присуджувати (премію) adjudge someone guilty визнати когось винним

adjust (v.) 1. коректувати 2. виправляти 3. пристосовувати 4. регулювати, урегульовувати adjust debts урегульовувати борги

adjustment (n.) поправка *f*; виправлення *n*; врегулювання *n* adjustment assistance допомога в адаптації adjustment for depreciation амортизаційне врегулювання adjustment for inflation поправка на інфляцію adjustment of an account виправлення рахунку adjustment of a difference розв'язання суперечки adjustment of claims врегулювання претензій adjustment of supplies to current demand приведення поставок у відповідність з наявним попитом adjustment of wage rates to the cost of living index зміна ставок заробітної платні в залежності від зміни індексу прожиткового мінімуму downward adjustment зниження ціни price adjustment врегулювання ціни seasonal adjustment поправка на сезонні коливання upward adjustment підвищення ціни

administer (v.) 1. управляти, керувати, вести справи 2. постачати, надавати (допомогу) administer a contract слідкувати за виконанням контракту administer relief надавати допомогу

administration (n.) 1. керування *n*, урядування *n* 2. керівництво *n*, адміністрація *f*, уряд *m*

administrative (adj.) 1. адміністративний 2. виконавчий administrative act адміністративний акт administrative action рішення оперативного характеру administrative and legal regulation адміністративно-правове регулювання administrative assistant виконавчий помічник administrative law адміністративне законо-давство administrative position виконавча посада administrative

staff адміністративний персонал administrative task адміністративне завдання

administrator (n.) 1. адміністратор *m*, особа *f*, що виконує офіційні обов'язки 2. опікун *m* administrator of estate адміністратор майна, що успадковується

advance (n.) 1. позика *f*, аванс *m*; підвищення *n* 2. позиковий (adj.), авансовий (adj.) advance against payment аванс за рахунок платежів advance delivery доставка у кредит advance in price підвищення ціни advance notice попереднє повідомлення advance payment авансова виплата cash advance грошовий аванс to grant an advance надавати аванс

advanced (adj.) 1. передовий 2. розвинутий 3. що було авансовано advanced capital капітал, що було авансовано to grant an advance передова технологія

advantage (n.) вигода *f*, користь *f*, перевага *f* absolute advantage абсолютна перевага competitive advantage конкурентна перевага financial advantage фінансова вигода mutual advantage взаємна вигода

advantageous (adj.) вигідний, сприятливий mutually advantageous взаємовигідний

advertise (v.) рекламувати; інформувати; оголошувати advertise a product (goods, services) рекламувати продукт (товари, послуги)

advertisement (n.) реклама *f*, оголошення *n* billboard advertisement вулична реклама film advertisement реклама засобами кіно foreign trade advertisement зовнішньоторгівельна реклама magazine advertisement журнальна реклама newspaper advertisement газетна реклама print advertisement реклама у пресі radio advertisement радіореклама television advertisement телереклама

advertiser (n.) рекламодавець *m*

advertising (n.) 1. рекламування *n* 2. рекламний (adj.) advertising agency рекламне агентство advertising allowance асигнування на рекламу advertising article рекла́мна стаття́ **advertising compaign** рекла́мна кампа́нія **advertising research** дослі́дження у га́лузі рекла́ми **advertising services** по́слуги у га́лузі рекла́ми **Advertising Standards Authority** Організа́ція з станда́ртів у рекла́мі (незале́жна організа́ція у Великобрита́нії) **advertising through mass media** реклама́ння за́собами інформа́ції **commercial advertising** комерці́йне реклама́ння **commodity advertising** това́рне реклама́ння **competitive advertising** конкуре́нтне реклама́ння **display advertising** рекла́мний по́каз **domestic advertising** вну́трішнє реклама́ння **export advertising** е́кспортне реклама́ння **foreign trade advertising** зо́внішньо-торгіве́льне реклама́ння **informative advertising** інформати́вне реклама́ння **magazine advertising** журна́льне реклама́ння **mail-order advertising** рекла́ма, що ма́є на меті́ отри́мання замо́влень по́штою **national advertising** реклама́ння по всій краї́ні **newspaper advertising** газе́тне реклама́ння **persuasive advertising** наполе́гливе реклама́ння **print advertising** реклама́ння у пре́сі **radio advertising** реклама́ння за́собами ра́діо **television advertising** реклама́ння за́собами теле-ба́чення

advice (n.) аві́зо *n*, повідо́млення *n*, консульта́ція *f* **advice of acceptance** аві́зо про акце́пт **advice of collection** інка́сове аві́зо **advice of a letter of credit** аві́зо про відкриття́ акредити́ву **advice on procedure** методи́чні консульта́ції **letter of advice** аві́зовий лист, лист-повідо́млення **preliminary advice** попере́днє аві́зо **under due advice** за нале́жним повідо́мленням

adviser (n.) ра́дник *m*, консульта́нт *m* **legal adviser** юриско́нсульт

advisory (adj.) дора́дчий, консульта-ти́вний **advisory board** консультати́вна ра́да **advisorycommittee** консультати́вний коміте́т **Advisory Letter** консультати́вне рі́шення експе́рта (пате́нтна спра́ва)

affair (n.) спра́ва *f* **public affairs** грома́дські спра́ви **foreign affairs** закордо́нні спра́ви **domestic affairs** вну́трішні спра́ви

affiant (n.) осо́ба *f*, що видає́ письмо́ве сві́дчення під прися́гою

affidavit (n.) письмо́ве сві́дчення *n* під прися́гою **affidavit of support** фіна́нсовий гара́нт **to make an affidavit** дава́ти сві́дчення під прися́гою

affiliate (v.) прийма́ти в чле́ни (організа́ції, товари́ства)

affiliate (n.) 1. філіа́л *m*, фі́лія *f* 2. дочі́рнє підприє́мство *n* 3. афільо́вана юриди́чна осо́ба

affiliated (adj.) філі́йний **affiliated company** дочі́рня компа́нія **affiliated retailer** роздрібни́й торго́вець, що вхо́дить у компа́нію **affiliated wholesaler** о́птовий торго́вець, що вхо́дить у компа́нію **affiliated to a society** що вхо́дить у товари́ство **affiliated with a company** що вхо́дить у компа́нію

affiliation (n.) 1. прийма́ння *n* в чле́ни 2. приєдна́ння *n* 3. зв'язо́к *m* **affiliation fee** вступни́й вне́сок

affirmation (n.) підтве́рдження *n* **affirmation of contract** підтве́рдження контра́кту

agency (n.) аге́нтство *n*, посере́дництво *n*, устано́ва *f* **accreditation of agencies** акредита́ція організа́цій **advertising agency** рекла́мне аге́нство **agency agreement** аге́нтський до́говір, аге́нтська уго́да **agency fee for services** винагоро́да аге́нтства за по́слуги **advertising agency** рекла́мне аге́нтство, бюро́ **employment agency** бюро́ працевлаштува́ння **exclusive agency** аге́нтство з виняткови́ми права́ми, монопо́льне представни́цтво, монопо́льне аге́нтство **forwarding agency** тра́нспортно-експедиці́йне аге́нтство **full service agency** аге́нтство з по́вним ци́клом по́слуг **government agency** держа́вне аге́нтство **insurance agency** страхове́ аге́нтство **publicity agency** рекла́мне аге́нтство **purchasing agency** торгіве́льно-посере́дницьке аге́нтство **shipping agency** тра́нспортно експеди́торське бюро́ **sole agency** монопо́льне аге́нтство **special agency** спеціа́льне аге́нтство **to make use of the services of an agency** користува́тися по́слугами аге́нтства **trade agency** торгіве́льне аге́нтство **transport agency** тра́нспортне аге́нтство **travel agency**

туристи́чне аге́нтство, бюро́ по́дорожей

agenda (n.) поря́док *m* де́нний **to adopt an agenda** прийма́ти поря́док де́нний

agent (n.) аге́нт *m*, представни́к *m*, посере́дник *m*, дові́рена осо́ба *f* **agent doing business for and on behalf of the principal** аге́нт, що ді́є від і́мени та за дору́ченням принципа́ла **agent doing business on his own behalf, for himself and at his own expense** аге́нт, що ді́є від свого́ і́мени і за свій раху́нок **carrier agent** тра́нспортний аге́нт **chartered agent** зареєстро́ваний аге́нт **commercial agent** комерці́йний аге́нт, торгіве́льний посере́дник **commission agent** комісіоне́р **consignment agent** консигнаці́йний аге́нт **del credere agent** бро́кер делькре́дере (аге́нт/бро́кер-гара́нт) **exclusive agent** аге́нт з винятко́вими права́ми **export agent** е́кспортний аге́нт; аге́нт з е́кспорту **forwarding agent** експеди́тор **general agent** генера́льний аге́нт, генера́льний представни́к **general forwarding agent** генера́льний експеди́тор **import agent** і́мпортний аге́нт; аге́нт з і́мпорту **insurance agent** страхови́й аге́нт **lessor's agent** аге́нт орендаря́ **managing agent** аге́нт-розпоря́дник **marine agent** морськи́й аге́нт **purchasing agent** аге́нт з закупі́влі **sales agent** аге́нт з про́дажу **ship owner's agent** аге́нт корабе́льного вла́сника **sole agent** аге́нт, що ма́є винятко́ві права́ **special agent** спеці́альний аге́нт **to turn to an agent** зверта́тись до аге́нта, зверта́тись до по́слуг аге́нта **universal agent** аге́нт без обме́жень

agglomeration (n.) агломера́ція *f*, ску́пчення *n*, нагрома́джування *n*

agree (v.) 1. зго́джуватися, пого́джуватися 2. домовля́тися 3. відповіда́ти **agree on a price** домовля́тися про ціну́ **agree to a proposal** пого́джуватися з пропози́цією **agree with a proposal** пого́джуватися з пропози́цією **the article does not agree with the original** стаття́ не відповіда́є оригіна́лові

agreement (n.) 1. зго́да *f* 2. до́говір (до́говір) *m*, уго́да *f* **agency agreement** аге́нтський до́говір, аге́нтська уго́да **agreement of intent** уго́да про на́мір **agreement on transfer** уго́да про переда́чу **agreement to sell** уго́да про про́даж **arbi-tration agreement** уго́да про арбітра́ж **assignment agreement** уго́да про переда́чу, уго́да про надання́ прав **barter agreement** ба́ртерна уго́да, уго́да про товарообмі́н **bilateral agreement** двосторо́ний до́говір, двосторо́ння уго́да **business agreement** ділова́ уго́да **clearing agreement** клі́рингова уго́да, уго́да про клі́рингові розраху́нки **compensation agreement** компенсаці́йна уго́да; уго́да про співпра́цю на компенсаці́йних заса́дах **consignment agreement** до́говір консигна́ції, косигнаці́йна уго́да **contract agreement** контра́ктна уго́да, підря́дна уго́да **contractual agreement** уго́да, контра́кт **cooperation agreement** до́говір про співпробі́тництво, уго́да про коопера́цію **credit agreement** креди́тна уго́да **draft agreement** прое́кт уго́ди **financial agreement** фіна́нсова уго́да **foreign trade agreement** зо́внішньо-торгіве́льна уго́да **gentlemen's agreement** джентельме́нська уго́да **intergovernmental agreement** міжурядо́вий до́говір **international agreement** міжнаро́дний до́говір, міжнаро́дна уго́да **interstate agreement** міждержа́вний до́говір; до́говір між шта́тами **lease agreement** до́говір про оре́нду **leasing agreement** уго́да про оре́нду, уго́да про лі́зинг **license agreement** ліцензі́йний до́говір, ліцензі́йна уго́да **licensing agreement** ліцензі́йна уго́да **long-term agreement** довгостроко́вий до́говір, довгостроко́ва уго́да **monetary agreement** валю́тна уго́да **multilateral agreement** багатосторо́нній до́говір, багатосторо́ння уго́да **patent agreement** пате́нтна уго́да **payment agreement** платі́жна уго́да **preferential trade agreement** уго́да про надання́ ви́ключних прав (про́дажу) **short-term agreement** короткостроко́ва уго́да **standard agreement** типова́ уго́да **subject of an agreement** зміст уго́ди **to come to an agreement** прийти́ до зго́ди **to dissolve an agreement** розірва́ти уго́ду **to enter into an agreement** укла́сти уго́ду **to negotiate an agreement** вести переговори щодо уго́ди **trade agreement** до́говір про торгі́влю **trade and economic agreement** торгіве́льно-економі́чна уго́да **verbal agreement** у́сна домо́вленість **working agreement** робо́ча уго́да; уго́да про співпра́цю **written agreement** письмо́ва уго́да

alien (n.) 1. інозе́мець *m*, чужозе́мець *m* 2. інозе́мний (adj.), чужи́й (adj.) **alien corporation** корпора́ція, що зареєстро́вана за зако́нами і́ншої краї́ни (незале́жно від то́го, де вона́ оперу́є) **alien resident** інозе́мець, що пості́йно перебува́є у краї́ні

alienate (v.) відчу́джувати; від’є́днувати; позбавля́ти (партне́рства)

alliance (n.) сою́з *m*, алья́нс *m*

allocate (v.) асигнува́ти, розміща́ти, розподіля́ти, признача́ти; виділя́ти **allocate credit** розподіля́ти креди́т

allocation (n.) асигнува́ння *n* **allocation of currency** призна́чення кво́ти у валю́ті **allocation of funds** призна́чення фо́ндів, виді́лення асигнува́нь **allocation of resources** виді́лення ресу́рсів, виді́лення фо́ндів **allocation to reserves** відрахува́ння у резе́рв **allocations to execute a contract** відрахува́ння на викона́ння уго́ди; відрахува́ння на раху́нок спла́ти додатко́вих ви́трат **currency allocations** валю́тні відрахува́ння **equal allocations** відрахува́ння рі́вними су́мами **overhead allocation** накладні́ ви́трати **percentage allocation** проце́нтні відрахува́ння

allowance (n.) зни́жка *f*; додатко́ва ви́плата *f*; асигнува́ння *n* **advertising allowance** асигнува́ння на рекла́му **allowance for cash** зни́жка за платі́ж готі́вкою **allowance for depreciation** зни́жка за амортиза́цію **allowance for goods of inferior quality** зни́жка за това́ри ни́жчої я́кости **allowance for moisture** зни́жка за воло́гість **investment allowance** пода́ткові пі́льги за вкла́дений капіта́л **loss allowance** рефа́кція 1. зни́жка з о́птової ціни́ або ваги́ това́ру 2. зни́жка з тари́фу

alteration (n.) 1. змі́на *f*, перероб́ка *f* 2. ремо́нт *m* **alteration of a contract** змі́на контра́кту **alteration to a contract** змі́на у контра́кті **articles of alteration** змі́нений стату́т (вну́трішньої організа́ції)

alternate (n.) 1. альтерна́т *m*; засту́пник *m* 2. змі́нний (adj.); що черзу́ється **alternate director** дире́ктор-альтерна́т, засту́пник дире́ктора

alternative (n.) 1. альтернати́ва *f*, ви́бір *m* 2. альтернати́вний (adj.)

alternative order альтернати́вний нака́з

amalgamate (v.) об’є́днувати(ся), зє́днувати(ся), злива́тися **amalgamate companies** об’є́нувати компа́нії **amalgamate interests** об’є́днувати інтере́си

amalgamated (adj.) об’є́днаний, сполу́чений **amalgamated union** об’є́днаний сою́з; товари́ство

amalgamation (n.) об’є́днання *n* **industrial amalgamation** об’є́днання промисло́вих підприє́мств

amass (v.) збира́ти, ску́пчувати, нагрома́джувати (напр., гро́ші, това́ри, то́що)

amendment (n.) попра́вка *f* **amendment to a contract** попра́вка до контра́кту **to move an amendment** вно́сити попра́вку **to propose an amendment** вно́сити попра́вку

amortization (n.) 1. амортиза́ція *f* 2. зме́ншення *n* бо́ргу **accelerated amortization** приско́рена амортиза́ція **amortization charged** амортизаці́йні відраху́нки **amortization costs** амортизаці́йні ви́трати **amortization schedule** 1. табли́ця ви́плати по́зики 2. план-гра́фік амортизаці́йних відраху́нків **capital cost amortization** амортизаці́йний о́пис основно́го капіта́лу **emergency amortization** амортиза́ція за надзвича́йних обста́вин

amount (n.) су́ма *f*, підсумок *m* **amount claimed** су́ма по́зову **amount due to somebody** су́ма, що підляга́є ви́платі **amount of balance** са́льдо **amount of compensation** су́ма компенса́ції, су́ма винагоро́ди **amount of invoice** су́ма факту́ри **amount of taxable profit** су́ма прибу́тку, що оподатко́вується **excessive amount of goods** на́длишок това́рів **gross amount** ва́лова су́ма **guarantee amount** гаранті́йна су́ма **invoice amount** су́ма факту́ри **net amount** чи́ста су́ма **nominal amount** номіна́льна су́ма

ample (adj.) 1. доста́тній; бага́тий на щось 2. просто́рий **ample security** доста́тнє забезпе́чення (напр., зада́тком)

analysis (n.) ана́ліз *m* **cost-effectiveness analysis** ана́ліз економі́чної ефекти́вности **demand analysis** ана́ліз по́питу **environ-**

ment analysis аналіз середо́вища **financial analysis** аналіз фіна́нсового ста́ну **income-expenditure analysis** аналіз прибу́тків та ви́трат

analyze (v.) аналізува́ти **analyze a sample** аналізува́ти зразо́к

annex (n.) дода́ток *m* **annex to a treaty** дода́ток до до́говору

annexation (n.) приє́днання *n*, ане́ксія *f* **without annexation or indemnity** без ане́ксій і контрибу́цій

annual (adj.) щорі́чний, річни́й **annual audit** щорі́чний ана́ліз господа́рчої дія́льности **annual basis** річна́ осно́ва (стати́стика) **annual debt service** річне́ обслуго́вування боргі́в **annual earnings** щорі́чні надхо́дження **annual meeting** щорі́чне засі́дання **annual report** річни́й звіт **annual savings** річна́ еконо́мія **annual wage** річна́ заробі́тна пла́та

annuitant (n.) той *m*, хто одержує щорі́чну ре́нту

annuity (n.) 1. щорі́чна ре́нта *f* 2. ануїте́т *m* (у фіна́нсах) **annuity bonds** ре́нтні облі́га́ції (що не ма́ють те́рміну пога́шення) **annuity in advance** пла́та наперед

ante-date (v.) датува́ти більш ра́ннім число́м

antitrust (adj.) антимонопо́льний **antitrust act** антимонопо́льний законо-да́вчий акт **antitrust law** антимонопо́льне законода́вство

appeal (v.) апелюва́ти **appeal a decision** апелюва́ти рі́шення

appeal (n.) 1. апеля́ція *f* 2. каса́ція *f* **arbitration appeal** каса́ція в арбітра́ж **legal appeal** юриди́чна апеля́ція

appellant (n.) 1. позива́ч *m*, апеля́нт *m* 2. таки́й *m*, що апелю́є, ска́ржиться **Appelant's Brief** запи́ска позивача́ (яка́ подає́ться до апеляці́йної інста́нції)

appellate (adj.) апеляці́йний **appellate court** апеляці́йний суд

append (v.) додава́ти **append a list of names** додава́ти спи́сок іме́н

appendix (n.) дода́ток *m* **appendix to an order** дода́ток до о́рдеру

applicant (n.) проха́ч *m* **job applicant** осо́ба, що подає́ зая́ву на робо́ту

application (n.) 1. зая́ва *f* 2. проха́ння *n*, клопота́ння *n* **application contents** зміст зая́ви **application for a license** зая́ва про ви́дачу ліце́нзії, до́зволу **application for a patent** пате́нтна зая́вка **application for a permit** зая́ва про ви́дачу до́зволу **application for registration of a trademark** зая́ва про реєстра́цію торгіве́льного зна́ку **application form** бла́нкова фо́рма зая́ви **application receipt** оде́ржання зая́ви, оде́ржання зая́вки **employment application** зая́ва на робо́ту **job application** зая́ва на робо́ту **loan application** зая́ва про отри́мання по́зики **to accept an application** прийма́ти зая́ву, прийма́ти зая́вку **to reject an application** відхиля́ти зая́ву, відхиля́ти зая́вку

apply (v.) 1. наклада́ти, приклада́ти 2. застосо́вувати, вжива́ти 3. зверта́-тися **apply for a position** подава́ти зая́ву на робо́ту **apply sanctions** наклада́ти са́нкції

appoint (v.) признача́ти **appoint somebody to a post** признача́ти кого́сь на поса́ду

appointment (n.) 1. призна́чення *n* 2. мі́сце *n*, поса́да *f* 3. призна́чене поба́чення *n*, зу́стріч *f* **to make an appointment** умо́витися зустрі́тися

apportionment (n.) пропоці́йний розпо́діл *m* **apportionment of funds** розпо́діл фо́ндів

appraisal (n.) оці́нка *f* **insurance appraisal** страхова́ оці́нка

appraise (v.) оці́нювати, розці́нювати

appraiser (n.) оці́нювач *m* **qualified appraiser** офіці́йний оці́нювач

appreciate (v.) 1. підви́щуватися в ціні́ 2. оці́нювати; цінува́ти

appreciation (n.) 1. підви́щення *n* у ва́ртості (валю́ти) 2. підви́щення *n* у ціні́ (акти́ву) **appreciation of securities** підви́щення у ціні́ ці́нних папе́рів

appropriate (v.) 1. асигнува́ти, признача́ти, віддава́ти 2. при-вла́снювати **appropriate money for something** асигнува́ти гро́ші на щось

appropriation (n.) асигнува́ння *n*; призна́чення *n*; виді́лення *n* **appropriation of payment** відне́сення платежу́ до ви́значеного бо́ргу **appropriations committee** комі́сія з пита́нь привла́снення **budgetary appropriations** бюдже́тні асигнува́ння **capital appropriations** асигнува́ння на капіта́ловкла́дення **notice of appropriation** повідо́млення про ви́ділення това́ру для викона́ння уго́ди **special appropriations** спеціа́льні асигнува́ння

approval (n.) 1. схва́лення *n*, затве́рдження *n*, зго́да *f* 2. апроба́ція *f* **on approval** на апроба́ції

arbiter (n.) see **arbitrator**

arbitrage (n.) арбітра́ж *m* **currency arbitrage** валю́тний арбітра́ж **arbitrage in goods** това́рний арбітра́ж

arbitration (n.) арбітра́ж *m*, арбітрува́ння *n*, рі́шення *n*, ухва́ла *f* арбітра́ж **Arbitration Act** Зако́н про арбітра́ж (Англія) **arbitration agreement** арбітра́жна уго́да **arbitration appeal** каса́ція в арбітра́ж **arbitration award** рі́шення арбітра́жу **arbitration committee** арбітра́жний коміте́т **arbitration court** арбітра́жний суд **arbitration documentation** арбітра́жна документа́ція **arbitration obligations** зобов'я́зання щодо арбітра́жу **arbitration of a third country** арбітра́ж тре́тьої краї́ни **arbitration proceedings** засі́дання арбітра́жу **arbitration settlement** арбітра́жне рі́шення **arbitration tribunal** арбітра́ж **compound arbitration** багатосторо́нній арбітра́ж **foreign trade arbitration** зо́внішньоторгіве́льний арбітра́ж **international arbitration** міжнаро́дний арбітра́ж **stock market arbitration** бі́ржовий арбітра́ж **to submit a matter to arbitration** подава́ти зая́ву в арбітра́ж

arbitrator (n.) арбі́тр *m*, посере́дник *m*

arrange (v.) 1. влашто́вувати 2. впорядко́вувати 3. домовля́тися, умовля́тися **arrange repayment** узго́джувати ви́плату, домовля́тися про ви́плату

arrangement (n.) 1. влаштува́ння *n* 2. зго́да *f*, домо́вленість *f* **arrangement with creditors** уго́да з кредито́рами **official arrangement** офіці́йна домо́в-

леність **to make arrangements with someone** умовля́тися з ки́мось

arrears (n.) за́лишки *pl* заборго́ваности, борги́ *pl* **arrears of interest** простро́чені відсо́тки

article (n.) 1. пре́дмет *m* торгі́влі, това́р *m* 2. стаття́ *f* **advertising article** рекла́мна стаття́ **article of an agreement** стаття́ уго́ди, пункт уго́ди **articles of alteration** змі́нений стату́т (вну́трішньої організа́ції) **articles of association** стату́т (вну́трішньої організа́ції) акціоне́рного това́риства **articles of consumption** спожи́вчі това́ри **articles of food** харчо́ві това́ри **articles of incorporation** свідо́цтво про реєстра́цію акціоне́рної компа́нії **branded articles** фі́рмові това́ри **mass produced articles** пре́дмети ма́сового виробни́цтва **mutually supplied articles** ви́роби взає́много постача́ння **top-quality articles** ви́роби найви́щої я́кости, ма́рочні ви́роби

aspect (n.) аспе́кт *m*, по́гляд *m* **economic aspects** економі́чні аспе́кти

assay (n.) випро́бування *n*; кі́лькісний ана́ліз *m*; про́ба *f* мета́лів

assess (v.) 1. визнача́ти (су́му пода́тку, штра́фу) 2. оподатко́вувати; штрафува́ти 3. оці́нювати (напр., майно́ для оподаткува́ння) **assess an operation** оці́нювати опера́цію **assess damages** визнача́ти зби́тки

assessable (adj.) що підляга́є оподаткува́нню

assessment (n.) 1. атеста́ція *f* 2. оці́нка *f* 3. су́ма *f* оподаткува́ння 4. обклада́ння *n* **itemized assessment** попу́нктна оці́нка **product assessment** атеста́ція проду́кту

assessor (n.) 1. експе́рт *m*, консульта́нт *m* 2. податко́вий інспе́ктор *m*

assets (n.) 1. авуа́ри *pl* 2. акти́ви *pl* 3. капіта́л *m* 4. майно́ *n* **assets and liabilities** акти́в і паси́в **assets disposal** реаліза́ція акти́вів **assets in foreign exchange** авуа́ри в інозе́мній валю́ті **available assets** акти́ви, що ле́гко реалізу́ються; лікві́дні акти́ви **capital assets** головні́ фо́нди, основни́й капіта́л **circulating assets** оборо́тні фо́нди **dead assets** ме́ртві акти́ви **fixed assets**

неліквідні активи, головні фонди **frozen assets** блоковані аувари, заморожені активи **government assets abroad** державні аувари за кордоном **liquid assets** ліквідні аувари **long-term assets** неліквідні активи **net assets** чисті активи **non-performing assets** недійсні активи, неякісні активи **personal assets** рухоме майно **principal assets** головні статті балансу **production assets** виробничі фонди **real assets** нерухоме майно **reserve assets** резервні активи **risk assets** неліквідні активи; довгострокові інвестиції і позики **short-term assets** ліквідні активи **statement of assets and liabilities** баланс **total assets** сума балансу; загальна вартість майна

assign (v.) 1. асигнувати 2. призначати 3. приписувати **assign a sum** асигнувати суму

assignat (n.) 1. асигнація *f*; асигнування *n* 2. призначення *n* 3. передача *f*, перепоступка *f* права/власности

assignee (n.) 1. уповноважений *m*, представник *m* 2. правонаступник *m*

assignment (n.) 1. асигнування *n* 2. перепоступка *f*, правопередача *f* **assignment agreement** угода про передачу права, угода про надання прав **assignment clause** умова перепоступки **assignment of copyright** передача авторського права **import assignment** імпортне доручення **legal assignment** юридична перепоступка

assistance (n.) допомога *f*, сприяння *n* **adjustment assistance** допомога в адаптації **to render assistance** подавати допомогу

association (n.) об'єднання *n*, асоціація *f*, товариство *n* **articles of association** статут (внутрішньої організації акціонерного товариства) **employers' association** об'єднання підприємців **foreign trade association** зовнішньоторгівельне об'єднання **industrial association** виробниче об'єднання **international association** міжнародне об'єднання **joint association** спільне об'єднання **production association** виробниче об'єднання

assortment (n.) асортимент *m*, сортамент *m*, сортування *n*, добір *m*

assortment of goods товарний асортимент

assume (v.) 1. приймати, брати на себе 2. припускати, вважати **assume liabilities** 1. приймати на себе зобов'язання 2. приймати на себе борги **assume responsibility** брати на себе відповідальність

assumption (n.) присвоєння *n*, прийняття *n* на себе **assumption of an office** вступ на посаду **assumption of power** присвоєння влади

at par (adv.) за номінальною вартістю, альпарі

at sight (adv.) за презентацією (сплата)

attach (v.) 1. прикріпляти, приєднувати, докладати 2. накладати арешт 3. бути дійсним 4. наступати **attach a seal** прикладати печатку **attach goods** накладати арешт на товар

attest (v.) свідчити; засвідчувати **attest a signature** засвідчувати підпис

attestation (n.) атестація *f*; свідоцтво *n*, атестат *m*; свідчення *n* **attestation of products** атестація продукції **state attestation** державна атестація

attorney (n.) уповноважений *m*; довірена особа *f*, повірений *m* у суді; юрист *m*, адвокат *m* **attorney at law** повірений у суді, адвокат **attorney-in-fact** особа, що діє за довіреністю іншої особи **by attorney** за довіреністю; через довірену особу **letter of attorney** довіреність **power of attorney** повноваження; довіреність **private attorney** особа, що діє за довіреністю іншої особи **warrant of attorney** довіреність

attract (v.) приваблювати, притягати, залучати **attract buyers** приваблювати покупців

attraction (n.) залучення *n* **attraction of financial resources** залучення фінансових ресурсів **attraction of foreign investments** залучення іноземних інвестицій

auction (v.) розпродавати на аукціоні

auction (n.) аукціон *m*; розпродаж *m* на аукціоні; торги *pl* **auction by tender** закриті торги **auction price** розпродажна ціна, ціна на аукціоні **auction sale** продаж на аукціоні **goods auction** товарний аукціон **international auction** міжнаро́дний аукціо́н **to put up for auction** виставля́ти на аукціо́ні

auctioneer (n.) аукціоне́р *m*

audit (v.) перевіря́ти зві́тність

audit (n.) 1. переві́рка *f* зві́тности 2. реві́зія *f* 3. ауди́торський контро́ль *m* **annual audit** щорі́чний ана́ліз господа́рчої дія́льности **balance sheet audit** реві́зія бала́нсу **bank audit** реві́зія ба́нківської зві́тности **detailed audit** по́вна реві́зія **general audit** зага́льна реві́зія **independent audit** незале́жна реві́зія **internal audit** вну́трішня реві́зія **outside audit** зо́внішня реві́зія **tax audit** переві́рка пода́тків

auditing (n.) 1. реві́зія *f*, ревізува́ння *n*, прове́дення *n* реві́зії 2. ауди́торський контро́ль *m* **auditing committee** ревізі́йна комі́сія

auditor (n.) ауди́тор *m*, ревізо́р *m*, бухга́лтер-ревізо́р *m*, фіна́нсовий контроле́р *m* **auditors' findings** ви́сновки реві́зії, ви́сновки ауди́тора **auditor's report** звіт ауди́тора

auditorial (adj.) ревізі́йний, контро́льний

augment (v.) примно́жувати, збі́льшувати **augment funds** примно́жувати фо́нди

authentic (adj.) автенти́чний (текст)

authority (n.) 1. пра́во *n*, повнова́ження *n* 2. вла́сті *pl*, о́ргани *pl* вла́ди **authority of an arbitration commission** повнова́ження арбітра́жної комі́сії **authority to sign** пра́во пі́дпису **local authorities** місце́ва вла́да **government authorities** о́ргани держа́вного управлі́ння **state authorities** держа́вна вла́да; вла́да шта́ту

authorization (n.) 1. уповнова́ження *n* 2. до́звіл *m*

authorize (v.) 1. уповнова́жувати 2. дозволя́ти **authroze somebody to conclude an agreement** доруча́ти кому́сь укла́сти уго́ду

auxiliary (adj.) допомі́жний, додатко́вий, обслуго́вувальний

average (v.) в сере́дньому дорі́внювати

average (n.) 1. пересі́чна кі́лькість *n* 2. часткові́ зби́тки *pl* 3. ава́рія *f* **above average** ви́ще за пересі́чний показни́к **below average** ни́жче за пересі́чний показни́к **general average** пересі́чний ро́змір зби́тків **on average/on the average** у сере́дньому **particular average** конкре́тний ро́змір зби́тків

average (adj.) пересі́чний, сере́дній **average buyer** типо́вий покупе́ць **average cost** пересі́чна ва́ртість **average price** пересі́чна ціна́

avoid (v.) уника́ти **avoid expenses** уника́ти ви́трат

award (v.) ухва́лювати; прису́джувати **award a concession** віддава́ти у концесі́ю **award a contract** ухва́лювати контра́кт

award (n.) 1. рі́шення *n* арбі́тра 2. прису́джена пре́мія *f* **arbitration award** рі́шення арбітражу́ **award for damages** рі́шення су́ду/арбі́тра про відшкодува́ння зби́тків **contract award** ухва́ла про контра́кт

B

backlog (n.) 1. відстава́ння *n* 2. неви́конані замо́влення *pl* **backlog of payment** неспла́чені су́ми; простро́чені платежі́

backwardness (n.) відста́лість *f*

baggage (n.) бага́ж *m*

bailment (n.) депонува́ння *n*, переда́ча *f* майна́ на схов

bailor (n.) депоне́нт *m*

bailout (n.) ви́куп *m*

bailsman (n.) доручи́тель *m*

balance (v.) порі́внювати; зво́дити **balance one's accounts** підбива́ти бала́нс раху́нків

balance (n.) 1. бала́нс *m*, са́льдо *n* 2. бала́нсовий (adj.) **accounting balance sheet** бухга́лтерський звіт **active balance** переви́щення акти́ву бала́нса над паси́вом **adverse balance of payment** паси́вний платі́жний бала́нс; паси́вне са́льдо платі́жного бала́нсу паси́вний **adverse balance of trade** торгіве́льний бала́нс; паси́вне са́льдо торгіве́льного бала́нсу **amount of balance** са́льдо **balance of account** (пото́чний) бала́нс раху́нку **balance of claims and liabilities** 1. бала́нс вимо́г та зобов'я́зань 2. розрахунко́вий бала́нс **balance of debt** неспла́чений за́лишок заборго́ваности **balance of foreign debt** бала́нс міжнаро́дної заборго́ваности **balance of foreign trade** зо́внішньо-торгіве́льний бала́нс **balance of goods and services** бала́нс торгі́влі та по́слуг **balance of income and expenditure (debits and credits)** бала́нс прибу́тків та ви́трат **balance of merchandise trade** бала́нс торгі́влі това́рами **balance of mutual settlements** са́льдо взає́мних розраху́нків **balance of payments** платі́жний бала́нс **balance-of-payments equilibrium** рівно-ва́га платі́жного бала́нсу **balance of trade** торгіве́льний бала́нс **balance over a certain period** розрахунко́вий бала́нс за пе́вний пері́од ча́су **balance sheet** бала́нсовий звіт, бухга́лтерський бала́нс **balance sheet ratio** бала́нсові показники́ **balances with foreign banks** за́лишки на раху́нках у закордо́нних ба́нках **balance ticket** бала́нсовий квито́к **bank balance** сальдо́ ба́нківського раху́нку **blocked balance** блоко́ваний бала́нс раху́нку **capital balance** бала́нс ру́ху капіта́лів **cash balance** за́лишок ка́си **clearing balance** клі́ринговий бала́нс, бала́нс платежі́в за клі́ринговими розраху́нками **consolidated balance sheet** зве́дений бала́нс **favorable balance** переви́щення акти́ву бала́нса над паси́вом **financial balance** фіна́нсовий бала́нс **foreign balance** зо́внішній платі́жний бала́нс **independent balance** самості́йний бала́нс **overall balance** підсумко́вий бала́нс **positive balance** позити́вний бала́нс; переви́щення акти́ву бала́нса над паси́вом **preliminary balance** попере́дній бала́нс **rough balance** бала́нс бру́то **summary balance** сума́рний бала́нс **to strike a balance** підбива́ти бала́нс **trade balance** торгіве́льний бала́нс **trial balance** про́бний бала́нс

ban (v.) накладати заборо́ну, забороня́ти **ban transit** забороня́ти транзи́т

ban (n.) заборо́на *f* **ban on exports** заборо́на ви́везення **ban on imports** заборо́на дово́зу **ban on trade** заборо́на торгі́влі

bank (n.) 1. банк *m* 2. ба́нківський (adj.) **acceptance bank** банк-акцепта́нт, акце́птний банк **assets of a bank** оборо́т

ба́нку **bank acceptance** ба́нківський акце́пт **bank account holder** вла́сник ба́нківського раху́нку **bank advance** ба́нківський ава́нс **bank auditing** переві́рка зві́тности ба́нку **bank bill** ве́ксель **bank charges** ба́нківські ви́трати **bank check** ба́нківський чек **bank clearing** ба́нківський клі́ринг; безготі́вкові розраху́нки між ба́нками **bank clearings** че́ки та тра́тти **bank deposit** ба́нківський депози́т, депози́т **bank deposit creation** утво́рення нови́х депози́тів **bank discount** ба́нківський диско́нт **bank draft** ве́ксель, ба́нківська тра́тта; ба́нківський чек (ве́ксель) **bank guarantee** гара́нтія ба́нку **bank holiday** свя́то, вихідни́й день **bank loan** ба́нківська по́зика **bank note** банкно́та, креди́тний біле́т **bank overdraft** ба́нківський овердра́фт (переви́щення креди́ту) **bank paper** ве́кселі; першокла́сні ве́кселі; тра́тти, що акцепту́ються ба́нком **bank rate** диско́нтова ста́вка ба́нку **bank reconciliation** ба́нківське полаго́дження **bank statement** ба́нківський звіт **bank teller** каси́р у ба́нку **business bank** комерці́йний банк **central bank** центра́льний банк **commercial bank** комерці́йний банк **cooperative bank** коoperatíвний банк **correspondent bank** банк-кореспонде́нт **credit bank** комерці́йний банк, креди́тний банк **creditor bank** банк-кредито́р **credit standing of a bank** кредитоспромо́жність ба́нку **data bank** банк да́них **deposit bank** депози́тний банк **foreign bank** інозе́мний банк **industrial bank** промисло́вий банк **international bank** міжнаро́дний банк **investment bank** інвестиці́йний банк **joint-stock bank** акціоне́рний банк **loan bank** по́зиковий банк **merchant bank** торгіве́льний банк **mortgage bank** іпоте́чний банк **national bank** націона́льний банк **originating bank** банк, що видає́ акредити́в **private bank** прива́тний банк **remitting bank** банк-реміте́нт **savings bank** оща́дний банк **specialized bank** спеціалізо́ваний банк **state bank** держа́вний банк **worthiness of a bank** кредитоспромо́жність ба́нку

banker (n.) банкі́р *m* **banker's authority to pay checks** ба́нківське повнова́ження плати́ти че́ками **banker's check** ба́нківський чек **banker's draft** ба́нківський чек, ба́нківський ве́ксель **banker's guarantee** ба́нківська гара́нтія

banker's order бáнківський зáпит
banker's revocation of authority to pay
checks бáнківське скáсування повновáжень платúти чéками Institute of Bankers інститýт банкíрів

banking (n.) 1. бáнківська спрáва *f*,
бáнківські операції *pl* 2. бáнківський
(adj.); такúй *m*, що мáє відношéння
до бáнківської спрáви banking support
бáнківська інтервéнція banking system
бáнківська систéма, мéрéжакомерцíйних
бáнків

bankrupt (n.) банкрýт *m*, неплатоспромóжний боржнúк *m* bankrupt
shareholder акціонéр-банкрýт

bankruptcy (n.) банкрýтство *n*,
платíжна неспромóжність *f* act of
bankruptcy закóн про банкрýтство bankruptcy adjudication судовé рішéння щóдо
банкрýтства bankruptcy offenses
обвинувáчення у банкрýтстві bankruptcy
petition петúція про банкрýтство disclaimer in bankruptcy той, хто зрікáється
банкрýтства

bargain (n.) 1. угóда *f* 2. вúгідна
покýпка *f* bargain and sale угóда купівлíпрóдажу time bargain угóда на строк to
be on the bargain counter продавáтись за
низькúми цінáми to make a bargain
укладáти угóду, торгувáтися to withdraw
from a bargain відмовлятися від угóди

bargaining (n.) 1. вéдення *n* переговóрів
щóдо цінú 2. торг *m* bargaining
agreement колектúвна угóда

barrier (n.) бар'єр *m*; перепóна *f*;
перешкóда *f* barrier to entry перешкóда
для новúх члéнів (рúнку) barrier to exit
перешкóда для вúходу (з рúнку)

barrister (n.) адвокáт *f*

barter (n.) 1. бáртерний óбмін *m*;
товарообмíн *m* 2. бáртерний (adj.)
barter agreement бáртерна угóда barter
payment arrangements угóда про
розрахýнки за бáртером

base (n.) 1. бáза *f* 2. бáзовий (adj.);
бáзисний (adj.) base date бáзова дáта,
бáзове числó base currency бáзисна
валюта base grade бáзисний сорт base
price бáзисна цінá base rate бáзова стáвка
base stock бáзові фóнди, бáзовий
акціонéрний капітáл base year бáзовий

рік financial base фінáнсова бáза material and technical base матеріáльнотехнíчна бáза monetary base грошовá
бáза

basis (n.) 1. оснóва *f* 2. бáзис *m*
3. обґрунтувáння *n* basis for compensation обґрунтувáння для компенсáції
basis for cooperation оснóва для
співробíтництва basis of delivery бáзис
постачáння legal basis правовá
обґрунтóваність

basket (n.) кóшик *m* basket of currencies
кóшик валют basket purchase кóшикова
закупíвля consumer's basket of goods
кóшик товáрів споживачá

bear (n.) той *m*, що грáє на знúження
бíржових цін; «ведмíдь» *m* bear covering покриття контрáкту, що був
прóданий з розрахýнком на знúження
цінú bear market ринóк із тендéнцією до
знúження bear operation операція з
метóю знúження цінú; махінáція з метóю
знúження цінú bear rumors тривóжні
чýтки, пов'язані з операціями з метóю
знúження цінú

bearer (n.) пред'явнúк *m* bearer bond
облігáція на пред'явникá bearer of a bill
пред'явнúк вéкселя bearer securities цíнні
папéри на пред'явникá

beneficial (adj.) вúгідний

beneficiary (n.) бенефіціáр *m*,
одéржувач *m* платежíв beneficiary
clause пункт страховóго догóвору, що
визначáє спадкоéмця

benefit (n.) 1. вúгода *f* 2. допомóга *f*
3. пíльга *f* cost-benefit analysis анáліз
вúтрат і ефектúвности mutual benefit
взаємна вúгода

benevolence (n.) доброзúчливість *f*,
милосéрдя *n*

berth (n.) якíрна стоянка *f*, мíсце *n*
причáлу cargo berth вантáжний причáл

bid (v.) пропонувáти, давáти цінý bid
less пропонувáти мéншу цінý (на тóргах)
bid more пропонувáти бíльшу цінý (на
тóргах) bid up підвúщувати цінý (на
тóргах)

bid (n.) 1. пропонувáння *n* цінú
2. пропонóвана цінá *f* 3. торги (*pl only*)
bid-and-asked quotations котирóвки

купівлі–про́дажу **bid price** пропонува́ння ціни́ **takeover (take-over) bid** пропози́ція компа́нії щодо купі́влі контро́льного паке́ту а́кцій і́ншої компа́нії **to call for bids** оголо́шувати то́рги **to invite bids** оголо́шувати то́рги **to seek bids** оголо́шувати то́рги

bidder (n.) 1. покупе́ць *m* 2. той *m*, хто виступа́є на то́ргах **the best bidder** осо́ба, що пропону́є найви́щу ці́ну́ **the highest bidder** осо́ба, що пропону́є найви́щу ці́ну́

bidding (n.) 1. то́рги *(pl only)* 2. пропонува́ння *n* **bidding procedure** процеду́ра прове́дення то́ргів

bilateral (adj.) двосторо́нній, двобі́чний **bilateral conclusion of a contract** двосторо́ннє укла́дення контра́кту **bilateral cooperation** двосторо́ннє співробі́тництво **bilateral flows** двосторо́нні пото́ки **bilateral relations** двосторо́нні зв’язки́ **bilateral trade** двосторо́ння торгі́вля

bill (n.) 1. ве́ксель *m* 2. раху́нок *m* **acceptance bill** акцепто́ваний ве́ксель **accommodation bill** дру́жній ве́ксель **advance bill** ава́нсовий ве́ксель **auction bill** катало́г аукціо́на **bank bill** ба́нківський ве́ксель **banker’s bill** ба́нківський ве́ксель **bearer bill** ве́ксель на пред’явника́ **bill at sight** пред’явни́цький ве́ксель **bill broker** ве́ксельний макле́р, біржови́й ма́клер; бро́кер **bill for collection** ве́ксель на інка́со **bill changer** автома́т для ро́зміну паперо́вих гроше́й **bill discounter** дисконте́р, дисконте́р ве́кселів; той, хто зарахо́вує ве́кселі **bill discounting** ве́ксельна опера́ція **bill holdings** ве́ксельний портфе́ль **bill of acceptance** акце́пт, акцепто́ваний ве́ксель **bill of entry** ми́тна деклара́ція по прибутті́ **bill of exchange** переказни́й ве́ксель; тра́тта; біржови́й ве́ксель **bill of health** каранти́нне (сані́тарне) свідо́цтво **bill of parcels** факту́ра **bill of quantities** накладна́ **bill of sale** 1. докуме́нт про про́даж 2. ку́пча **bill of work** відо́мість робі́т **bill payable** платі́ж за ве́кселем **bill purchase** купі́вля ве́кселів **bill receivable** ве́ксель до отри́мання **blank bill** бла́нковий ве́ксель **charge bill** раху́нок за комуна́льні по́слуги **clean bill** чи́ста тра́тта **claused bill** тра́тта з додатко́вими умо́вами **commercial bill** комерці́йний ве́ксель

commodity bill підтова́рний ве́ксель **counter bill** зустрі́чний ве́ксель **demand bill** пред’явни́цький ве́ксель **discounted bill** зарахо́ваний ве́ксель **documentary bill** документа́льний ве́ксель **domiciled bill** доміцильо́ваний ве́ксель **drawer of a bill** траса́нт (осо́ба, що видає́ тра́тту, тобто перево́дить свій платі́ж на і́ншу осо́бу) **endorsed bill** ве́ксель з на́писом про переда́чу **extended bill** пролонго́ваний ве́ксель **finance bill** фіна́нсовий ве́ксель **first bill of exchange** пе́рший примі́рник переказно́го ве́кселя **foreign bill** інозе́мний ве́ксель **long-term bill** довготерміно́вий ве́ксель **overdue bill** простро́чений ве́ксель **payable bill** ве́ксель, що підляга́є платежу́ **prolonged bill** пролонго́ваний ве́ксель **protested bill** опротесто́ваний ве́ксель **rediscounted bill** перезарахо́ваний ве́ксель **short-term bill** короткостроко́вий ве́ксель **term bill** терміно́вий ве́ксель **time bill** терміно́вий ве́ксель **to dishonor a bill** не акцептува́ти ве́ксель; не спла́чувати ве́ксель **to endorse (indorse) a bill** індосува́ти ве́ксель **to honor a bill** акцептува́ти ве́ксель; спла́чувати ве́ксель **trade bill** торгіве́льний ве́ксель, тогіве́льна тра́тта **utility bill** раху́нок за комуна́льні по́слуги **wage bill** фонд заробі́тної пла́ти

bill of lading (n.) коноса́мент *m*, накладна́ *f* **bill of lading duplicate** дублі́ка́т коноса́менту **bill of lading made out to a consignee’s order** коноса́мент «нака́зу оде́ржувача» **bill of lading made out to a consignor’s order** коноса́мент «нака́зу відправника́» **bill of lading made to order and endorsed in blank** о́рдерний коноса́мент з бла́нковим переда́точним на́писом **claused bill of lading** коноса́мент з обумо́вленнями **clean bill of lading** чи́стий коноса́мент **direct bill of lading** прями́й коноса́мент **domestic bill of lading** тра́нспортна накладна́ на ванта́ж, що відправля́ється у порт для е́кспорту **Freight Collect bill of lading** коноса́мент з позна́чкою «Фрахт, що спла́чується ванта́жеотри́мувачем» **Freight Paid bill of lading** коноса́мент з позна́чкою «Фрахт спла́чено» **non-negotiable bill of lading** коноса́мент без пра́ва переда́чі на **board bill of lading** бортови́й коноса́мент **order bill of lading** о́рдерний коноса́мент **outward bill of lading** зо́внішній коносáмент; коносáмент на вантáж, що відправляється за кордóн **port bill of lading** коносáмент, що був прийнятий для навантáження на суднó **"received-on-board" bill of lading** коносáмент «прийнято на борт» **ship bill of lading** морськúй коносáмент **shipped bill of lading** судовúй примíрник коносáменту **straight bill of lading** іменнúй коносáмент **through bill of lading** наскрíзний коносáмент, прохіднúй коносáмент

billing (n.) 1. випúсування *n* рахýнку 2. випúсування *n* трáнспортної накладнóї

blank (n.) 1. бланк *m* 2. фóрма *f* 3. блáнковий (adj.), незапóвнений (adj.) **blank bill** блáнковий вéксель **blank check** блáнковий чек, незапóвнений чек **blank credit** блáнковий кредúт **blank endorsement** блáнковий індосамéнт (передáтний нáпис влáсника про надання прав íншій осóбі) **blank form** 1. формуляр 2. бланк **blank transfer** блáнковий перéказ

blanket (adj.) загáльний, пóвний, всеобíчний **blanket policy** пóліс, що покривáє страхувáння від вогню двох, чи декількóх об'єктів; блок-пóліс (Великобритáнія) **blanket price** загáльна цінá **blanket regulation** загáльне регулювáння **blanket rate** страховá прéмія за блок-пóлісом

block (n.) блок *m*, об'єднання *n* **controlling block of shares** контрóльний пакéт áкцій

blockade (n.) блокáда *f* **credit blockade** крéдитна блокáда **customs blockade** мúтна блокáда **economic blockade** економíчна блокáда **trade blockade** торгівéльна блокáда

blue (adj.) сúній **blue book** щорíчне видання «Націонáльні прибýтки і вúтрати» (неоф.) **blue chip investment** надíйні вклáди

board (n.) 1. правлíння *n*, рáда *f* 2. борт *m* суднá **Big Board** Нью-Йóркська фóндова бíржа **board elections** вúбори правлíння **board meeting** засідання правлíння **board of directors** дирéкція, рáда дирéкторів, правлíння **board of trade** товáрна бíржа **board room**

зал засíдань **management board** правлíння

boat (n.) суднó *n*

body (n.) організáція *f*, óрган *m* **body corporate** корпорáція **competent body** компетéнтний óрган **management body** óрган правлíння **standing body** постíйний óрган

bona fide (adj.) сумлíнний, спрáвжній **bona fide provision** сумлíнне постачáння **bona fide purchaser** сумлíнний покупéць

bond (n.) 1. облігáція *f* 2. мúтна заставнá *f* 3. зобов'язання *n* **average bond** аварíйний бон **bond auction** аукціóн прóдажу облігáцій **bond market** рúнок облігáцій; рúнок цíнних папéрів з фіксóваним процéнтним прибýтком **bond note** бон **bond rate** курс облігáцій **bond yield** відсóток з облігáцій **customs bond** мúтна заставнá **debenture bond** облігáція; сертифікáт мúтниці для зворóтнього отрúмання íмпортного мúта **interest bearing bonds** відсóткові облігáції **mortgage bond** заставнúй лист **registered bonds** іменнí облігáції **removal bond** мúтна заставнá для перевéзення вантажíв зі склáду на склад **warehouse bond** складськá заставнá

bonded (adj.) 1. забезпéчений бóнами, облігáціями 2. що зберігáється на мúтних складáх **bonded goods** товáри на мúтних складáх **bonded stores** бóнові магазúни, де не сплáчується мúто **bonded vaults** мúтний склад для винá та алкогóльних напоїв **bonded warehouse** мúтний склад, де зберігáються товáри

bondholder (n.) держáтель *m* облігáцій; влáсник *m* облігáцій

bonus (n.) прéмія *f*, бóнус *m*, премíальна винагорóда *f*, надбáвка *f* **bonus dividend** премíальний дивідéнд **bonus scheme** премíальний план, премíальна прогрáма **bonus shares** безкоштóвні áкції **bonus stock** безкоштóвні áкції **bonus system** премíальна систéма **cash bonus** прéмія, що сплáчується готíвкою **employee bonus** винагорóда персонáлу; тантьéма (однá з форм додаткóвої винагорóди вúщому керíвному персонáлу) **export bonus** éкспортна прéмія **export bonus in foreign exchange** валютна éкспортна знѝжка **import bonus** імпортна пре́мія **incentive bonus** заохо́чувальна пре́мія **lump sum bonus** одноразо́ва пре́мія **quality bonus** надба́вка за підви́щену я́кість

book (v.) замовля́ти; резервува́ти; бронюва́ти **book tickets** замовля́ти, резервува́ти квитки́

book (n.) кни́га *f* **book advertisement** книжко́ва рекла́ма **book fair** книжко́вий я́рмарок **book value** бала́нсова ва́ртість акти́вів **cash receipts and payments book** кни́га прихо́ду та ви́трат **order book** кни́га замо́влень **sample book** кни́га зразкі́в

booking (n.) замо́влення *n*; букі-рува́ння *n* **booking of cargo** букірува́ння ванта́жу **booking list** спи́сок замо́влень, букінглі́ст **booking note** за́пис замо́влення, букінгно́т **booking-office** квитко́ва ка́са; конто́ра **freight booking** дору́чення на переве́зення ванта́жу **tonnage booking** уго́да про фрахт

bookkeeper (n.) бухга́лтер *m*; рахів-ни́к *m*

bookkeeping (n.) 1. бухга́лтерський о́блік *m* 2. бухгалте́рія *f* **bookkeeping entry** бухга́лтерський за́пис, бухга́л-терське прове́дення

booklet (n.) брошу́ра *f*, букле́т *m*, проспе́кт *m* **advertising booklet** рекла́мний букле́т, рекла́мний проспе́кт **booklet with the trademark of the firm** букле́т з ембле́мою фі́рми

boom (n.) бум *m*, пожва́влення *n* **economic boom** економі́чний бум **specu-lative boom** спекуляти́вний бум **stock market boom** бум на бі́ржі

boost (v.) підніма́ти, підви́щувати **boost prices** підніма́ти ці́ни, підви́щувати ці́ни

border (n.) кордо́н *m* **border control** прикордо́нний контро́ль **(cross-)border trade** прикордо́нна торгі́вля **state border** держа́вний кордо́н

border guard (n.) прикордо́нник *m*

borderland (n.) прикордо́нна сму́га *f*

borrow (v.) позича́ти **borrow up to a designated amount** позича́ти в ме́жах пе́вної су́ми

borrower (n.) 1. позича́льник *m* 2. той *m*, хто отри́мує по́зику **borrower's business reputation** ділова́ репута́ція позича́льника

borrowing (n.) по́зика *f* **borrowing ceiling** грошови́й ліміт на отри́мання по́зики **borrowing costs** ва́ртість креди́ту **borrowing power** креди́тоспромо́жність **borrowing rate** проце́нтна ста́вка на по́зичковий капіта́л

boss (n.) хазя́їн *m*; госпо́дар *m*; підприє́мець *m*, бос *m*

boundary (n.) межа́ *f*, кордо́н *m*

boycott (v.) бойкотува́ти

boycott (n.) бойко́т *m* **economic boycott** економі́чний бойко́т **financial boycott** фіна́нсовий бойко́т **product boycott** бойко́т ви́робів, бойко́т проду́кції

branch (n.) 1. філія *f*, філіа́л *m*, відді́л *m* 2. га́лузь *f* **branch manager** керівни́к філіа́лу **branch of a bank** філіа́л ба́нку **branch of a company** філіа́л компа́нії **branch of a joint venture** філіа́л спі́льного підприє́мства **branch of industry** га́лузь промисло́вости **local branch** місце́вий відді́л **regional branch** регіона́льний відді́л

brand (n.) 1. я́кість *f*, гату́нок *m* 2. ма́рка *f* 3. сорт *m* **brand image** репута́ція ма́рки това́ру, що скла́лась у покупці́в **brand name** 1. фабри́чна ма́рка 2. ма́рка това́ру **brand-name goods** 1. това́ри відо́мих ма́рок 2. фі́рмові това́ри **brand switching** змі́на ма́рки **brand transference** перене́сення на́зви (на нови́й това́р) **brand value** ва́ртість ма́рки **national brand** фабри́чна ма́рка, що відо́ма в усі́й краї́ні **of the best brand** найви́щої ма́рки **'own-label' brand** вла́сна ма́рка

brand-new (adj.) ново́го ти́пу, ново́го зразка́

breach (v.) пору́шувати **breach an agreement** пору́шити умо́ви уго́ди **breach conditions of sale** пору́шити умо́ви про́дажу

breach (n.) пору́шення *n* **breach of contract** пору́шення контра́кту **breach of warranty** пору́шення запору́ки **to be in breach of an agreement** пору́шувати умо́ви уго́ди

breakage (n.) компенсáція *f* за полáмку, зни́жка *f* за полáмку; компенсáція *f* за зіпсóваний крам, зни́жка *f* за зіпсóваний крам

break-up (n.) розділення *n* (компáнії); розвáл *m*, розпáд *m*

bribe (n.) хабáр *m*, підкуп *m* **to take bribes** брáти хабаря́

broker (n.) агéнт *m*, брóкер *m*, комісіонéр *m*, мáклер *m*, посерéдник *m* **bill broker** вéксельний мáклер **blind broker** «сліпи́й» брóкер **buying broker** брóкер з закупíвлі **chartering broker** брóкер з фрахтувáння **customhouse** (**custom house**) **broker** ми́тний мáклер, ми́тний брóкер **exchange broker** біржови́й брóкер **inside broker** офіцíйний біржови́й мáклер **insurance broker** страхови́й брóкер, страхови́й мáклер **selling broker** брóкер з прóдажу **shipping broker** судови́й брóкер **stock broker** біржови́й брóкер **stock exchange broker** брóкер фóндової біржі

brokerage (n.) 1. посерéдництво *n* 2. мáклерство *n* 3. брокерáж *m*, брóкерська винагорóда *f*, брóкерська комíсія *f*, брóкерські операцíї *pl* **brokerage agency** брóкерська фíрма **brokerage agreement** угóда про брóкерську комíсію **brokerage house** брóкерська контóра **brokerage firm** брóкерська контóра, брóкерська фíрма

budget (n.) бюджéт *m*, фінáнсовий коштóрис *m* **annual budget** річни́й бюджéт **budget account** бюджéтний рахýнок **budget controller** бюджéтний контролéр **budget deficit** бюджéтний дефіци́т **cash budget** кáсовий бюджéт **consolidated budget** звéдений бюджéт **draft budget** проéкт бюджéту **operating budget** чи́нний бюджéт **state budget** держáвний бюджéт

budgetary (adj.) бюджéтний **budgetary control** бюджéтний контрóль

building (n.) 1. буди́нок *m*, будíвля *f*, будóва *f*, спорýда *f* 2. будувáння *n*, будівни́цтво *n* **building industry** будівéльна промислóвість **building society** будівéльне товари́ство (різнóвид квáзі-бáнківської устанóви - Великобритáнія)

bulk (n.) 1. величинá *f*, мáса *f*; вели́кі рóзміри *pl*, вели́ка кíлькість *f* 2. основнá мáса *f*, бíльша части́на *f* 3. вантáж *m* суднá **bulk buying** закупíвля у вели́ких рóзмірах **bulk cargo** насипни́й вантáж **bulk posting** мáсові поштóві відпрáвлення **in bulk** навáлом, нáсипом

bull (n.) «бик» *m*; спекуля́нт *m*, що грáє на підви́щення (на біржі) **bull market** ри́нок, що ростé

bulletin (n.) бюлетéнь *m* **bulletin with price indexes** бюлетéнь з íндексами цін

bullion (n.) зли́вок *m* зóлота чи срíбла **bullion market** ри́нок дорогоцíнних метáлів

burden (n.) тягáр *m* **burden of debt** тягáр бóргу **burden of dependency** тягáр залéжности **burden of taxation** тягáр подáтків

bureau (n.) контóра *f*, бюрó *n* , вíдділ *m*, управлíння *n*, комітéт *m* **average adjustments bureau** бюрó диспашéрів **service bureau** бюрó обслугóвування

business (n.) 1. бíзнес *m* 2. спрáва *f*, дíло *n*, заня́ття *n* 3. комерцíйна дія́льність *f* 4. торгівéльне підприéмство *n* **big business** вели́кий бíзнес **business address** діловá адрéса **business conditions** діловá, господáрська кон'юнктýра **business cycle** промислóвий (економíчний) цикл **business ethics** діловá éтика **business expenses** торгівéльні ви́трати **business failure** банкрýтство **business firm** торгівéльна фíрма **business forecasting** прогнóз кон'юнктýри **business groups** діловí кóла **business name** діловá нáзва **business on offer** угóда, що пропонуéться **business plan** бíзнес-план, план рóзвитку виробни́чої дія́льности фíрми **business relations** діловí віднóсини; торгівéльні зв'язки́ **business reply service** діловá пóшта з передплáченою віднóвіддю **business risk** ри́зик підприéмництва **business stocks** товáрні знáки торгівéльно-промислóвих підприéмств **business travel** відря́дження, діловá пóдорож **business year** господáрський рік; фінáнсовий рік **line of business** гáлузь торгíвлі; гáлузь промислóвости **on business** у спрáві **retail business** роздрíбна торгíвля **small business** мали́й бізнес **volume of business** óбсяг операцій; масштáб бíзнесу

businesslike (adj.) діловúй, практúчний **businesslike behavior** діловá поведíнка

businessman (n.) бізнесмéн *m*, комерсáнт *m*, діловá людúна *f*, підприємець *m* **businessman acts on his own behalf** бізнесмéн діє́ від свогó íмени **foreign businessman** інозéмний бізнесмéн, інозéмний підприємець

buy (v.) купувáти **buy back** викупóвувати (напр., áкції компáнії) **buy dirt cheap** купувáти непомíрно дéшево **buy out** викупóвувати (напр., чáстку партнéра) **buy up** 1. купувáти у велúких кíлькостях 2. скупóвувати **buy wholesale** купувáти óптом

buyer (n.) покупéць *m* **buyer's expenses** вúтрати покупця́ **buyers' market** кон'юнктýра рúнку, що вúгідна для покупця́ **buyer's refusal** відмóва покупця́

buying (n.) 1. закупíвля *f* (напр., на аукціóні) 2. скупóвування *n* (напр., áкцій) **buying in bulk** закупíвля óптом **buying order** замóвлення про закупíвлю **buying price** закупíвельна цінá **buying rate** курс покупця́ **impulse buying** купíвля під вплúвом момéнту, імпульсúвна купíвля (що залéжить від потóчного момéнту)

by-product (n.) побíчний продýкт *m*

C

calculate (v.) обчúслювати, вирахóвувати; розрахóвувати **calculate profitability** обчúслювати рентáбельність, вирахóвувати рентáбельність

calculation (n.) калькуля́ція *f*, обчúслення *n*; нарахóвування *n*, розрахýнок *m* **calculation of interest** нарахóвування відсóтків **tax sum calculation** нарахóвування сýми подáтку

calibration (n.) 1. стандартизáція *f* 2. калібрувáння *n* **calibration of measuring instruments** перевíрка зáсобів вимíрювання

call (v.) 1. клúкати; звáти, називáти 2. склика́ти 3. викликáти **be called for** на вимóгу **call in** склика́ти; вимагáти спла́ти (боргíв) **call in question** піддавáти сýмніву **call to account** притяга́ти до відповідáльности

call (n.) вимóга *f*; вúклик *m*; опціóн *m* **call loan** пóзика за вимóгою **call money** грóші за вимóгою **call on shares** вимóга про спла́ту внéска за áкції **call option** 1. опціóн «колл» 2. опціóн покупця́ (прúдбане за пéвну пла́ту пра́во купувáти або́ продавáти пéвні цíнні папéри або́ товáри прóтягом пéвного ча́су за встанóвленою ціно́ю) **call plan** рóзклад телефóнних дзвінкíв (клíєнту) **call premium** попередня премія **call preparation** підготóвка до телефóнного дзвінка́ (клíєнту) **call rate** процéнтна ста́вка **call report** щоквартáльний звіт **calls** вимóги компáнії до утрúмувачів áкцій (про спла́ту грошовúх сум у відповíдності до вкла́деного капіта́лу) **loan at call** пóзика за вимóгою **loan on call** пóзика за вимóгою **money at call** грóші за вимóгою

campaign (n.) кампáнія *f* **advertising campaign** рекла́мна кампáнія **promotion campaign** рекла́мна кампáнія

cancel (v.) анулювáти, скасóвувати **cancel the banking license** анулювáти бáнківську ліцéнзію

cancellation (n.) анулювáння *n*, скасувáння *n* **cancellation of a contract** анулювáння контрáкту, скасувáння контрáкту **cancellation of a license** анулювáння ліцéнзії **cancellation of an order** анулювáння замóвлення

capacity (n.) 1. óбсяг *m*, óб'єм *m*, мíсткість *f*, є́мність *f* 2. продуктúвність *f*, потýжність *f* **capacity utilization** викóристання потýжностей **cargo-carrying capacity** ванта́жна спромóжність **idle capacity** виробнúчі потýжності, що не використóвуються

capital (n.) капітáл *m*; основнúй капіта́л *m*; акціонéрний капіта́л *m* **actual capital** дíйсний капіта́л **authorized capital** уставнúй капіта́л, уставнúй фонд **available capital** лікві́дний капіта́л **borrowed capital** позúчений капіта́л **capital allowances** відрахувáння з прибýтку від капіта́лу **capital appropriations** асигнувáння на капітало-вкла́дення **capital clause** 1. основна́ сýма та відсóтки 2. пункт про капіта́л **capital commitments** зобов'язання що́до капіта́лу **capital employed** використóвувани капітáл **capital expenditure** капітáльні вúтрати **capital formation** утвóрення чи нарóщення капітáлу **capital gains tax** подáток на прибýток з капітáлу **capital gearing** спрямýвання капітáлу **capital goods** основні фóнди **capital index** індексáція капітáлу **capital intensive industry** промислóвість з велúким основнúм капітáлом **capital levy** оподаткувáння капітáлу **capital loss** втрáта капітáлу **capital market** рúнок цíнних папéрів **capital of company** акціонéрний капітáл **capital reserve market** резéрвний рúнок капітáлу **capital profit** прибýток з капітáлу **capital redemption reserve fund** резéрвний фонд погáшення капітáлу **capital reserves** резéрви капітáлу **capital transfer tax** подáток з перевóду капітáлу **circulating capital** обігóвий капітáл **commodity capital** товáрний капітáл **constant capital** постíйний капітáл **fictitious capital** фіктúвний капітáл **finance capital** фінáнсовий капітáл **fixed capital** основнúй капітáл, постíйний капітáл **foreign capital** інозéмний капітáл **frozen capital** заморóжений фонд **industrial capital** промислóвий капітáл **invested capital** інвестóваний капітáл **issued capital** капітáл, якúй випускáє компáнія **joint stock capital** акціонéрний капітáл **loan capital** позикóвий капітáл **ownership capital** влáсницький капітáл **paid–up capital** сплáчений акціонéрний капітáл **productive capital** продуктúвний капітáл **trade capital** торгівéльний капітáл **unpaid capital** несплáчена частúна акціонéрного капітáлу **variable capital** змíнний капітáл

capitalization (n.) капіталізáція *f*, перетвóрення *n* у капітáл **capitalization issue** питáння капіталізáції

capitalize (v.) 1. перетвóрювати у капітáл, капіталізувáти 2. наживáти капітáл

card (n.) кáртка *f* **check card** чéкова кáртка **credit card** кредúтна кáртка

cargo (n.) вантáж *m*, кáрго *m* **bagged cargo** вантáж у мішкáх **bulk cargo** безтáрний вантáж, насипнúй вантáж **cargo damaged during transportation** вантáж, пошкóджений під час транспортувáння **cargo damaged en route** пошкóджений під час транспортувáння

вантáж **cargo in bulk** безтáрний вантáж, насипнúй вантáж **cargo within loading gauge** габарúтний вантáж **commercial cargo** торгівéльний вантáж **containerized cargo** контéйнерний вантáж **contract cargo** контрáктний вантáж **dangerous cargo** небезпéчний вантáж **deck cargo** пáлубний вантáж **directed cargo** адресóваний вантáж **duty free cargo** безмúтний вантáж **export cargo** éкспортний вантáж **fluid cargo** наливнúй вантáж **general cargo** генерáльний вантáж **import cargo** імпортний вантáж **insured cargo** застрахóваний вантáж **loose cargo** безтáрний вантáж **mixed cargo** змíшаний вантáж **optional cargo** опцíйний вантáж **oversize cargo** негабарúтний вантáж **packaged cargo** пакетóваний вантáж **packed cargo** упакóваний вантáж **palletized cargo** вантáж на палéтах **stacked cargo** штабельóваний вантáж **tanker cargo** наливнúй вантáж **transit cargo** транзúтний вантáж **undeclared cargo** незаявлений вантáж, незадекларóваний вантáж **uniform cargo** однорíдний вантáж **uninsured cargo** незастрахóваний вантáж **unpacked cargo** неупакóваний вантáж **valuable cargo** коштóвний вантáж

carriage (n.) транспортувáння *n*, перевéзення *n* **cargo carriage** перевéзення вантажíв **carriage by rail** перевéзення залізнúцею **carriage by road** автоперевéзення **carriage forward** вáртість пересúлки не включéна

carrier (n.) трáнспортна компáнія *f*, перевíзник *m* **air carrier** авіатрáнспортна компáнія, авіацíйний перевíзник **cargo carrier** перевíзник вантажíв **domestic carrier** внýтрішній перевíзник **feeder carrier** фíдерний перевíзник **overland carrier** сухопýтний перевíзник **sea carrier** морськúй перевíзник

cash (v.) розмíнювати на готíвку **cash a check** розміняти чек на готíвку

cash (n.) готíвка *f* **cash accounting** грошовúй óблік, звíтність **cash advance** грошовúй авáнс **cash and carry** прóдаж за готíвку (без достáвки) **cash assets** кáсова готíвка **cash balance** 1. кáсові зáлишки 2. зáлишок готíвки **cash book** кáсова книга **cash bonus** прéмія, що сплáчується готíвкою **cash budget**

ка́совий бюдже́т **cash cycle** грошови́й цикл **cash disbursement journal** журна́л грошови́х ви́трат, ви́плат **cash dispenser** грошови́й автома́т **cash discount** ски́дка, зни́жка **cash down** за готі́вку **cash flow** обі́г гроше́й; су́ма прибу́тків до спла́ти пода́тків і амортизаці́йних відрахува́нь **cash flow accounting** зві́тність обі́гу гроше́й **cash flow forecast** прогно́з грошови́х пото́ків **cash flow statement** звіт про обі́г гроше́й **cash in hand** ка́сова готі́вка **cash machine** автомати́чний пункт ви́дачі готі́вки (з допомо́гою ка́ртки, пов'я́заної з креди́тним/де́бітним раху́нком) **cash on delivery** післяпла́та **cash payments journal** журна́л грошови́х ви́плат **cashpoint** автомати́чний пункт ви́дачі готі́вки (з доломо́гою ка́ртки, пов'я́заної з креди́тним/де́бітним раху́нком) (Великобрита́нія, Австра́лія, Нова́ Зела́ндія) **cash price** ціна́ при спла́ті готі́вкою **cash rate** курс че́ків, що встано́влено ба́нками **cash ratio** відно́шення су́ми готі́вки та аналогі́чних акти́вів до су́ми зобов'я́заннь **cash receipts journal** журна́л ка́сових надхо́джень **cash remittance** грошови́й пере́каз **cash transaction** транса́кція готі́вкою; уго́да, що передбача́є розраху́нок готі́вкою **cash value (of life insurance policy)** грошова́ ва́ртість (по́лісу страхува́ння життя́) **by cash** готі́вкою **in cash** готі́вкою **net cash** ціна́ при спла́ті готі́вкою без ски́дки **prompt cash** термі́нова спла́та готі́вкою **ready cash** готі́вка **reserve cash** резе́рвна готі́вка **to withdraw cash** зніма́ти готі́вку (з раху́нку)

cashier (n.) каси́р *m* **cashier's check** чек, що був ви́писаний ба́нком на се́бе

catalogue (n.) катало́г *m* **catalogue of a firm** катало́г фі́рми **catalogue of samples of goods** катало́г зразкі́в това́рів **catalogue sales** про́даж това́рів з катало́гу

cede (v.) поступа́тися; здава́ти, віддава́ти **cede the right** поступа́тися пра́вом

center (n.) центр *m* **commercial center** комерці́йний центр **consignment goods center** консигна́ційний центр **consultation center** консультаці́йний центр **financial settlements center** розраху́нко́вий центр **job center** бюро́ пра́цевлаштува́ння **service center** бюро́ по́слуг **trade center** торгіве́льний центр **World Trade Center** Центр міжнаро́дної торгі́влі (у Нью-Йо́рку)

central (adj.) центра́льний **central bank refinancing** рефінансува́ння, що здійснюється центра́льним ба́нком **central bank reserves** резе́рви центра́льного ба́нку

certificate (n.) па́спорт *m*, сертифіка́т *m*, посві́дчення *n*, посві́дка *f*, свідо́цтво *n*, до́відка *f* **acceptance certificate** акт прийняття́, акт зда́чі-прийняття́ **average certificate** аварі́йний сертифіка́т **cargo certificate** ванта́жний сертифіка́т **certificate of damage** рекламаці́йний сертифіка́т **certificate of deposit** свідо́цтво про зберіга́ння, заставни́й сертифіка́т **certificate of expert's examination** акт експерти́зи **certificate of incorporation** акт/свідо́цтво про утво́рення (фі́рми) **certificate of origin** свідо́цтво про похо́дження (това́ру) **certificate of pledge** заставни́й сертифіка́т **certificate of survey** свідо́цтво про о́гляд (вантажу́, що був розванта́жений) **certificate stocks** това́ри, що ма́ють свідо́цтво **currency certificate** валю́тний сертифіка́т **factory certificate** па́спорт заво́ду, заводськи́й па́спорт **gold certificate** золоти́й сертифіка́т **inspection certificate** акт о́гляду **loan certificate** позико́ва розпи́ска **manufacturer's certificate** заводськи́й сертифіка́т, сертифіка́т виробника́ **money market certificate** сертифіка́т грошово́го ри́нку **quarantine certificate** каранти́нне свідо́цтво, каранти́нний сертифіка́т **sanitary certificate** саніта́рне свідо́цтво **share certificate** акціоне́рне свідо́цтво **stock certificate** а́кція **tax certificate** податко́вий сертифіка́т **tax reserve certificate** податко́вий резе́рвний сертифіка́т **test certificate** акт випро́бування, сертифіка́т випро́бування **veterinary certificate** ветерина́рний сертифіка́т **warehouse certificate** складське́ свідо́цтво

certification (n.) посві́дчення *n* **certification of goods** посвідчення това́рів **certification of transfer** посвідчення про трансфе́рт

certify (v.) посві́дчувати, засві́дчувати; дозволя́ти **certify a document**

посвідчувати докуме́нт, засвідчувати докуме́нт

chain stores (pl.) одноти́пні магази́ни *pl* однієї фі́рми **chain discount stores** одноти́пні магази́ни, що продаю́ть това́ри із зни́женими ці́нами

chairman (n.) голова́ *f* **chairman of the board** голова́ правлі́ння **chairman of a company** голова́ компа́нії **chairman's report** звіт голови́ **deputy chairman** засту́пник голови́

chamber (n.) пала́та *f* **arbitration chamber** арбітра́жна пала́та **Chamber of Commerce** торгіве́льна пала́та **Chamber of Commerce and Industry** торгіве́льно-промисло́ва пала́та **Chamber of Commerce and Trade** торгіве́льно-промисло́ва пала́та

chancellor (n.) ка́нцлер *m*, пе́рший секрета́р *m* посо́льства **Chancellor of the Exchequer** ка́нцлер скарбни́ці (міні́стр фіна́нсів Великобрита́нії)

change (n.) змі́на *f*; о́бмін *m* **change in quality** змі́на я́кости **change in the assortment** змі́на асортиме́нту **change in the exchange rate** змі́на ку́рсу валю́т **change of ownership** 1. конве́рсія 2. змі́на володаря́

channel (n.) кана́л *m* **channels of communication** кана́ли зв'язку́ **channels of distribution** кана́ли розпо́ділу **sales channels** кана́ли збу́ту **trade channels** торгіве́льні кана́ли

charge (v.) 1. обвинува́чувати 2. признача́ти, вимага́ти (ці́ну) **charge a penalty** признача́ти штраф **charge a high price** признача́ти висо́ку ці́ну **charge commissions** признача́ти комісі́йні

charge (n.) ці́на *f*, ви́трата *f* **charge account** раху́нок покупця́ у магази́ні; відкри́тий креди́т, що не ма́є забез-пе́чення **charge for customs clearance** пла́та за пра́во ви́возу това́рів через ми́тницю **charge for the safe keeping of goods** пла́та за зберіга́ння това́ру **charge sales** про́даж у креди́т **charges forward** ви́трати, що ма́ють бу́ти спла́чені ванта́жеотри́мувачем **bank charges** ба́нківська комі́сія **depreciation charges** амортизаці́йні відраху́нки **extra charge** надба́вка, наці́нка **fixed charge** фіксо́вана

ціна́ **forwarding charges** ви́трати щодо відпра́вки вантажу́ **free of charge** безкошто́вно **freight charges** фрахт **handling charge** додатко́ва пла́та за ви́дачу готі́вки (за креди́тним раху́нком чи в інозе́мній валю́ті – з допомо́гою креди́тної/де́бітної ка́ртки) **landing charges** ле́ндінг **overhead charges** накладні́ ви́трати **service charge on loans** проце́нти з по́зик **standing charge** неспла́чена су́ма (за раху́нком, що підляга́є спла́ті) **to be in charge of** керува́ти чи́мось; відповіда́ти за щось

chargé d'affaires (n.) пові́рений *m* у спра́вах

charter (v.) фрахтува́ти (судно́, літа́к, авто́бус)

charter (n.) ча́ртер *m*; стату́т *m* **charter of joint stock company** стату́т акціо-не́рного товари́ства **charter of joint venture** стату́т спі́льного підприє́мства **charter party** уго́да про переве́зення; уго́да про фрахтува́ння судна́ **general charter** генера́льний ча́ртер **lump sum charter** лу́мпсум-ча́ртер **open charter** відкри́тий ча́ртер **river charter** річкови́й ча́ртер **special charter** спеціа́льний ча́ртер

chartered (adj.) 1. привілейо́ваний 2. зафрахто́ваний; ча́ртерний **chartered accountant** ауди́тор, бухга́лтер-експе́рт **chartered agent** ванта́жний бро́кер **chartered company** компа́нія, що була́ зорганізо́вана на заса́дах урядо́вої конце́сії **chartered flight** ча́ртерний авіаре́йс **chartered surveyor** зареєстро́ваний оці́нювач, контроле́р

charterer (n.) фрахтува́льник *m*

chartering (n.) фрахтува́ння *n* **chartering application** зая́вка на фрахтува́ння **chartering of a vessel** фрахтува́ння судна́ **chartering procedure** процеду́ра фрахтува́ння, поря́док фрахтува́ння **chartering restrictions** ліцензі́йні обме́ження; обме́ження ви́дачі до́зволів на ве́дення ба́нківської дія́льности

chattels (n.) майно́ *n* **chattels real** нерухо́ме майно́ **personal chattels** рухо́ме майно́

cheap (adj.) деше́вий **cheap credit** деше́вий креди́т **cheap currency** валю́та із зани́женим ку́рсом

check (v.) 1. перевіря́ти, контролюва́ти 2. реєструва́ти **check an invoice** перевіря́ти раху́нок

check (n.) чек *m* **accepted check** акценто́ваний чек **bad check** опротесто́ваний чек **bank check** ба́нківський чек **bearer check** чек на пред'явника́ **blank check** бла́нковий чек **certified check** заві́рений чек **check book** че́кова кни́жка **check card** че́кова ка́ртка **check crossing** перекре́слення че́ку (Великобрита́нія, Австра́лія, Нова́ Зела́ндія) **check drawer** (drawer of a check) чековидаве́ць; той, хто випи́сує чек **check endorsement** індосаме́нт на че́ку **check payable to** іменни́й чек **check to bearer** чек на пред'явника́ **check trading** торгі́вля че́ками **crossed check** кросо́ваний (перекре́слений) чек (Великобрита́нія, Австра́лія, Нова́ Зела́ндія) **foreign check** інозе́мний чек **dishonored check** опротесто́ваний чек **open check** відкри́тий чек **protested check** опротесто́ваний чек **to issue a check** ви́писати чек **to write out a check** ви́писати чек **traveler's check** тури́сти́чний (доро́жній) чек **unaccepted check** неакценто́ваний чек **uncrossed check** неперекре́слений чек (Великобрита́нія, Австра́лія, Нова́ Зела́ндія)

chief (n.) голо́ва *m/f*, нача́льник *m*, керівни́к *m*

chief (adj.) головни́й, основни́й **chief cashier** голова́ муніципа́льної слу́жби оподаткува́ння (Великобрита́нія) **chief examiner** головни́й експе́рт (пате́нт) **chief executive** головни́й адміністра́тор, керівни́к **Chief Executive Officer (CEO)** генера́льний дире́ктор компа́нії **chief representative** головни́й представни́к

circle (n.) круг *m*, ко́ло *n* **business circles** ділові́ ко́ла **financial circles** фіна́нсові ко́ла

circulate (v.) 1. перебува́ти в о́бігу 2. розповсю́джувати; розсила́ти **circulate a document** розсила́ти докуме́нт, розповсю́джувати докуме́нт

circulating (adj.) обіго́вий **circulating capital** обіго́вий капіта́л **circulating funds** обіго́ві фо́нди **circulating monetary assets** обіго́ві грошові́ акти́ви

circulation (n.) о́біг *m* **circulation of commodities** о́біг това́рів

claim (v.) вимага́ти, претендува́ти на **claim a shortage** пред'явля́ти по́зов про неста́чу **claim damages** вимага́ти покриття́ збитків **claim default** пред'явля́ти прете́нзію за невикона́ння уго́ди

claim (n.) 1. по́зов *m* 2. зая́ва *f*, прете́нзія *f* 3. вимо́га *f* **claim against a carrier** по́зов до тра́нспортної компа́нії **claim against a seller** прете́нзія до продавця́ **claim(ed) amount** ціна́ по́зову **claim based on a contract** прете́нзія за контра́ктом **claim for damages** по́зов про збитки **claim for a discovery** зая́вка про вина́хід/раціоналіза́цію **claim for an invention** зая́вка про вина́хід **claim in return** зустрі́чна вимо́га, зустрі́чний по́зов **claim on a seller** прете́нзія до продавця́ **claim over short delivery of goods** прете́нзія про непостача́ння това́ру **claim under a contract** прете́нзія за контра́ктом **clearing claim** прете́нзія за клі́рингом **insurance claim** страхова́ зая́ва **patent claim** пате́нтна прете́нзія **prior claim** основни́й по́зов **property claim** прете́нзія на майно́ **to discharge a claim** задовольня́ти вимо́гу; визнава́ти пра́вильність прете́нзії **to justify a claim** обґрунто́вувати прете́нзію **to make a claim against for something** пред'явля́ти по́зов кому́сь про щось **to make a claim on somebody for something** пред'явля́ти по́зов кому́сь про щось **to meet a claim** задовольня́ти вимо́гу, прете́нзію **to refer a claim** зверта́тись з по́зовом до **to reject a claim** відкида́ти по́зов **quality claim** прете́нзія щодо я́кости **quantity claim** прете́нзія щодо кі́лькости **wage claim** вимо́га збі́льшити заробі́тну пла́ту

clarify (v.) уто́чнювати **clarify requirements** уто́чнювати вимо́ги

classification (n.) класифіка́ція *f* **classification of goods and services** класифіка́ція това́рів і по́слуг **classification of risks** класифіка́ція ри́зиків **patent classification** пате́нтна класифіка́ція

classified (adj.) 1. системати́чний, класифіко́ваний 2. та́ємний, секре́тний **classified advertising** класифіко́вана рекла́ма **classified contract** та́ємний контра́кт **classified**

directory систематичний довідник **classified information** секретна інформація

classify (v.) класифікувати

clause (n.) стаття *f*, пункт *m*, обумовлення *n* **arbitration clause** арбітражне обумовлення **bailee clause** умова про відповідальність страхівника (страхувальника) за збитки під час зберігання товару на складі **bunkering clause** бункерне обумовлення **claused bill of exchange** вексель, в якому зазначені особливі умови сплати **clause in a bill of lading** позначка в коносаменті **clause paramount** найважливіша умова, умова першого ступеня, умова надзвичайної важливости **collision clause** стаття страхового (морського) полісу (на випадок зіткнення) **contract clause** стаття контракту **continuation clause** обумовлення про пролонгацію **currency clause** валютне обумовлення **detrimental clause** позначка в коносаменті **escalation clause** обумовлення про гнучку ціну **escape clause** обумовлення про право скасування пільгових митних ставок **exchange clause** валютне обумовлення **extended cover clause** обумовлення про розширення страхування **force majeure clause** обумовлення про форс-мажор **location clause** обумовлення про обмеження відповідальности (страхівника/страхувальника за накопичення застрахованих ризиків в одному місці) **most favored nation clause** обумовлення про статус найбільшого сприяння країні **multiple currency clause** мультивалютне обумовлення **paramount clause** найважливіша умова, умова першого ступеня, умова надзвичайної важливости **price escalation clause** обумовлення про підвищення ціни **strike clause** обумовлення про страйки **subrogation clause** обумовлення про суброгацію **"without recourse" clause** обумовлення про незворотність

clear (v.) 1. очищати; розчищати 2. сплачувати борг, проводити розрахунки 3. здійснювати кліринг 4. очищати (товари, вантажі) від мита, виконувати митні формальності 5. отримувати чистий прибуток 6. розпродавати **clear an account** сплачувати рахунок **clear cargo at customs** пропускати вантаж через

митницю **clear checks** здійснювати кліринг чеків **clear goods** розпродавати товари **this sum will clear his debts** ця сума покриє його борги

clear (adj.) чистий **clear account** рахунок без заборгованости **clear bill of lading** чистий коносамент

clearance (n.) 1. пропуск *m* 2. розпродаж *m* **clearance based on a general license** пропуск майна за генеральним дозволом **clearance inwards** перевірка на довіз (митницею) **clearance of transit goods** пропуск транзитних товарів **clearance outwards** перевірка на вивезення (митницею) **customs clearance** пропуск товарів через митницю

clearing (n.) кліринг *m* **bank clearing** банківський кліринг **banker's clearing house** банківська розрахункова палата **bilateral clearing** двосторонній кліринг **clearing agreement** угода про кліригові розрахунки **clearing balance** баланс платежів за кліринговими розрахунками **clearing bank** кліринг-банк **clearing deficit** дефіцит за кліринговими рахунками **clearing on a double account system** кліринг за системою двох розрахунків **clearing payments** розрахунки у формі клірингу **clearing price** щоденна ціна, за якою розрахункова палата провадить розрахунки **clearing with conditional conversion** кліринг з умовною конверсією **clearing with unconditional conversion** кліринг з безумовно конверсією **compulsory clearing** примусовий кліринг **currency clearing** валютний кліринг **favorable clearing balance** активне сальдо за клірингом **international clearing** міжнародні розрахунки **multilateral clearing** багатосторонній кліринг **unilateral clearing** односторонній кліринг

clerk (n.) службовець *m* **bank clerk** банківський службовець

client (n.) замовник *m*, клієнт *m*, комітент *m*, покупець *m* **client's agent** агент клієнта

close (v.) 1. закривати, зачиняти; закінчувати 2. укладати **close a deal** укладати угоду **close an account** закривати рахунок **close an auction**

закрива́ти аукціо́н **close market** закрива́ти ри́нок (торгі́влю ці́нними папе́рами), заве́ршувати торгіве́льну се́сію **close out** продава́ти, ліквідува́ти, реалізо́вувати (ці́нні папе́ри) **close out the contract against the buyer (the seller)** ліквідува́ти контра́кт зі спла́тою рі́зниці в ціні́ за раху́нок покупця́ (продавця́)

close (n.) кіне́ць *m*, заве́ршення *n*, закриття́ *n* **close of trading** закриття́ торгі́влі (на бі́ржах)

close (adj.) 1. закри́тий 2. обме́жений, незначни́й **close stock company** акціоне́рна компа́нія закри́того ти́пу (прива́тна компа́нія, а́кціями яко́ї володі́ють де́кілька осі́б) **close margin of profit** незначни́й прибу́ток

closed (adj.) закри́тий **closed account** закри́тий раху́нок **closed arbitration** закри́тий арбітра́ж **closed corporation** закри́та корпора́ція **closed-end investment company** інвестиці́йна компа́нія закри́того ти́пу **closed-end mutual fund** взає́мяий фонд закри́того ти́пу **closed tenders** закри́ті то́рги

closing (n.) 1. закриття́ *n*, припи́нення *n*, ліквіда́ція *f* 2. заклю́чний (adj.), оста́нній (adj.) **closing down of an enterprise** ліквіда́ція підприє́мства **closing entries** оста́нні за́писи **closing price** заклю́чна ціна́ **closing values** заклю́чні ці́ни **contract closing** ліквіда́ція контра́кту

code (n.) 1. ко́декс *m*, зве́дення *n* зако́нів 2. код *m* **area code** код місце́вости (телефо́нний) **business code of conduct** ко́декс поведі́нки у ділови́х ко́лах **country code** код кра́їни (телефо́нний) **customs code** ми́тний ко́декс **post code** пошто́вий і́ндекс (Великобрита́нія) **zip code** пошто́вий і́ндекс

coefficient (n.) коефіціє́нт *m* **coefficient of discounting** коефіціє́нт дисконтува́ння **foreign currency coefficient** валю́тний коефіціє́нт

coin (n.) моне́та *f* **coin changer** автома́т для ро́зміну моне́т **coin counter** 1. маши́на для підраху́нку моне́т 2. моне́тний рахівни́к **coin-operated vending machine** торгіве́льний автома́т, що працю́є на моне́тах

coinage (n.) моне́тна систе́ма *f* **decimal coinage** десятко́ва моне́тна систе́ма

collateral (n.) 1. заста́ва *f* 2. майнове́ забезпе́чення *n* 3. забезпе́чення *n* заста́ви 4. додатко́вий (adj.) 5. другоря́дний (adj.) **collateral agreement** додатко́ва умо́ва **collateral class** клас забезпе́чення (оди́н з крите́ріїв класифіка́ції по́зик) **collateral liquidation** ліквіда́ція забезпе́чення (з мето́ю пога́шення по́зики) **collateral note** ве́ксель, забезпе́чений майно́м боржника́ **collateral security** додатко́ва гара́нтія **collateral trust bonds** обліга́ції з тра́стовим забезпе́ченням

collect (v.) збира́ти, інкасува́ти **collect on delivery** спла́чувати при доста́вці

collection (n.) інкаса́ція *f*, збира́ння *n*, стяга́ння *n* **collection against bank cable notification** телегра́фне інка́со **collection charge** збір (винагоро́да) за інка́со **collection charges** ви́трати пов'я́зані з інка́со **collection of a bill** отри́мання грошо́й за ве́кселем (раху́нком); інкасува́ння ве́кселя (раху́нку) **collection of documents** інка́со про́ти докуме́нтів **collection of duties** стяга́ння ми́та **collection of a loan** стяга́ння по́зики **collection of payments** накладни́й платі́ж **collection order** дору́чення інка́со **collection payment** фо́рма раху́нку інка́со **collection with immediate payment** інка́со з терміно́вою спла́тою **collection with prior acceptance** інка́со з попере́днім акце́птом **collection with subsequent acceptance** інка́со з насту́пним акце́птом **bills for collection** ве́кселі на інка́со **tax collection** стяга́ння пода́тку **to undertake the collection of documents** прийма́ти докуме́нти на інка́со

collective (adj.) колекти́вний **collective agreement** колекти́вний до́говір **collective bargaining** перегово́ри між підприє́мцями та профспілка́ми про умо́ви пра́ці

collector (n.) збира́ч *m* (пода́тків); інкаса́тор *m*

commerce (n.) торгі́вля *f*, коме́рція *f* **Chamber of Commerce** торгіве́льна пала́та

commercial (n.) те́ле/ра́діоркла́ма *f*, рекла́мний ро́лик *m*

commercial (adj.) торгіве́льний, комерці́йний **commercial bill** комерці́йний ве́ксель **commercial aviation** цивільна авіа́ція **commercial counterfeiting** комерці́йна підро́бка **commercial credit** комерці́йний креди́т **commercial custom** торгіве́льний зви́чай **commercial discount** комерці́йна зни́жка **commercial treaty** торгіве́льний до́говір

commercialisation (n.) комерціалі-за́ція *f*

commission (n.) 1. комісі́йна винаго-ро́да *f* 2. комі́сія *f*, коміте́т *m* 3. дору́чення *n* 4. комісі́йний збір *m* **acceptance commission** акце́птна комі́сія **ad hoc commission** спеціалізо́вана комі́сія (з нага́льного пита́ння) **agency commission** аге́нтська винагоро́да **arbitration commission** арбітра́жна комі́сія **auditing commission** ревізі́йна комі́сія **certifying commission** атестаці́йна комі́сія **commission agent** комісіоне́р, аге́нт-комісіоне́р **commission charges** комісі́йні *(pl only)* **commission discounts** зни́жка на комісі́йні по́слуги **commission fee** комісі́йний вне́сок **commission for collection** інка́сова комі́сія **commission house** ма́клерська чи бро́керська фі́рма **commission note** комісі́йне дору́чення **economic commission** економі́чна комі́сія **expert commission** експе́ртна комі́сія **foreign trade arbitration commision** зо́внішньо-торгіве́льна арбітра́жна комі́сія **high commission** верхо́вна комі́сія **joint commission** змі́шана/спі́льна/міжвідомча комі́сія **liquidation commission** ліквідаці́йна комі́сія **transport commission** тра́нспортна комі́сія

commissioner (n.) уповнова́жений *m*; коміса́р *m*; ревізо́р *m* **high commissioner** верхо́вний коміса́р

commitment (n.) зобов'я́зання *n* **commitment fee** платі́ж за резервува́ння для клі́єнта **commitment letter** повідо́млення про відкриття́ креди́тної лі́нії **loan commitment** уго́да між кредито́ром і позича́льником **to make no commitments** не зв'я́зувати себе́ зобов'я́заннями **to meet commitments** вико́нувати зобов'я-зання

committee (n.) комі́сія *f*, коміте́т *m* **committee of inspection** інспекці́йна комі́сія **exhibition committee** ви́ставковий коміте́т **fair committee** ярмарко́вий коміте́т **joint committee** міжві́домча комі́сія **organizing committee** організаці́йний коміте́т **strike committee** страйкови́й коміте́т

commodity (n.) 1. това́р *n* 2. това́рний (adj.) **commodities and materials** това́рно-матеріа́льні кошто́вності **commodities temporarily taken into the country** тимчасо́во довезе́ні до кра́їни това́ри **commodities temporarily taken out of the country** тимчасо́во ви́везені з кра́їни това́ри **commodity agreement** това́рна уго́да **commodity exchange** това́рна бі́ржа **marketed commodities** реалізо́вана проду́кція **surplus commodities** ли́шок това́рів **staple commodities** головні́ предме́ти торгі́влі

common (adj.) зага́льний; спі́льний **common budget** спі́льний бюдже́т **common carrier** спі́льний (грома́дський) переві́зник **common dollar accounting** спі́льні до́ларові розраху́нки **common law** зага́льне пра́во; звича́йне пра́во **Common Market** Спі́льний ри́нок **common ownership** спі́льна вла́сність **common price system** спі́льна систе́ма цін **common shares** спі́льні а́кції **common stock** спі́льний акціоне́рний капіта́л; спі́льні фо́нди

communiqué (n.) офіці́йне повідо́млення *n*, комюніке́ *n* **joint communiqué** спі́льне комюніке́

company (n.) компа́нія *f*, товари́ство *n*, фі́рма *f* **affiliated company** підконтро́льне підприє́мство **agency company** аге́нтська фі́рма **assurance company** страхова́ компа́нія **chartered company** компа́нія, що її́ було́ організо́вано на осно́ві урядо́вої конце́сії **company acquisition** купі́вля компа́нії **company accredited in the country** компа́нія, що акредито́вана у кра́їні **company bailout** врятува́ння компа́нії від банкру́тства **company bankruptcy** банкру́тство компа́нії **company buyback** ви́куп компа́нії **company investigations** розслі́дування компа́нії **company limited by guarantee** компа́нія, що обме́жена гара́нтом **company limited by shares** компа́нія з обме́женою відповіда́льністю **company liquidation** ліквіда́ція компа́нії company seal печа́тка компа́нії company secretary секрета́р компа́нії company policy полі́тика компа́нії company rating оці́нка фіна́нсового ста́ну компа́нії company reorganization реорганіза́ція компа́нії company restructuring перебудо́ва структу́ри компа́нії company sales force співробі́тники компа́нії, відпові́да́льні за збут company's liquidation account ліквіда́ційний раху́нок компа́нії exempt private company привілейо́вана прива́тна компа́нія foreign company інозе́мна компа́нія foreign trade company зо́внішньоторгіве́льне підприє́мство, зо́внішньоторгіве́льна фі́рма forwarding company тра́спортно-експедиці́йна фі́рма holding company хо́лдингова компа́нія, контро́льна компа́нія incorporated company корпорати́вна компа́нія insurance company страхова́ компа́нія, страхова́ фі́рма international company міжнаро́дна компа́нія joint stock company акціоне́рна компа́нія, акціоне́рне товари́ство leasing company лі́зингова компа́нія limited liability company компа́нія з обме́женою відповіда́льністю mail-order company поси́лкова компа́нія, компа́нія, яка́ вико́нує пошто́ві замо́влення parent company основне́ товари́ство; компа́нія, що контролю́є private company прива́тна компа́нія public company грома́дська компа́нія sales finance company компа́нія з фінансува́ння про́дажу в креди́т subsidiary company дочі́рня компа́нія trading company торгіве́льна компа́нія transport company тра́спортна компа́нія travel company тури́сти́чна компа́нія unincorporated company некорпорати́вна компа́нія

compensate (v.) 1. відшкодо́вувати, компенсува́ти 2. винагоро́джувати compensate somebody for losses відшкодо́вувати кому́сь зби́тки compensate somebody for damages відшкодо́вувати кому́сь зби́тки

compensation (n.) 1. відшкодува́ння n, компенса́ція f 2. винагоро́да f compensation award рі́шення про відшкодува́ння compensation clause обумо́влення про відшкодува́ння compensation deal компенсаці́йна уго́да compensation for breakage відшкодува́ння за пола́мку compensation for

damages відшкодува́ння зби́тку, компенса́ція зби́тку compensation for expenses відшкодува́ння ви́трат, компенса́ція ви́трат compensation for loss of office компенса́ція дире́кторові при зві́льненні compensation for losses відшкодува́ння зби́тків, компенса́ція зби́тків, покриття́ зби́тків compensation for shortage компенса́ція за неста́чу compensation for termination of a contract відступні́ гро́ші, компеса́ція при урива́нні контра́кту compensation in kind това́рна компенса́ція compensation trade компенсаці́йна торгі́вля compensation with interest проце́нтне відшкодува́ння monetary compensation грошова́ компенса́ція

compete (v.) 1. конкурува́ти 2. змага́тися

competence (n.) 1. зді́бність f 2. компете́нтність f 3. доста́ток m, до́брий матеріа́льний стан m 4.компете́нція f competence of a representative компете́нція представника́ competence to direct an enterprise зді́бність керува́ти підприє́мством to enjoy a modest competence ма́ти помі́рний доста́ток

competency (n.) see competence

competent (adj.) 1. компете́нтний 2. доста́тній, нале́жний competent authority авторите́тний фахіве́ць to have competent knowledge of management бу́ти доста́тньо компете́нтним у пита́ннях ме́неджменту

competition (n.) 1. конкуре́нція f 2. змага́ння n cut-throat competition жорстока́ конкуре́нція latent competition прихо́вана конкуре́нція market competition ри́нкова конкуре́нція price competition цінова́ конкуре́нція

competitive (adj.) 1. конкуре́нтний 2. конкуре́нтоспромо́жній competitive market конкуре́нтний ри́нок competitive price конкуре́нтоспромо́жня ціна́

competitor (n.) конкуре́нт m; супе́рник m; той m, що змага́ється

complain (v.) ска́ржитися, висло́влювати незадово́лення

complaint (n.) ска́рга f, прете́нзія f;

реклама́ція *f* **lodge a complaint** пода́ти ска́ргу

complete (v.) 1. закі́нчувати, заве́ршувати 2. запо́внювати **complete a declaration** запо́внювати деклара́цію **complete a form** запо́внювати фо́рму **complete an order** вико́нувати замо́влення

complete (adj.) по́вний; доверше́ний; заве́ршений; ці́лий **complete acceptance** по́вний акце́пт **complete assessment** по́вна оці́нка **complete inspection** по́вна переві́рка

completeness (n.) компле́ктність *f*; по́вність *f*; закі́нченість *f* **completeness of documentation** компле́ктність документа́ції **completeness of equipment** компле́ктність устаткува́ння

complex (n.) ко́мплекс *m* **complex of enterprises** ко́мплекс підприє́мств **complex of services** ко́мплекс по́слуг **complex of works** ко́мплекс робі́т **exhibition complex** ви́ставковий ко́мплекс **marketing complex** марке́тинговий ко́мплекс **research and development complex** науко́во-виробни́чий ко́мплекс

compliance (n.) зго́да *f* **in compliance with** відповідно до

comply (v.) 1. вико́нувати 2. поступа́тися; погоджуватися **comply with one's request** вико́нувати чиє́сь проха́ння **comply with regulations** підкоря́тися пра́вилам

compound (v.) змі́шувати, сполуча́ти **interest is compounded daily** проце́нти нарахо́вуються щодня́

compound (adj.) 1. складови́й 2. складни́й 3. ко́мплексний **compound cost** ко́мплексні ви́трати **compound interest** складні́ проце́нти **compound tariff** змі́шаний тари́ф

comprehensive (adj.) 1. місткни́й, просто́рий 2. всеося́жний; ви́черпний **comprehensive economic plan** всеося́жний економі́чний план **comprehensive coverage** всеося́жне покриття́ (ви́трат) **comprehensive insurance** всеося́жне страхува́ння; комбіно́ване страхува́ння **comprehensive insurance policy** всеося́жний страхови́й по́ліс; по́ліс

комбіно́ваного страхува́ння **comprehensive utilization of resources** максима́льне використа́ння ресу́рсів **comprehensive vehicle insurance** комбіно́ване страхува́ння тра́нспортного за́собу

compromise (v.) 1. піти́ на компромі́с 2. компрометува́ти **compromise on this point** піти́ на компромі́с по цьо́му пита́нню

compromise (n.) компромі́с *m* **to agree to a compromise** погодитись на компромі́с **to come to a compromise** дійти́ компромі́су

computer (n.) компью́тер *m*, електро́нно-обчи́слювальна маши́на *f* (ЕОМ) **computer-based tasks** завда́ння, що вимага́ють використа́ння компью́тера **computer game** компью́терна гра **computer hardware** матеріа́льна части́на компью́тера **computer language** компью́терна мо́ва; мо́ва ЕОМ **computer network** компью́терна мере́жа **computer program** компью́терна програ́ма **computer programmer** програмі́ст **computer software** 1. програ́мний проду́кт 2. математи́чне забезпе́чення (компью́терів)

concern (n.) 1. спра́ва *f* 2. конце́рн *m*; підприє́мство *n*; фі́рма *f* 3. інтере́с *m*; турбо́та *f* **paying concern** прибутко́ве підприє́мство **to cause concern** виклика́ти турбо́ту

concession (n.) 1. конце́сія *f* 2. по́ступка *f* **to grant concessions** надава́ти конце́сії **to make concessions** поступа́тися

concessionaire (n.) концесіоне́р *m*

concessioner (n.) see **concessionaire**

conclude (v.) уклада́ти **conclude an agreement/contract** уклада́ти уго́ду /контра́кт

condition (n.) 1. умо́ва *f* 2. стан *m*, стано́вище *n* **condition of affairs** стан рече́й **condition subsequent** насту́пна умо́ва **favorable conditions** пільго́ві умо́ви; сприя́тливі умо́ви **general conditions** зага́льні умо́ви **technical conditions** техні́чні умо́ви **trading conditions** умо́ви торгі́влі **transport conditions** тра́нспортні умо́ви

conditional (adj.) умо́вний **conditional bill of sale** умо́вний ве́ксель про́дажу conditional sale agreement уго́да про про́даж з обумо́вленням

conduct (v.) викона́вити; ве́сти conduct an operation викона́вити опера́цію conduct negotiations ве́сти переговори

conference (n.) конфере́нція f, нара́да f conference call групова́ телефо́нна розмо́ва, бага́тосторо́ння нара́да trade conference торгіве́льна конфере́нція

confidence (n.) 1. дові́р'я n, дові́ра f 2. упе́вненість f confidence-trick man облу́дник, шахра́й

confidential (adj.) конфіденці́ний; секре́тний confidential document секре́тний докуме́нт

confirm (v.) 1. підтве́рджувати 2. затве́рджувати confirm a statement підтве́рджувати зая́ву confirm an appointment затве́рджувати призна́чення

confirmation (n.) 1. підтве́рдження n 2. затве́рдження n 3. підкрі́плення n confirmation by fax підтве́рдження фа́ксом confirmation by telephone підтве́рдження по телефо́ну confirmation by telex підтве́рдження те́лексом confirmation of an arrangement підтве́рдження домо́влености

confiscate (v.) конфіско́вувати

confiscation (n.) конфіска́ція f confiscation of assets 1. конфіска́ція майна́ 2. експропріа́ція майна́ confiscation of property 1. конфіска́ція майна́ 2. конфіска́ція вла́сности

congestion (n.) ску́пчення n congestion of cargo ску́пчення вантажі́в port congestion перевантаження по́рту

conglomerate (n.) конгломера́т m (вели́ка грома́дська організа́ція)

con-man (n.) облу́дник m, шахра́й m

consequential (adj.) що логі́чно виплива́є; насту́пний consequential loss ви́трати, що виплива́ють з; насту́пні ви́трати

consideration (n.) 1. міркува́ння n 2. ро́згляд m, обгово́рення n consideration of a claim ро́згляд по́зову

consign (v.) 1. передава́ти; доруча́ти; відправля́ти; признача́ти 2. вно́сити в депози́т ба́нку consign goods

відправля́ти това́ри

consignation (n.) 1. відпра́вка f това́рів на консигна́цію 2. вне́сення n су́ми у депози́т ба́нку, депонува́ння n грошей to the consignation of адресо́вано

consignee (n.) адреса́т m; оде́ржувач m вантажу́; консигна́тор m (посере́дник при е́кспорті това́рів)

consignment (n.) 1. консигна́ція f (комісі́йний про́даж това́рів за кордо́н) 2. ванта́ж m, па́ртія f това́рів consignment bill накладна́ consignment in bulk па́ртія без упако́вки consignment of goods па́ртія това́ру consignment note тра́нспортна накладна́ delivery in equal consignments постача́ння рі́вними па́ртіями fresh consignment нова́ па́ртія to send goods on consignment посла́ти това́р на консигна́цію trial consignment випро́бувальна па́ртія

consignor (n.) адреса́нт m; відправни́к m вантажу́; коміте́нт m; консигна́нт m (вла́сник това́ру, який продає́ його́ за кордо́н че́рез комісіоне́ра) foreign consignor інозе́мний відправни́к вантажу́; інозе́мна фі́рма-консигна́нт name of a consignor найменува́ння відправника́ вантажу́

consistency (n.) 1. послідо́вність f; логі́чність f; постійність f 2. сумі́сність f; пого́дженість f consistency of opinions пого́дженість думо́к lack of consistency непослідо́вність

consolidated (adj.) об'є́днаний consolidated accounts об'є́днані раху́нки consolidated financial statements об'є́днані фіна́нсові зві́ти

consolidation (n.) консоліда́ція f consolidation of capital консоліда́ція капіта́лу consolidation of debts консоліда́ція боргі́в

consortium (n.) консо́рціум m consortium bank консорціа́льний банк (банк, яки́м володію́ть де́кілька і́нших ба́нків)

consultant (n.) консульта́нт m

consultation (n.) консульта́ція f bank consultation ба́нківська консульта́ція

consultative (adj.) дора́дчий, консульта́ти́вний consultative committee консультати́вний коміте́т

consulting (n.) 1. консультува́ння *n* 2. конса́лтінг *m* (консультува́ння з широ́кого ко́ла пита́нь економі́чної дія́льности) 3. консультаці́йний (adj.) **consulting agency** консультаці́йна фі́рма, конса́лтингова фі́рма (що надає́ по́слуги по дослі́дженню і прогнозува́нню ри́нку) **consulting fees** пла́та за консульта́цію

consume (v.) 1. спожива́ти 2. витрача́ти

consumer (n.) 1. спожива́ч *m* 2. спожи́вчий (adj.) **consumer advertising** спожи́вча рекла́ма **consumer behavior** поведі́нка спожива́ча **consumer commodities** спожи́вчі това́ри; това́ри широ́кого вжи́тку **consumer goods** спожи́вчі това́ри; това́ри широ́кого вжи́тку **consumer loyalty** лоя́льність спожива́ча **consumer price index (C.P.I.)** спожи́вчий ціново́й і́ндекс **consumer prices** роздрібні́ ці́ни **consumer protection agency** аге́нтство за́хисту спожива́чів **consumer spending** спожи́вчі ви́трати насе́лення

consumerism (n.) спожива́ння *n*

consumption (n.) спожива́ння *n* **energy consumption** ене́рго́ємність **metal consumption** металоє́мність **per unit consumption of materials** матеріа́лоє́мність на одини́цю

contact (n.) конта́кт *m* **bilateral contacts** двосторо́нні конта́кти **business contacts** ділові́ конта́кти **contact address** конта́ктна адре́са **contact telephone number** конта́ктний но́мер телефо́ну

container (n.) конте́йнер *m* **container shipments** конте́йнерні переве́зення

containerization (n.) контейнериза́ція *f*

contamination (n.) забру́днення *n* **radioactive contamination** радіоакти́вне забру́днення **sample contamination** забру́днення зразка́

contingency (n.) 1. імові́рність *f*, можли́вість *f* 2. ви́падок *m*, випадко́вість *f*, непередба́чена обста́вина *f* **contingency fund** фонд на покриття́ непередба́чених ви́трат **contingency plan** план на ви́падок непередба́чених обста́вин

contingent (adj.) випадко́вий, імові́рний **contingent asset** імові́рні акти́ви **contingent liability** імові́рні зобов'я́зання

contraband (n.) 1. контраба́нда *f*, перемитництво *n* 2. контраба́ндний това́р *m* **contraband trade** контраба́ндна торгі́вля

contract (v.) 1. уклада́ти 2. бра́ти на себе́ зобов'я́зання, зобов'я́зуватися **contract an agreement** уклада́ти до́говір **contract liabilities** бра́ти на себе́ зобов'я́зання про відповіда́льність

contract (n.) 1. до́говір (догові́р) *m*, контра́кт *m*, уго́да *f*, підря́д *m* 2. контра́ктний (adj.) **ambiguity in contract** двозна́чність у контра́кті **blanket contract** ако́рдний контра́кт **breach of contract** пору́шення контра́кту **continuous contract** трива́лий контра́кт **contract by deed** контра́кт, зумо́влений ді́єю **contract cost** контра́ктна ва́ртість **contract evidenced in writing** контра́кт, що засві́дчений письмо́во **contract for construction work** підря́д на викона́ння будіве́льних робі́т **contract for lease of property** уго́да про винайма́ння майна́ **contract for mutual deliveries** контра́кт про взаємопостача́ння **contract for sale of know-how** контра́кт на про́даж но́у-ха́у **contract for services** контра́кт про надання́ по́слуг **contract for technical services** контра́кт про техні́чне обслуго́вування **contract for the supply of products** контра́кт про постача́ння проду́кції **contract grades** станда́ртна систе́ма показникі́в я́кости това́ру, що постача́ється за терміно́вими контра́ктами **contract insurance** контра́ктне страхува́ння **contract in writing** контра́кт у письмо́вій фо́рмі **contract month** контра́ктний мі́сяць **contract note** контра́ктна запи́ска **contract obligations** контра́ктні зобов'я́зання **contract of affreightment** контра́кт на фрахтува́ння (судна́) **contract of employment** до́говір про найма́ння на робо́ту; трудови́й контра́кт **contract of indemnity** уго́да гара́нтії від зби́тків **contract of purchase** до́говір купі́влі-про́дажу **contract of record** розпоря́дження су́ду **contract of sale** до́говір купі́влі-про́дажу **contract of sea carriage** уго́да про морські́ переве́зення **contract on compensatory basis** контра́кт на компенсаці́йній осно́ві **contract on immediate delivery terms** контра́кт на умо́вах терміно́вого постача́ння **contract**

price договірна ціна́ **contract services** по́слуги за контра́ктом **contract units** станда́ртна систе́ма показникі́в я́кости това́ру, що постача́ється за термі́но́вими контра́ктами **contract value** ва́ртість това́рів, що були́ ку́плені за умо́вами контра́кту **contract with an agency** контра́кт з аге́нством **contract without reservations** контра́кт без обумо́влень **foreign trade contract** зо́внішньо-торгіве́льний контра́кт **illegal contract** незако́нний контра́кт **insurance contract** до́говір про страхува́ння **labor contract** трудови́й до́говір **license contract** ліцензі́йний контра́кт **long-term contract** довгостроко́вий контра́кт **sale-and-purchase contract** контра́кт купі́влі-про́дажу **short-term contract** коротко-строко́вий контра́кт **standard contract** типови́й контра́кт **trade union contract** профспілко́вий контра́кт **turnkey contract** контра́кт про будівни́цтво під ключ; підря́дна уго́да **voidable contract** контра́кт, що мо́же бу́ти анульо́ваний

contracting (n.) контракта́ція f; укла́дення n (напр., контра́кту) **contracting of services** укла́дення контра́кту про обслуго́вування **contracting parties** сто́рони, що домовля́ються

contractor (n.) підря́дник m, підря́дна організа́ція f, підря́дна фі́рма f **general contractor** генера́льний підря́дник **main contractor** головни́й підря́дник

contractual (adj.) догові́рний **contractual deliveries** догові́рні поста́вки **contractual joint venture** спі́льне підприє́мство за контра́ктом **contractual obligations** догові́рні зобов'я́зання **contractual value** ва́ртість, що зазна́чена у контра́кті

contribute (v.) 1. сприя́ти 2. вно́сити (гро́ші)

contribution (n.) 1. вне́сок m (грошови́й); ча́стка f; контрибу́ція f; ча́стка f у́части 2. пода́ток m **contribution in foreign currency** вне́сок в іноземні́й валю́ті **contribution in the form of commodities** вне́сок у това́рній фо́рмі **contribution in the form of money** вне́сок у грошові́й фо́рмі **contribution in material form** вне́сок у матеріа́льній фо́рмі **contribution to an authorized fund** вне́сок до уставно́го фо́нду **contribution**

to the budget вне́сок до бюдже́ту **mandatory contribution** обов'язко́вий вне́сок

contributor (n.) 1. сприя́ч m 2. уча́сник m 3. спла́тник m вне́ску

control (v.) 1. керува́ти 2. контро-люва́ти, регулюва́ти; перевіря́ти 3. володі́ти, розпоряджа́тися **control expenditure** перевіря́ти ви́трати **control prices** регулюва́ти ці́ни

control (n.) 1. контро́ль m; переві́рка f; на́гляд m 2. управлі́ння n; керува́ння n **customs control** ми́тний контро́ль **immigration control** іміграці́йний контро́ль **passport control** па́спортний контро́ль **wage controls** систе́ма регулюва́ння заробі́тної пла́ти

controller (n.) керівни́к m, дире́ктор m; контроле́р m (в акціоне́рному товари́стві)

convention (n.) конве́нція f, до́говір (догові́р) m, уго́да f **international convention** міжнаро́дна конве́нція **multilateral convention** бага́тосторо́ння конве́нція

conversion (n.) 1. конве́рсія f, перетво́рення n 2. перераху́нок m **conversion according to the official rate of exchange** перераху́нок за офіці́йним ку́рсом о́бміну валю́т **conversion of currency** перераху́нок валю́ти **conversion of military industry** конве́рсія військо́вої промисло́вости **conversion of state enterprises into stock companies** акціонува́ння держа́вних підприє́мств (з мето́ю їх перетво́рення в акціоне́рні компа́нії **conversion to civilian markets** перехі́д на ри́нки, що пов'я́зані з ви́пуском проду́кції ми́рного призна́чення **metric conversion** переве́дення у метри́чну систе́му

convertibility (n.) конверто́ваність f **currency convertibility** конверто́ваність валю́ти

convertible (adj.) конверто́ваний **convertible bonds** обліга́ції, що конверту́ються в а́кції **convertible currency** 1. ві́льноконверто́вана валю́та (вкв) 2. тверда́ валю́та **convertible loan stock** конверто́вані по́зикові обліга́ції

conveyance (n.) 1. переве́зення n; доста́вка f 2. переда́ча f вла́сности **air conveyance** переве́зення пові́трям

conveyance of property переда́ча пра́ва вла́сности **means of conveyance** акт про переда́чу; ку́пча

cooperate (v.) 1. співробі́тничати 2. спря́ти, допомага́ти **cooperate to the success of something** сприя́ти у́спіху чого́сь

cooperation (n.) 1. співробі́тництво *n*, співпра́ця *f*, коопера́ція *f* 2. взаємо-дія *f* **business cooperation** ділове́ співро-бі́тництво **cooperation agreement** уго́да про співробі́тництво **cooperation on a compensated basis** співробі́тництво на компенсаці́йній осно́ві **cooperation on a long-term and balanced basis** коопера́ція на довгостроко́вій і збалансо́ваній осно́ві **economic cooperation** економі́чне спів-робі́тництво **foreign economic cooperation** зо́внішньоекономі́чне співробі́тництво **foreign trade cooperation** зо́внішньоторгіве́льне співробі́тництво **global economic cooperation** світове́ економі́чне співробі́тництво **industrial cooperation** виробни́че співробі́тництво **international cooperation** міжнаро́дна коопера́ція **long-term cooperation** довгостроко́ве співробі́тництво **mutually beneficial cooperation** взаємови́гідне співробі́т-ництво **trade and economic cooperation** торгіве́льно–економі́чне співробі́тництво

cooperative (n.) 1. кооперати́в *m* 2. кооперати́вний (adj.) 3. гото́вий (adj.) до співробі́тництва **consumers' cooperative** спожи́вчий кооперати́в **cooperative bank** кооперати́вний банк **cooperative society** кооперати́вне товари́ство **farmers' cooperative** фе́рмерський кооперати́в **production cooperative** виробни́чий кооперати́в

copartnership (n.) товари́ство *n* на пая́х

copy (n.) дубліка́т *m*, ко́пія *f*, примі́рник *m* **copy of an order** ко́пія зая́вки

copyright (v.) забезпе́чувати а́вторське пра́во **this book is copyrighted** на цю кни́жку розповсю́джується а́вторське пра́во

copyright (n.) а́вторське пра́во *n* **copyright owner** вла́сник а́вторського пра́ва

corner (v.) 1. заганя́ти в глухи́й кут 2. скупо́вувати речі із спеку-ляти́вними на́мірами **corner the**

market монополізува́ти ри́нок за раху́нок скупі́влі това́ру

corporate (adj.) корпорати́вний, спі́льний **corporate bonds** 1. промисло́ві обліга́ції 2. обліга́ції промисло́вих компа́ній **corporate charter** 1. стату́т корпора́ції 2. стату́т акціоне́рного товари́ства **corporate finances** фіна́нси прива́тної корпора́ції **corporate profit** прибу́ток корпора́ції

corporation (n.) корпора́ція *f* **corpora-tion by-laws** 1. стату́т корпора́ції 2. стату́т акціоне́рного товари́ства **stock corpora-tion** акціоне́рна корпора́ція; акціоне́рне товари́ство **trading corporation** торгіве́льна корпора́ція **private corpora-tion** прива́тна корпора́ція

correspondence (n.) кореспонде́нція *f*, листува́ння *n* **business correspondence** ділова́ кореспонде́нція

corresponding (adj.) 1. відпові́дний 2. поді́бний 3. що веде́ листува́ння **corresponding figures** відпові́дні ци́фри

corruption (n.) кору́пція *f*, систе́ма *f* пі́дкупу

cost (v.) ко́штувати

cost (n.) 1. ва́ртість *f*, собіва́ртість *f* 2. ціна́ *f* 3. ви́трати *pl* **absorbed costs** ви́трати, що прийня́ті на свій раху́нок **accident costs** аварі́йні ви́трати **actual costs** факти́чні ви́трати **agreed cost** догові́рна ціна́ **arbitration costs** арбітра́жні ви́трати **at cost** за собіва́ртістю **capital costs** капіта́льні ви́трати **cost accountant** бухга́лтер, яки́й обчи́слює ва́ртість; бухга́лтер-калькуля́тор **cost accounting** господа́рчий розраху́нок **cost and freight (с.& f.)** ва́ртість і фрахт (каф) (умо́ва про́дажу) **cost benefit analysis** ана́ліз собіва́ртости **cost center** центр ва́ртости **cost estimating** кошто́рисна калькуля́ція **cost, insurance, freight (c.i.f.)** ва́ртість, страхува́ння, фрахт (сіф) (умо́ва про́дажу) **cost, insurance, freight and exchange (c.i.f. and e.)** ва́ртість, стра-хува́ння, фрахт і курсова́ рі́зниця; сіф, що включа́є курсову́ рі́зницю **cost, insurance, freight, and interest (c.i.f.i.)** ва́ртість, страхува́ння, фрахт і проце́нти; сіф, що включа́є комі́сію посере́дника (умо́ва про́дажу) **cost of borrowing**

позико́вий відсо́ток **cost-offsetting** компенса́ція ви́трат **cost of goods and services** ва́ртість това́рів та по́слуг **cost of manufactured goods** ва́ртість ви́роблених това́рів **cost of goods sold** ва́ртість про́даних това́рів **cost-of-living** прожитко́вий мі́німум **cost of living index** і́ндекс прожитко́вого мі́німуму **cost of products sold** собіва́ртість проду́кції, що була́ реалізо́вана **cost of sales** собіва́ртість проду́кції, що реалізу́ється **cost of transportation** ва́ртість транспортува́ння **cost-plus contract** контра́кт з прибли́зною ва́ртістю (у будівни́цтві) **cost price** ціна́ виробни́цтва **cost-push inflation** інфля́ція, що виклика́є підви́щення ва́ртости **costs of production** ви́трати виробни́цтва **current cost** пото́чна ва́ртість **current cost accounting** пото́чне врахува́ння ва́ртости, пото́чний обраху́нок ва́ртости **depreciation costs** амортизаці́йні ви́трати **direct costs** прямі́ ви́трати **estimated cost** кошто́рисна собіва́ртість, кошто́рисна ва́ртість **extra cost** додатко́ва ва́ртість **first cost** ціна́ виробника́; купіве́льна ціна́ **hidden costs** прихо́вані ви́трати **invoice cost** факту́рна ціна́; собіва́ртість **legal costs** судові́ ви́трати **manufacturing costs** виробни́чі ви́трати **material costs** матеріа́льні ви́трати **net cost** чи́ста ва́ртість **opportunity cost** можли́ва ва́ртість прибу́тку **overhead costs** накладні́ ви́трати **prime cost** собіва́ртість (ва́ртість виробника́) **real cost** реа́льна ва́ртість **short–term borrowing cost** по́зиковий відсо́ток на короткостроко́ві по́зики **standard cost** нормасти́вна ва́ртість **unit cost** собіва́ртість одини́ці проду́кції **wholesale cost** о́птова ва́ртість

council (n.) ра́да *f*, нара́да *f* **city council** міська́ ра́да **Council Tax** муніципа́льний пода́ток (Великобрита́нія, Австра́лія, Нова́ Зела́ндія)

counsel (n.) 1. обгово́рення *n*, обмірко́вування *n*; нара́да *n* 2. пора́да *f*

counsellor (n.) адвока́т *m*; ра́дник *m*

counterclaim (n.) зустрі́чний по́зов *m*, зустрі́чна вимо́га *f*

counterfeit (v.) підробля́ти

counterfeit (n.) підро́бка *f*, підро́блений докуме́нт *m*

counterfeit (adj.) підро́блений, фальши́вий **counterfeit currency** фальши́ва валю́та, підро́блена валю́та **counterfeit money** фальши́ві гро́ші

counteroffer (n.) 1. зу́стрічна пропози́ція *f* 2. контрофе́рта *f*

countersign (v.) 1. ста́вити пі́дпис 2. ста́вити дру́гий пі́дпис **countersign a check** ста́вити (дру́гий) пі́дпис на че́ку **countersign a contract** ста́вити (дру́гий) пі́дпис під контра́ктом

coupon (n.) купо́н *m* **coupon bond** облі́гація на пред'явника́

courier (n.) кур'є́р *m*, посла́нець *m*

court (n.) суд *m* **arbitration court** трете́йський суд **court documents** судова́ документа́ція **court of law** суд

cover (v.) покрива́ти, забезпе́чувати покриття́ **cover a loan** покрива́ти по́зику **cover all expenses** покрива́ти всі ви́трати

cover (n.) покриття́ *n* **cover for a debt** покриття́ бо́ргу **cover note (covering note)** страхува́льна запи́ска, коверно́т **cover of a letter of credit** покри́ття акредити́ву **extended cover clause** обумо́влення про розши́рене страхува́ння **patent cover** пате́нтне забезпе́чення

coverage (n.) 1. забезпе́чення *n*, покриття́ *n* 2. золоте́ покриття́ *n* (фіна́нси) 3. зага́льна су́ма *f* ри́зику, що покрива́ється (до́говір про страхува́ння)

crash (n.) крах *m*, банкру́тство *n* **crash economic program** антикри́зова економі́чна програ́ма

credit (v.) кредитува́ти **credit an account** кредитува́ти раху́нок **credit an amount to a person (credit a person with an amount)** записа́ти су́му на чийсь раху́нок

credit (n.) креди́т *m* **acceptance credit** акце́птний креди́т **available credit at statement date** су́ма ная́вного креди́ту на да́ту повідо́млення (позна́чка на помі́сячному повідо́мленні) **bank credit** ба́нківський креди́т **blank credit** бла́нковий креди́т **commercial credit** комерці́йний креди́т, розраху́нок у креди́т **commodity credit** підтова́рний креди́т, това́рний креди́т **company credit** фі́рмовий креди́т **compensatory credit**

компенсаці́йний креди́т **considerable credit** значни́й креди́т **credit against goods** това́рний креди́т, підтова́рний креди́т **credit against securities** креди́т під ці́нні папе́ри **credit against the guarantee of a bank** креди́т під гара́нтію ба́нку **credit agency** креди́тно-інформаці́йне бюро́, креди́тне бюро́ **credit agreement** креди́тна уго́да **credit arrangements** наданнѧ́ креди́тів **credit balance** за́лишок креди́ту, креди́тний за́лишок, креди́тне са́льдо **credit bank** ба́нк взає́много креди́ту **credit bureau** бюро́ креди́тної інформа́ції **credit card** креди́тна ка́ртка **credit card holder** вла́сник креди́тної ка́ртки **credit crunch** тру́юності з отри́манням креди́ту **credit curbs** креди́тні обме́ження **credit inquiry (enquiry)** наве́дення до́відки про на́явність креди́ту на раху́нку **credit financing** креди́тне фінансува́ння **credit for capital investments** креди́т на капіта́льні вкла́дення **credit for the development of...** креди́т для ро́звитку... **credit information bureau** креди́тно-інформаці́йне бюро́ **credit instruments** 1. креди́тні докуме́нти 2. ці́нні папе́ри **credit insurance** креди́тне страхува́ння **credit note** креди́т-но́та **credit of an account** креди́т раху́нку **credit on easy terms** креди́т на пі́льгових умо́вах **credit rating** оці́нка креди́тоспромо́жности **credit sale agreement** уго́да про про́даж у креди́т **credit squeeze** креди́тне сти́снення **credit transfer** креди́тний трансфе́р **credits for foreign trade operations** кредитува́ння зо́внішньоторгіве́льних опера́цій **currency credit** валю́тний креди́т **current account credit** конкоре́нтний креди́т **export credit** е́кспортний креди́т **letter of credit** акредити́в **long-term credit** довго-строко́вий креди́т **mortgage credit** креди́т під заста́ву **mutual credit bank** банк взає́много креди́ту **non-interest bearing credit** безвідсо́тковий креди́т **on-call credit** онко́льний креди́т **open credit** відкри́тий креди́т **paper credit** ве́ксельний креди́т **public credit** держа́вний креди́т **reimbursement credit** акце́птно-ра́мбурсний креди́т **revolving credit** автомати́чно поно́влюваний креди́т, револьве́рний креди́т **secured credit** забезпе́чений креди́т **short-term credit** короткостроко́вий креди́т **soft credit** пі́льговий креди́т **standby credit**

резе́рвний креди́т **state credit** держа́вний креди́т **tight credit** обме́жений креди́т **trade credit** торгіве́льний креди́т **unsecured credit** креди́т без забезпе́чення

crediting (n.) кредитува́ння *n* **crediting against assets and liabilities** кредитува́ння під акти́ви, паси́ви та нерухо́мість **crediting against cash balance** кредитува́ння під бала́нс раху́нку; кредитува́ння під за́лишки матеріа́льних ці́нностей **crediting against commodities in ports** кредитува́ння під това́ри, що пере бува́ють у порта́х **crediting against commodities in transit** кредитува́ння під това́ри, що перебува́ють у доро́зі **crediting against commodities in warehouses** кредитува́ння під това́ри, що перебува́ють на склада́х **crediting of export transactions** кредитува́ння е́кспортних опера́цій **crediting of import transactions** кредитува́ння і́мпортних опера́цій **currency crediting** валю́тне кредитува́ння **direct crediting** пряме́ кредитува́ння **long-term crediting** довгостроко́ве кредитува́ння **medium-term crediting** середньостроко́ве кредитува́ння **production crediting** кредитува́ння у га́лузі виробни́цтва **reciprocal crediting** взає́мне кредитува́ння **revocable crediting** кредитува́ння, що мо́же підляга́ти скасува́нню **short-term crediting** короткостроко́ве кредитува́ння **state crediting** кредитува́ння з держа́вною гара́нтією

creditor (n.) кредито́р *m* **creditor bank** банк-кредито́р **creditor's demand** вимо́га кредито́ра

crisis (n.) кри́за *f* **industrial crisis** промисло́ва кри́за **environmental crisis** кри́за навко́лишнього середо́вища

crude (adj.) 1. сирови́нний; нести́глий 2. необро́блений **crude data** необро́блені да́ні **crude materials** сировина́ **crude oil** непереро́блена на́фта **crude scheme** нерозро́блений прое́кт

currency (n.) 1. о́біг *m*; грошови́й о́біг *m* 2. валю́та *f*; гро́ші (*pl only*) 3. те́рмін *m* ді́ї **blocked currency** блоко́вана валю́та **clearing currency** клі́рингова валю́та **convertible currency** конверто́вана валю́та **conversion of currency** переве́дення валю́ти **currency**

account валю́тний раху́нок **currency auction** валю́тний аукціо́н **currency clause** валю́тне обумо́влення **currency clearing** валю́тний клі́ринг **currency compensation** валю́тна компенса́ція **currency conditions** валю́тні умо́ви **currency depreciation** знеці́нення валю́ти; девальва́ція валю́ти **currency earning goods** това́ри, що продаю́ться за валю́ту **currency earnings** валю́тні надхо́дження **currency exchange regulation** контро́ль о́бміну валю́т **currency of an account** валю́та раху́нку **currency of a bill** те́рмін ді́ї ве́кселя **currency of a contract** валю́та контра́кту; те́рмін чи́нности контра́кту **currency of credit** валю́та креди́ту; те́рмін чи́нности креди́ту **currency of payment** валю́та платежу́; те́рмін підляга́ння ви́платі **currency of price** валю́та ціни́ **currency of a transaction** валю́та опера́ції **currency of transfer** валю́та трансфе́ру, переве́дення **currency pegged to (the dollar)** валю́та, що прив'я́зана до (до́лара) **devalued currency** знеці́нена валю́та, девальво́вана валю́та **exporter's currency** валю́та краї́ни-експорте́ра, валю́та експорте́ра **falling currency** валю́та, що зни́жується у ва́ртості **foreign currency** інозе́мна валю́та **free currency** ві́льна валю́та **freely convertible currency** ві́льно-конверто́вана валю́та **freely floating currency** ві́льномінли́ва валю́та **hard currency** тверда́ валю́та **importer's currency** валю́та краї́ни-імпорте́ра, валю́та імпорте́ра **international currency** міжнаро́дна валю́та **key currency** ключова́ валю́та **managed currency** регульо́вана валю́та **national currency** націона́льна валю́та, валю́та краї́ни **paper currency** паперо́ві гро́ші **reserve currency** резе́рвна валю́та **soft currency** неконверто́вана валю́та **stable currency** сті́йка́ валю́та **unstable currency** нестійка́ валю́та

current (adj.) пото́чний **current account** пото́чний раху́нок **current assets** пото́чні акти́ви **current cash equivalent** пото́чний грошови́й еквівале́нт **current cost** пото́чна ва́ртість **current cost accounting** пото́чний господа́рчий розраху́нок **current expenditure** пото́чні ви́трати **current liabilities** пото́чні паси́ви **current purchasing power (C.P.P.) accounting** о́блік/розраху́нок пото́чної купіве́льної спромо́жности/си́ли **current ratio (of assets and liabilities)** пото́чне відно́шення (паси́вів та акти́вів) **current replacement cost** пото́чна ва́ртість замі́ни **current spending** пото́чні ви́трати **current taxation** пото́чне оподаткува́ння

curriculum vitae (CV) (n.) автобіо-гра́фія *f*

curtail (v.) скоро́чувати, уріза́ти, обме́жувати **curtail import** обме́жувати і́мпорт

custom (n.) 1. зви́чай *m* 2. клієнту́ра *f* 3. покупці́ *pl*

custom-built зорієнто́ваний на замо́влення **custom-made** зро́блений за інди-віду́альним замо́вленням **custom of merchants** торгіве́льний зви́чай; торгіве́льна пра́ктика **custom of trade** торгіве́льний зви́чай

customer (n.) замо́вник *m*, покупе́ць *m*, клі́єнт *m* **customer service** обслу-го́вування покупця́ **customer's order** замо́влення покупця́

custom-house (n.) ми́тниця *f* **border custom-house** прикордо́нна ми́тниця **maritime custom-house** морська́ ми́тниця **railway custom-house** залізни́чна ми́тниця

customs (n.) 1. ми́то *n*; ми́тні збо́ри *pl* 2. ми́тниця *f* **customs agreement** уго́да з ми́тних пита́нь **Customs and Excise** ми́тна слу́жба (Великобрита́нія) **customs area** ми́тна терито́рія **customs ban** ми́тна заборо́на **customs clearance** до́звіл ми́тниці на ви́везення (дові́з) това́ру (вантажу́) **customs declaration** ми́тна деклара́ція **customs debenture** посві́дчення ми́тниці про пра́во зворо́тнього отри́мання і́мпортного ми́та **customs duty** ми́то; ми́тні збо́ри **customs free** безми́тний **customs tariff** ми́тний тари́ф **customs union** ми́тний сою́з **customs warrant** о́рдер на ви́пуск вантажу́ з ми́тниці

cut (v.) скоро́чувати **cut down** скоро́чувати (напр., ви́трати) **cut prices** зни́жувати ці́ни

D

damage (v.) завдава́ти зби́тків; шко́дити

damage (n.) зби́ток *m*; втра́та *f*; пошко́дження *n*; шко́да *f* **(legal) action**

for damages позов про грошову компенса́цію, по́зов про грошове́ відшкодува́ння, по́зов про зби́тки **agreed and liquidated damages** обумо́влені та заздалегі́дь оці́нені зби́тки **allowance (compensation) for damage** компенса́ція за зби́ток **anticipatory damages** майбу́тні зби́тки; очі́кувані зби́тки **concealed damage** прихо́ване пошко́дження **damage and loss insurance** страхува́ння зби́тків і втрат при транспортува́нні **damage and loss clause** поло́ження (пункт) контра́кту про зби́тки та втра́ти **damage caused by an accident** пошко́дження в результа́ті ава́рії **damage certificate** свідо́цтво про пошко́дження, ава́рію **damage claim** 1. рекламаці́йний акт 2. по́зов про грошове́ відшкодува́ння **damage to equipment** пошко́дження обла́днення **damage to goods** пошко́дження това́рів **exemplary damages** штрафні́ зби́тки **extent of damages** ро́змір зби́тків **indirect damage** непрями́й зби́ток, посере́дницький зби́ток **irreparable damage** непопра́вний зби́ток; невідшкодо́ваний зби́ток **liability for damage** відповіда́льність за зби́ток **liquidated damages** зби́тки, що му́сять бу́ти спла́чені (за контра́ктом) **measure of damages** ро́змір зби́тків **monetary damage** грошови́й зби́ток **nominal damages** номіна́льні зби́тки **recovery of damages** відшкодува́ння зби́тків **substantial damages** значна́ су́ма зби́тків, значні́ зби́тки **to assess damages** встанови́ти су́му грошово́го відшкодува́ння за зби́тки **to bear responsibility for damages** не́сти відповіда́льність за зби́тки **to claim damages** вимага́ти відшкодува́ння зби́тків **to do damage** завдава́ти шко́ди; заподію́вати зби́тки **to pay damages** спла́чувати відшкодува́ння зби́тків **unliquidated damages** зби́тки, призна́чені судо́м (не зазна́чені у контра́кті)

data (n.) да́ні (*pl only*); відомості́ *pl* **data bank** банк да́них **data base** ба́за да́них **data capture** захо́плення да́них **data processing** обро́бка да́них **data set** ни́зка да́них **data source** джерело́ інформа́ції

date (n.) да́та *f* **at long date** на до́вгий строк; довгостроко́вий **at short date** на коро́ткий строк; короткостроко́вий **closing date** заклю́чна да́та, оста́нній строк **date an agreement enters into force** да́та набуття́ чи́нності уго́ди **date and time of signing** да́та та час підписа́ння **dated securities** ці́нні папе́ри з фіксо́ваною да́тою **date of issue** да́та ви́дачі **date stamp** штамп/печа́тка з да́тою **due date** строк платежу́ **effective date** да́та набуття́ чи́нности **expiration date** да́та вибіга́ння те́рміну чи́нности **failure to meet a date** пору́шення стро́ку **specific date** конкре́тний строк

dawn raid (n.) скупі́вля *f* а́кцій на поча́тку біржово́го дня, «ранко́вий рейд» (біржови́й те́рмін, коли одна́ компа́нія скупо́вує а́кції і́ншої, щоб отри́мати над не́ю контро́ль)

day (n.) 1. день *m* 2. доба́ *f* **calendar day** календа́рний день **day book** бухга́лтерська кни́га, журна́л **day of concluding a contract** день укла́дення контра́кту **day-to-day loans** поде́нна по́зика **days of grace** пільго́ві дні

dead (adj.) ме́ртвий, неживи́й **dead freight** ме́ртвий фрахт/ванта́ж **dead loss** чи́стий зби́ток (втра́та) **dead matter** неоргані́чна речовина́ **dead season** ме́ртвий сезо́н; ме́ртва пора́ ро́ку

deadline (n.) кра́йній те́рмін *m* **deadline for the submission of something** кра́йній те́рмін пода́ння чого́сь

deadweight (n.) де́двейт *m*

deal (v.) 1. завдава́ти 2. розподіля́ти; роздава́ти; наділя́ти 3. торгува́ти чи́мось **deal in** торгува́ти чи́мось **deal with** ма́ти спра́ву з ки́мось/чи́мось **deal with difficulties** боро́тися з тру́днощами

deal (n.) уго́да *f* **futures deal** ф'ю́черсна уго́да **package deal** ако́рдний контра́кт **to close a deal** укла́сти уго́ду **to make a deal** укла́сти уго́ду

dealer (n.) торгіве́льний аге́нт *m*; ди́лер *m*, посере́дник *m* **dealer franchise** контра́кт між ди́лером і фі́рмою, що видає́ йому́ торгіве́льні приві́леї **exchange dealer** біржови́й ди́лер **retail dealer** роздрібни́й торго́вець **wholesale dealer** о́птовий торго́вець

dealings (n.) опера́ції *pl*; торгіве́льні спра́ви *pl* **dealings of an agent** опера́ції аге́нта **dealings on the stock exchange** фо́ндові опера́ції

debarkation (n.) розвантаження *n* (товару); висадка *f* (людей)

debase (v.) знижувати (якість, цінність) **debase the coinage** знижувати курс (валюти)

debenture (n.) 1. облігація *f* 2. боргова розписка *f*; боргове зобов'язання *n* **debenture holder** власник облігацій; власник боргової розписки **mortgage debenture** боргове зобов'язання, що забезпечене закладною **reissue of debentures** видача нової боргової розписки

debit (v.) записувати на дебет; заприбут-ковувати **debit an account** вносити суму у дебет рахунку, записати на дебет рахунку

debit (n.) дебет *m*; прибуток *m* **bank debits** вартість чеків та векселів, що були сплачені банками за рахунок вкладників **debit balance** дебетове сальдо; дебетовий залишок **debit entry** запис у дебет **debit note** дебет-нота; повідомлення про дебет **direct debit** прямий дебет (автоматичне періодичне відрахування з рахунку)

debt (n.) борг *m*, заборгованість *f* **accumulated debt** накопичена заборгованість **active debt** несплачений борг **bad debt** безнадійний борг **debt collecting** збирання боргів **debt crunch** криза заборгованости **debt finance** боргові фінанси **debt of honor** борг чести **debt limit** ліміт кредитування **debt management** управління боргом **debt repayment** погашення боргів **debt rescheduling** зміна термінів виплати заборгованости **debt service** сплата капітального боргу та відсотків за державним боргом **debt servicing** обслуговування боргів **debts of an enterprise** заборгованість підприємства **debt-to-equity ratio** співвідношення між позиченим та власним капіталом **doubtful debt** сумнівний борг **dubious debt** сумнівний борг **national debt** державний борг **outstanding debt** несплачений борг **paid debt** сплачений борг **redemption of a debt** погашення боргу **repayment of a debt** погашення боргу **secured debt** забезпечений борг **to get into debt** залазити у борг **to pay a debt** сплатити борг **to run into debt** залазити у борг **to settle a debt** виплатити

борг **undischarged debt** несплачений борг **unsecured debt** незабезпечений борг

debtor (n.) боржник *m*, дебітор *m* **debtor-nation** країна-боржник **debtor's liability** заборгованість боржника

decimalization (n.) перехід *m* на метричну систему мір

declaration (n.) 1. декларація *f*; заява *f* 2. об'ява *f*; оголошення *n* **currency declaration** валютна декларація **customs declaration** митна декларація **declaration date** останній термін оголошення опціона **declaration of origin** декларація про походження товарів **declaration of profit** декларація прибутку **declaration of solvency** декларація про платіже-спроможність **export declaration** експортна декларація **shipper's declaration** декларація вантажовідправника **tax declaration** податкова декларація

decline (v.) 1. відкидати, відхиляти щось, відмовлятись від 2. знижуватися; зменшуватися; занепадати **decline an offer** відхиляти пропозицію **decline loan request** відхиляти запит про позику

decline (n.) зниження *n*; занепад *m*; погіршення *n* **decline in prices** зниження цін **decline of economic activity** економічний занепад

deduct (v.) 1. вираховувати; відраховувати 2. віднімати **deduct the cost of transportation** вираховувати вартість перевезена

deduction (n.) 1. відрахування *n*; вирахування *n* 2. віднімання *n* 3. знижка *f* 4. утримання *n* **currency deductions** валютні відрахування **deduction to the reserve fund** відрахування до резервного фонду **deductions from income** відрахування з прибутку **deductions from payments** утримання з платежів **deductions from profit after tax** відрахування з прибутку після оподаткування **deductions from profit before tax** відрахування з прибутку до оподаткування **depreciation deduction** амортизаційні відрахування **percentage deductions** процентні відрахування **tax deductions** податкове відрахування, утримання податку

deed (n.) 1. акт *m*; дія́ *f*; спра́ва *f* 2. докуме́нт *m* **contract by deed** ді́йсний контра́кт **deed of arrangement** акт про домо́вленість (між боржнико́м та кредито́ром) **deed of assignment** докуме́нт про переда́чу **deed of cession** акт по́ступки **deed of covenant** акт про домо́вленість **deed of conveyance** акт про переда́чу правово́го ти́тула **deed of inspectorship** акт про інспе́кцію

default (v.) не вико́нувати своїх зобов'я́зань (напр., грошови́х); пору́шувати (уго́ду)

default (n.) 1. невикона́ння *n* зобов'я́зань (напр., що́до платежі́в) 2. недоста́ча *f* брак *m* **action for default on obligation** по́зов про невикона́ння зобов'я́зань **default claim** по́зов про пору́шення **default of interest** неспла́та відсо́тків **default of payment** неспла́та, відмо́ва від спла́ти бо́ргу **default on credit** неспла́та заборго́ваности по креди́ту

defaulter (n.) 1. фізи́чна чи юриди́чна осо́ба *f*, що не вико́нує своїх зобов'я́зань 2. банкру́т *m*

defect (n.) дефе́кт *m*, ва́да *f* **quality defect** ва́да я́кости

defective (adj.) зіпсо́ваний, пошко́джений **defective products** зіпсо́вані ви́роби, пошко́джені ви́роби

defend (v.) 1. захища́ти, обороня́ти 2. обсто́ювати, підтри́мувати **defend general principles** підтри́мувати зага́льні при́нципи

defendant (n.) відповіда́ч *m* **defendant before the court** відповіда́ч у суді́

defense (n.) за́хист *m*; оборо́на *f* **defense bonds** оборо́нні обліга́ції **defense industry** оборо́нна промисло́вість

defer (v.) відклада́ти, відстро́чувати **defer repayment of a loan** відстро́чувати спла́ту по́зики

deferred (adj.) відстро́чений, відкла́дений **deferred annuity** відстро́чений платі́ж **deferred bonds** відстро́чені обліга́ції **deferred charge** відстро́чена спла́та **deferred cost** відстро́чені ви́трати **deferred expenditure** відстро́чені ви́трати **deferred liability** відстро́чене зобов'я́зання **deferred shares**

другоря́дні а́кції, а́кції з відстро́ченим дивіде́ндом **deferred taxation** відстро́чене оподаткува́ння

deficient (adj.) недоста́тній, недоскона́лий, непо́вний

deficit (n.) 1. дефіци́т *m*, неста́ча *f* 2. дефіци́тний (adj.) **deficit financing** дефіци́тне фінансува́ння **deficit in foreign exchange** дефіци́т валю́ти **deficit of the balance of payments** дефіци́т платі́жного бала́нсу **deficit of the balance of trade** дефіци́т торгіве́льного бала́нсу **deficit on current account** дефіци́т пото́чного раху́нку **deficit spending** дефіци́тна ви́трата **financial deficit** фіна́нсовий дефіци́т **foreign trade deficit** зовнішньоторгіве́льний дефіци́т **payments deficit** дефіци́т платі́жного бала́нсу

define (v.) означа́ти, дава́ти характери́стику; встано́влювати, визнача́ти **define duties** визнача́ти обо́в'язки, визнача́ти ко́ло обо́в'язків

definite (adj.) ви́значений, пе́вний **definite period** пе́вний пері́од

definition (n.) 1. ви́значення *n*, озна́чення *n* 2. чі́ткість *f*

deflation (n.) дефля́ція *f* **deflation shock** дефляці́йний шок

deformation (n.) деформа́ція *f*

deformity (n.) деформо́ваність *f*

defunct (adj.) що бі́льше не ді́є **defunct company** компа́нія, що бі́льше не ді́є

delay (v.) затри́мувати; відклада́ти **delay loading** затри́мувати наванта́ження

delay (n.) затри́мка *f*; відстро́чка *f*; відстро́чення *n* **delay in delivery** затри́мка постача́ння, відстро́чка постача́ння **delay in discharge** затри́мка розванта́ження **payment delay** затри́мка платежу́, відстро́чка платежу́ **shipment delay** затри́мка відванта́ження

delegation (n.) 1. делега́ція *f* 2. делегува́ння *n*; переда́ча *f* **delegation of an industrial enterprise** делега́ція промисло́вого підприє́мства **delegation of authority** переда́ча повнова́жень **foreign delegation** інозе́мна делега́ція

delinquent (adj.) 1. неспла́чений 2. простро́чений 3. правопору́шний

4. злочи́нний **delinquent rent** про-
стро́чена оре́ндна пла́та **delinquent taxes**
простро́чені пода́тки

delivery (n.) поста́чання *n*; доста́вка *f*
carriage free delivery поста́чання
фра́нко-мі́сце **cessation of delivery**
припи́нення поста́чання **complete delivery**
компле́ктна доста́вка **contractual
delivery** догові́рне поста́чання
cooperative delivery коопера́ти́вне
поста́чання; коопера́ти́вна доста́вка **date
of delivery** да́та доста́вки, строк доста́вки
delay in delivery затри́мка у доста́вці
delivery against payment ви́дача про́ти
платежа́ **delivery by lots** поста́чання
па́ртіями **delivery c.& f.** доста́вка на
умо́вах каф **delivery c.i.f.** доста́вка на
умо́вах сіф **delivery costs** ви́трати на
доста́вку **delivery f.o.b.** доста́вка на
умо́вах фоб **delivery f.o.b. airport**
доста́вка на умо́вах фоб аеропо́рт
delivery f.o.b. plant доста́вка на умо́вах
фра́нко-заво́д **delivery f.o.b. to the
border of the seller's country** доста́вка на
умо́вах фра́нко-ваго́н краї́ни продавця́
delivery free exhibition доста́вка на
умо́вах фра́нко-ви́ставка **delivery in lots**
поста́чання па́ртіями **delivery note**
накладна́ **delivery notice** повідо́млення
про доста́вку **delivery of the balance of
the goods** допоста́чання **delivery of cargo**
ви́дача вантажа́, доста́вка **delivery on call**
поста́чання на вимо́гу **delivery on credit
terms** поста́чання на умо́вах креди́ту
delivery order «делі́вері-о́рдер»
(розпоря́дження про ви́дачу това́ру зі
складу́); замо́влення на поста́чання
delivery price ціна́ доста́вки **delivery route**
маршру́т доста́вки **delivery schedule**
ро́зклад поста́чання **delivery service**
слу́жба доста́вки замо́влень **delivery
truck** ванта́жна маши́на для доста́вки
замо́влень **express delivery** термі́но́ва
доста́вка **free on truck delivery** доста́вка
фра́нко-автотра́нспортний за́сіб **import
deliveries** і́мпортні поста́чання **obligatory
delivery** обов'язко́ве поста́чання **partial
delivery** часткова́ доста́вка **payable
on delivery** із сплатою по доста́вці **prior
delivery** достроко́ва доста́вка **prompt
delivery** термі́но́ва доста́вка **reciprocal
delivery** взаємні поста́чання **short
delivery** доста́вка непо́вної кі́лькости
single delivery ра́зове поста́чання **special
delivery** термі́но́ва доста́вка **spot**

delivery термі́но́ва доста́вка **to effect
delivery** доставля́ти

demand (v.) 1. вимага́ти 2. пита́ти,
запи́тувати **demand earnest money**
вимага́ти завда́ток

demand (n.) 1. по́пит *m*; потре́ба *f*
2. вимо́га *f*; за́пит *m* **active demand**
жва́вий по́пит **brisk demand** жва́вий
по́пит **consumer demand** спожи́вчий
по́пит **current demand** пото́чна потре́ба
demand bill пред'явни́цький ве́ксель
demand constraints обме́ження на по́пит
demand deposit вклад до вимо́ги,
безстроко́вий вклад **demand draft** тра́тта
(переказни́й ве́ксель, перева́жно у
міжнаро́дних розраху́нках) **demand for
credit** по́пит на креди́т **demand for goods**
по́пит на това́ри **demand line of credit**
креди́тна лі́нія **demand management**
регулюва́ння по́питу **effective demand**
пла́тоспромо́жний по́пит **foreign credit
demand** по́пит на інозе́мні креди́ти **goods
in demand** това́ри, що користу́ються
по́питом **job demand** по́пит на робо́чі
місця́ **market demand** ри́нковий по́пит
seasonal demands сезо́нні потре́би
supply and demand по́пит і пропози́ція
supply exceeds the demand пропози́ція
переви́щує по́пит **world market demand**
кон'юнкту́ра світово́го ри́нку

demise (n.) переда́ча *f* (напр.,
нерухо́мости)

demurrage (n.) 1. час *m* просто́ю (напр.,
судна́) 2. де́мередж *m*, пла́та *f* за
прості́й (судна́ чи ваго́ну)
3. контрсталі́йні гро́ші *pl*;
контрсталія́ *f*

denomination (n.) 1. купю́ра *f*
2. ва́ртість *f* **coins of small denominations**
моне́ти мало́ї ва́ртости

denounce (n.) 1. обвинува́чувати
2. оголо́шувати неді́йсним, денон-
сува́ти **denounce a treaty** денонсува́ти
до́говір

denunciation (n.) 1. публі́чне обвину-
ва́чення *n* 2. оголо́шення *n* до́говору
неді́йсним, денонсува́ння *n* **unilateral
denounciation** односторо́ннє денон-
сува́ння

deny (v.) 1. запере́чувати
2. відмовля́ти(ся) 3. зріка́тися, від-

рíкáтися **deny payment** відмовля́ти у платежí

department (n.) 1. вíдомство *n*; департа́мент *m*; міністе́рство *n* 2. відді́л *m* **department head** завíдувач відділом **department store** універма́г

deposit (v.) здава́ти на схов; дава́ти в заста́ву; вклада́ти гро́ші у банк **deposit money in a bank** вноси́ти гро́ші на зберіга́ння у банк **deposit securities** трима́ти ці́нні папе́ри на депози́ті

deposit (n.) завда́ток *m*; заста́ва *f*; вклад *m* до ба́нку; депози́т *m* **bank deposit** ба́нківський вклад, ба́нківський депози́т **call deposit** вклад до вимо́ги, депози́т до вимо́ги **cash deposit** грошови́й вклад **current account deposit** вклад на пото́чний раху́нок **demand deposit** вклад до вимо́ги, безстроко́вий вклад **deposit account** депози́тний раху́нок; ава́нсовий раху́нок **deposit at short notice** вклад до вимо́ги **deposit bank** депози́тний банк **deposit certificate** депози́тний сертифіка́т **deposit interest rate** проце́нтна ста́вка вкла́ду **deposit payable to a particular person** іменни́й вклад **deposit receipt** депози́тна розпи́ска **fixed deposit** термі́новий вклад, термі́новий депози́т **lessee deposit** депози́т оренда́ря **mail deposit** пошто́вий депози́т **sale of goods deposit** завда́ток за про́даж това́рів **savings deposit** оща́дний вклад **short(-term) deposit** короткостроко́вий вклад **special deposit** іменни́й вклад **time deposit** термі́новий вклад **to place money on deposit** внести́ гро́ші у депози́т

deposition (n.) депонува́ння *n*; вне́сення *n* грошей, вне́сок *m*; вклад *m* (фіна́нси)

depositor (n.) депоне́нт *m*, вкла́дник *m*

depository (n.) 1. депозита́рій *m* 2. склад *m* **depository for goods** това́рний склад

depot (n.) ба́за *f*, депо́ *n*, склад *m* **container depot** конте́йнерна ба́за

depreciable (adj.) те, що мо́же знеці́нитися **depreciable cost** оста́точна ва́ртість **depreciable life** час амортиза́ції **depreciable value** зага́льна су́ма амортиза́ції; оста́точна ва́ртість

depreciation (n.) амортиза́ція *f*;

знеці́нення *n* **depreciation account** раху́нок амортиза́ції **depreciation fund** амортизаці́йний фонд **depreciation of currency** знеці́нення грошей **depreciation rates** но́рми амортиза́ції

depression (n.) депре́сія *f* **depression of the market** ри́нкова депре́сія **economic depression** економі́чна депре́сія

deputy (n.) засту́пник *m* **deputy head** засту́пник голови́

description (n.) 1. о́пис *m* 2. вид *m*, сорт *m*, рід *m* **description of goods** о́пис това́рів **job description** о́пис робо́ти, о́пис вико́нуваних фу́нкцій

design (n.) диза́йн *m*, прое́кт *m* **design costs** ва́ртість прое́ктноконстру́кторських робі́т **design documentation** прое́ктна документа́ція **design firm** прое́ктно-констру́кторська фі́рма **design standards** прое́ктно-констру́кторські станда́рти **patented design** запатенто́ваний зразо́к

designer (n.) диза́йнер *m*, проектува́льник *m* **designer products** спеціа́льно розро́блені ви́роби

destination (n.) 1. призна́чення *n* 2. мі́сце *n* призна́чення **port of destination** порт призна́чення

detain (v.) 1. затри́мувати 2. три́мати під ва́ртою **detain cargo at customs** затри́мувати вbut анта́ж на ми́тниці

detention (n.) затри́мання *n*; аре́шт *m* **detention of cargo** затри́мання вантажу́ **detention of a vessel** затри́мання судна́ **illegal detention** незако́нне затри́мання

deteriorate (v.) погі́ршуватися **deteriorate the value of something** зни́жувати ці́нність чого́сь

deterioration (n.) погі́ршення *n* **deterioration of a financial situation** погі́ршення фіна́нсового стано́вища

determine (v.) визнача́ти; установ́лювати **determine demand** визнача́ти по́пит **determine the cost** визнача́ти ва́ртість

devaluation (n.) девальва́ція *f*; знеці́нення *n* **devaluation of national currency** девальва́ція націона́льної валю́ти

development (n.) ро́звиток *m*; рух *m*

development area райо́н ма́сового капіта́льногобудівни́цтва **development costs** ви́трати на розро́бку (напри́клад, нови́хви́робів) **development expenditures** ви́трати на ро́звиток; ви́трати накапіта́льне будівни́цтво **development land tax** пода́ток земе́льного ро́звитку **development of a project** розро́бка прое́кту **development plan development program** план ро́звитку; програ́ма капіта́льного будівни́цтвапрогра́ма ро́звитку; програ́ма капіта́льного будівни́цтва **development trends development zone** тенде́нції ро́звиткузо́на ма́сового капіта́льногобудівни́цтва **economic development** економі́чний ро́звиток **price development** рух цін

deviation (n.) відхи́лення *n* судна́ (від узго́дженого маршру́ту) **deviation clause** пункт у фрахтово́му контра́кті, що передбача́є захо́дження судна́ в і́нший порт, крім по́рту призна́чення

differ (v.) відрізня́ти(ся), різни́ти(ся); не узго́джуватися, розхо́дитися **differ in opinion** розхо́дитися у думка́х

difference (n.) різни́ця *f*, відмі́нність *f* **difference in currency rates** різни́ця ку́рсів валю́т **difference in quality** різни́ця у я́кості **difference in weight** вагова́ різни́ця **exchange rate difference** різни́ця ку́рсів **price difference** різни́ця в ці́нах **tax difference** податко́ва різни́ця **to settle differences** урегульо́вувати розбі́жності **to split the differences** ділити різни́цю

differential (adj.) диференці́йний **differential pay** диференці́йна спла́та пра́ці **differential rates** диференці́йний тари́ф

dimensions (n.) ро́змір *m*, величина́ *f* **overall dimensions** габари́ти, габари́тні ро́зміри

direct (adj.) прями́й, безпосере́дній **direct costing** прямі́ ви́трати **direct costs** прямі́ ви́трати **direct debit** прями́й де́бет **direct debiting** пряме́/безпосере́днє відрахува́ння з пото́чного раху́нку **direct expenses** прямі́ ви́трати **direct investment** прямі́ інвести́ції **direct quotation** пряме́ валю́тне котирува́ння **direct placement** безпосере́днє розмі́щення ново́го ви́пуску ці́нних папе́рів **direct selling** прями́й про́даж **direct taxation** пряме́ оподаткува́ння **direct transit** прями́й транзи́т

direction (n.) 1. керівни́цтво *n*, керува́ння *n* 2. нака́з *m*, вказі́вка *f*, інстру́кція *f* 3. на́прямок *m*, керу́нок *m* **under the direction of** під керівни́цтвом

director (n.) дире́ктор *m* **commercial director** комерці́йний дире́ктор **deputy director** засту́пник дире́ктора **director of advertising** дире́ктор з пита́нь рекла́ми **directors' emoluments** дире́кторська платня́ та обслуго́вування **directors' fees** дире́кторська платня́ **director's resignation** відста́вка дире́ктора **director's retirement** пенсі́йна відста́вка дире́ктора **directors' service contracts** дире́кторські службо́ві контра́кти **director's share holdings** утри́мання а́кцій дире́ктором **director's valuation** оці́нка дире́ктора **financial director** фіна́нсовий дире́ктор **Institute of Directors** інститу́т дире́кторів **general director** генера́льний дире́ктор **outside director** дире́ктор (ба́нку), яко́го було́ о́брано з осі́б, що не вхо́дять до шта́ту; «зо́внішній» дире́ктор **register of directors' share holdings** жу́рнал дире́кторських а́кцій **removal of directors** усу́нення з поса́ди директорі́в, змі́щення з поса́ди директорі́в **sales director** дире́ктор з пита́нь про́дажу

directory (n.) адре́сна кни́га *f* **telephone directory** телефо́нна кни́га

disburse (v.) 1. плати́ти; розпла́чуватися 2. витрача́ти **disburse loan proceeds** перерахо́вувати валю́ту по́зики

disbursement (n.) 1. ви́плата *f*, платі́ж *m* 2. ви́трата *f* **average disbursement** аварі́йні ви́трати

discharge (v.) 1. виванта́жувати; розванта́жувати 2. спла́чувати (борг), розпла́чуватися 3. звільня́ти (з поса́ди) **discharge a cargo** розванта́жувати ванта́ж **discharge a debt** спла́чувати борг

discharge (n.) 1. розванта́ження *n*, виванта́ження *n* 2. викона́ння *n*; спла́та *f* **discharge of contract** викона́ння зобов'я́зань за контра́ктом **discharge of a debt** спла́та бо́ргу **discharge of an obligation** викона́ння зобов'я́зання **free discharge** безкошто́вне розванта́ження disclosure (n.) відкриття́ *n*, ви́явлення *n*, викриття́ *n* disclosure form фо́рма відкриття́/ви́находу (що запо́внюється винахі́дником) disclosure of company accounts звіт про фіна́нсовий стан компа́нії

discount (v.) 1. дисконтува́ти 2. роби́ти зни́жку discount a bill (of exchange) дисконтува́ти ве́ксель, зарахо́вувати ве́ксель, прийма́ти ве́ксель до о́бліку discount the price of an item зни́зити ціну́ ви́робу

discount (n.) 1. диско́нт *m* 2. зни́жка *f* 3. посту́пка *f* bank discount ба́нківський диско́нт cash discount зни́жка за розраху́нок готі́вкою commercial discount комерці́йна зни́жка dealer discount ди́лерська зни́жка discount broker discount for cash посере́дницький бро́кер, диско́нтний бро́кер зни́жка за розраху́нок готі́вкою discount houses дисконтува́льні організа́ції; дисконте́ри discount market 1. обліко́вий ри́нок 2. ри́нок комерці́йних ве́кселів discount of securities о́блік ці́нних папе́рів discount period пері́од диско́нту discount price зни́жена ціна́ discount rate обліко́ва ста́вка discount store магази́н із зни́женими ці́нами extra discount додатко́ва зни́жка price discount зни́жка ціни́ to take on discount зарахо́вувати ве́кселі; прийма́ти до о́бліку trade discount торгіве́льна зни́жка

discounted (adj.) дисконто́ваний, зни́жений discounted bill зарахо́ваний ве́ксель discounted cash flow (D.C.F.) дисконто́ваний о́біг грошей́ discounted value дисконто́вана ціна́

discounter (n.) 1. дисконте́р *m* 2. осо́ба *f*, що веде́ о́блік ве́кселів

discounting (n.) 1. о́блік *m* ве́кселів 2. дисконтува́ння *n* discounting table табли́ця дисконтува́ння

disembark (v.) 1. виванта́жувати 2. виса́ди́ти; схо́дити на бе́рег

disgorge (v.) дегожува́ти (вино́)

disparity (n.) нері́вність *f*; невідпові́дність *f*; відсу́тність *f* парите́ту

dispatch (v.) посила́ти, відправля́ти dispatch a letter відправля́ти листа́

dispatch (n.) відпра́влення *n* dispatch of cargo відпра́влення вантажу́ money dispatch диспа́ч

display (n.) 1. ви́ставка *f*, експози́ція *f* 2. по́каз *m*; ви́ставлення *n* 3. терміна́л *m* ЕОМ collective display спі́льна ви́ставка display advertising дисплейна́ рекла́ма display of goods по́каз това́рів; ви́ставлення това́рів joint display спі́льна експози́ція open display of an exhibit відкри́тий по́каз експона́ту

disputable (adj.) супере́чливий, дискусі́йний disputable points дискусі́йні пита́ння

dispute (v.) 1. супере́ча́тися 2. запере́чувати (права́, фа́кти і т.д,) 3. обмірко́вувати, обгово́рювати (пита́ння, умо́ви і т.д.) dispute a claim супере́ча́тися щодо прете́нзії

dispute (n.) 1. супере́чка *f* 2. розбі́жність *f* у по́глядах 3. ди́спут *m*, деба́ти (*pl only*), полемі́ка *f* commercial dispute торгіве́льна супере́чка contractual dispute супере́чка що́до контра́кту demarcation dispute демаркаці́йна супере́чка dispute over a claim супере́чка що́до прете́нзії foreign trade dispute зо́внішньоторгіве́льна супере́чка monetary dispute валю́тно-фіна́нсова супере́чка patent dispute пате́нтна супере́чка

dissolution (n.) 1. розі́рва́ння *n* (уго́ди) 2. ро́зпуск *m*, ліквіда́ція *f* (організа́ції) dissolution of a company ро́зпуск компа́нії, ліквіда́ція компа́нії dissolution of a department ліквіда́ція ві́дділу

dissolve (v.) 1. розрива́ти 2. розпуска́ти (організа́цію) dissolve a contract розрива́ти уго́ду

distributable (adj.) розподі́люваний; що підляга́є розподі́ленню distributable income розподі́люваний прибу́ток distributable reserves розподі́лювані резе́рви

distribute (v.) розподіля́ти, роздава́ти, розповсю́джувати distribute an advertisement розповсю́джувати рекла́му

distribution (n.) розпо́діл *m* distribution of profit distribution of property розпо́діл прибу́тків розпо́діл майна́ distribution system систе́ма розпо́ділу

distributor (n.) дистрибу́тор *m*, торго́вець *m*; організа́ція *f*, з розпо́ділу

district (n.) райо́н *m*; окру́га *f* **coal district** вугі́льний райо́н **rural district** сільськи́й райо́н **urban district** міськи́й райо́н **industrial district** промисло́вий райо́н

diversification (n.) диверсифіка́ція *f* **diversification of the economy** диверсифіка́ція еконо́міки **diversification of exports** диверсифіка́ція е́кспорту **diversification of trade** диверсифіка́ція торгі́влі **diversification of a company** диверсифіка́ція компа́нії

dividend (n.) дивіде́нд *m* **cash dividend** дивіде́нд; грошови́й дивіде́нд **dividend cover** покриття́ по дивіде́ндах **dividend notice** повідо́млення про спла́ту дивіде́ндів **dividend payment** опла́та дивіде́нду **dividends in arrears** заборго́вані дивіде́нди **dividend tax** пода́ток на дивіде́нди **dividend warrant** сертифіка́т, дові́реність на отри́мання дивіде́ндів **dividend yield** проце́нти по дивіде́нтах; но́рма дивіде́нду **stock dividend** дивіде́нд, спла́чений а́кціями

division (n.) 1. розпо́діл *m* 2. части́на *f*, ві́дділ *m* 3. адміністрати́вна одини́ця *f* **division of a corporation** ві́дділ корпора́ції **division of labor** розпо́діл пра́ці **division of property** розпо́діл майна́ **lending division** креди́тний ві́дділ

dock (v.) 1. ста́вити судно́ у док 2. заморо́жувати **dock wages** заморо́жувати платню́

dock (n.) док *m*, верф *f* **dock dues** пла́та за користува́ння до́ком **dock warehouse** склад до́ку **dock warrant** квита́нція до́ку **dry dock** сухи́й (ремо́нтний) док **graving dock** сухи́й (ремо́нтний) док

dockage (n.) 1. стоя́нка *f* суде́н у до́ках 2. збір *m* за користува́ння до́ком

document (n.) докуме́нт *m* **accompanying document** супрові́дний докуме́нт **accounting document** розрахунко́вий докуме́нт **basic document** перви́нний докуме́нт **calculation documents** розрахунко́ва документа́ція **certification documents** сертифіка́ційна документа́ція **collection of documents** інка́со про́ти

докуме́нтів **constituent document** устано́вчий докуме́нт **customs document** ми́тний докуме́нт **documents against acceptance (D/A)** докуме́нти про́ти акце́пту **documents against payment (D/P)** докуме́нти про́ти платежу́; докуме́нти за розраху́нок готі́вкою **document for registration** докуме́нт для реєстра́ції; докуме́нт для офо́рмлення **document of carriage** тра́нспортний докуме́нт **document of title** товаро-розпоря́джувальний докуме́нт **"in" and "out" documents** вхідна́ та вихідна́ документа́ція **insurance document** страхови́й докуме́нт **legal document** правови́й докуме́нт **technical document** нормати́вно–техні́чний докуме́нт **original document** оригіна́л **payment documents** платі́жні докуме́нти, платі́жна документа́ція **protection document** охоро́нний докуме́нт **shipping document** ванта́жний докуме́нт **technical document** техні́чний докуме́нт **tender documents** те́ндерна документа́ція **warehouse document** складськи́й докуме́нт

documentary (adj.) документа́льний **documentary credit** документа́льний креди́т, креди́т про́ти докуме́нтів (Великобрита́нія)

documentation (n.) документа́ція *f* **design documentation** прое́ктна документа́ція **estimate documentation** кошто́рисна документа́ція **technical documentation** техні́чна документа́ція **transport documentation** тра́нспортна документа́ція

dollar (n.) до́лар *m* **dollar area** до́ларова зо́на **dollar balances** до́ларові акти́ви **dollar equivalent** у перераху́нку на до́лари; еквівале́нт у до́ларах **dollar premium** до́ларова пре́мія

domestic (adj.) 1. вну́трішній 2. вітчизня́ний **domestic currency transfer** вну́трішній валю́тний трансфе́рт **domestic financing** вну́трішнє фінансува́ння

donation (n.) дар *m*, поже́ртва *f*, поже́ртвування *n*

donee (n.) той *m*, що отри́мав дар

donor (n.) 1. жертвода́вець *m* 2. той *m*, хто надає́ допомо́гу **donor country** краї́ни, що надаю́ть допомо́гу (і́ншим краї́нам)

dormant (adj.) 1. бездіяльний 2. потенційний **dormant company** потенційна компанія

double (adj.) подвійний **double insurance** подвійна страховка, подвійне страхування **double option** подвійний опціон **double taxation** подвійне оподаткування

double-entry (adj.) що відноситься до подвійної бухгалтерії **double-entry book-keeping** подвійна бухгалтерія

doubtful debt (n.) можливий борг *m* **provision for doubtful debts** відкладена сума під можливий борг

douceur (n.) хабар *m*

downtime (n.) 1. простій *m* з організаційно-технічних причин 2. простій *m* під навантаженням 3. час *m* простою

dozen (n.) дюжина *f* **baker's dozen** «чортова дюжина» (тринадцять)

draft (v.) складати **draft a bill** складати законопроект

draft (n.) 1. проект *m* 2. тратта *f*, зняття *n* грошей з рахунку **acceptance draft** акцептована тратта **bank draft** банківська тратта **commercial draft** комерційна тратта **demand draft** тратта з платежем по пред'явленні **documentary draft** документована тратта **draft bill** законопроект **draft terms** умови платежу векселем **draft treaty** проект договору **to issue a draft** виставити тратту **to negotiate a draft** сплачувати тратту

drastic (adj.) рішучий, крутий, суворий **drastic alterations** ґрунтовні зміни **drastic measures** рішучі заходи

draw (v.) 1. одержувати; брати (гроші) 2. складати, оформляти (документ) 3. виписувати, виставляти (чек, тратту); трасувати **draw a bill** виставляти тратту/вексель **draw at long date** виставити довгострокову тратту **draw at short date** виставити короткострокову тратту **draw money from a bank** одержувати гроші у банку **draw on a bank** брати гроші з банку **draw on an account** брати гроші з рахунку **draw on the reserves** одержувати з резервів, користуватися резервами **draw supplies** одержувати асигнування, постачання **draw up a contract** складати

угоду **draw up an arrangement** оформляти домовленість

drawback (n.) мито *n*, що повертається

drawee (n.) трасат *m* (особа, на яку виписана тратта і яка зобов'язана платити за траттою) **drawee of a bill** векселеотримувач

drawer (n.) трасант *m* (особа, що видає тратту) **drawer of a bill** векселедавач **drawer of a check** чекодавач

drawing (n.) 1. трасування *n* (спосіб міжнародних розрахунків, за яким кредитор виписує тратту в іноземній валюті й продає її на валюту своєї країни) 2. складання *n*, оформлення *n* **drawing a draft** трасування **drawing up a document** складання документу

drysalter (n.) торговець *m* мушкатильним крамом (бакалією)

due (adj.) 1. зобов'язаний, зумовлений, обумовлений 2. належний; терміновий 3. очікуваний, що мусить прибути (про судно, поїзд, товар і т. д.) **due bill** вексель, що має бути сплачений **due date** дата платежу (по векселю) **in due course** у свій час **in due time** у свій час **to be due to something** бути зумовленим чимось; бути зобов'язаним чимось **to become due** надходити (про строк платежу) **to fall due** надходити (про строк платежу) **when due** коли надійде термін платежу

dues (n.) мито *n*; податки *pl* **cargo dues** вантажні податки **consular dues** консульський податок **dock dues** доковий податок **port dues** портові податки, портове мито **quarantine dues** карантинний податок **surveyor dues** сюрвейєрський податок

dump (v.) збувати товари за демпінговою ціною

dumping (n.) демпінг *m*, вивіз *m* за низькою ціною **currency dumping** валютний демпінг **product dumping** товарний демпінг

duplicate (n.) дублікат *m*, копія *f* **duplicate copy** копія **in duplicate** у двох примірниках

duplication (n.) дублювання *n*, повторення *n*

durable (adj.) довговічний; тривалий **durable consumer goods** спожи́вчі това́ри трива́лого вжи́тку **durable goods** това́ри трива́лого вжи́тку

duress (n.) 1. аре́шт *m*, ув'язнення *n* 2. незако́нний при́мус *m* **duress of goods** незако́нний аре́шт майна́

duty (n.) ми́то *n*; пода́ток *m*; ге́рбова опла́та *f* **ad valorem duty** ми́то ад вало́рем **compensatory duty** компенсаці́йне ми́то **conventional duty** конвенці́йне ми́то **countervailing duty** компенсаці́йне ми́то **currency protecting duty** валю́тне ми́то **customs duty** ми́то, ми́тний пода́ток **death duty** пода́ток на вла́сність поме́рлого **differential duty** диференці́йне ми́то **discriminatory duty** дискриміна́ці́йне ми́то **duty for revenue** фіска́льне ми́то **duty free** безми́тний, безми́тно **duty free shop** магази́н безподатко́вої торгі́влі **duty paid** спла́чений ми́том **duty paid contract** контра́кт спла́чений ми́том **excise duty** акци́зне ми́то **exempt from duty** зві́льнений від ми́та **export duty** вивізне́ ми́то **import duty** ввізне́ ми́то **license duty** ліцензі́йне ми́то **preferential duty** преференці́йне ми́то **prohibitive duty** заборо́нне ми́то **protective duty** протекці́йне ми́то **retaliatory duty** репреси́вне ми́то **seasonal duty** сезо́нне ми́то **specific duty** специфі́чне ми́то **stamp duty** ге́рбова опла́та **transit duty** транзи́тне ми́то

dynamics (n.) дина́міка *f* **dynamics of the development** дина́міка ро́звитку **price dynamics** дина́міка цін

E

early (adj.) 1. ра́нній 2. передча́сний, достроко́вий 3. скоростиглий, скороспі́лий **early debt repayment** достроко́ве пога́шення су́ми бо́ргу **early delivery** достроко́ве постача́ння

earmark (v.) 1. признача́ти, асигнува́ти (грошові́ су́ми для пе́вної мети́) 2. таврува́ти

earnest (n.) завда́ток *m*; заста́ва *f*; (за)пору́ка *f* **earnest money** грошова́ пору́ка; завда́ток **in earnest** у ви́гляді завда́тку **to give something in earnest, to bind a contract** да́ти що-не́будь у ви́гляді завда́тку на знак укла́дення контра́кту

earnings (n.) прибу́ток *m*; надхо́дження *pl*; за́робіток *m* **currency earnings** валю́тні надхо́дження **foreign exchange earnings** валю́тний дохі́д

economic (adj.) економі́чний **economic blockade** економі́чна блока́да **economic forecast** економі́чний прогно́з **economic sanctions** економі́чні са́нкції

economical (adj.) еконо́мний, оща́дний, оща́дливий

economics (n.) еконо́міка *f* **rural economics** сільське́ господа́рство

economist (n.) економі́ст *m*

economize (v.) еконо́мити, заоща́джувати

economy (n.) еконо́міка *f*, наро́дне господа́рство *n* **commodity economy** това́рна еконо́міка **market economy** ри́нкова еконо́міка **national economy** націона́льна еконо́міка **rural economy** сільське́ господа́рство **world economy** світова́ еконо́міка

effect (v.) вико́нувати; здійснювати **effect payments** здійснювати платежі́

effect (n.) ефе́кт *m*; дія *f*; вплив *m* **economic effect** економі́чний ефе́кт **to come into effect** набу́ти чи́нности

effective (adj.) ефекти́вний; ді́йови́й **effective date** да́та набуття́ чи́нности

effectiveness (n.) ефекти́вність *f* **commercial effectiveness** комерці́йна ефекти́вність

efficiency (n.) 1. операти́вність *f* 2. продукти́вність *f*; ефекти́вність *f*; спромо́жність *f* **economic efficiency** економі́чна ефекти́вність **efficiency of investments** ефекти́вність капіта́ловкла́день **industrial efficiency** ефекти́вність виробни́цтва

embargo (n.) емба́рго *n*; заборо́на *f* **complete embargo** по́вна заборо́на **embargo on certain export goods** заборо́на ви́возу окре́мих ви́дів това́рів **embargo on certain import goods** заборо́на дово́зу окре́мих ви́дів това́рів **embargo on exports** заборо́на ви́возу **embargo on imports** заборо́на дово́зу **embargo set by regulations** затве́рджена стату́том заборо́на **illegal embargo** незако́нне емба́рго **object of an embargo** об'є́кт ембáрго **temporary embargo** тимчасóве ембáрго **to be under an embargo** бýти під заборóною **to lay an embargo on/upon** накладáти ембáрго на **to place an embargo on/upon** накладáти ембáрго на **to take off an embargo** знімáти ембáрго **trade embargo** торгíвéльне ембáрго

embark (v.) 1. вантáжити на суднó 2. сідáти на пароплáв 3. починáти, брáтися (за якýсь спрáву, підприємство) **embark on a new course** взяти нови́й курс **embark one's fortune in trade** вклáсти капітáл у торгíвлю

embarkation (n.) 1. завантáження n 2. посáдка f на пароплáв **embarkation ground** райóн посáдки; райóн завантáження на суднó **embarkation regulations** прáвила посáдки на суднó

emblem (n.) си́мвол m; емблéма f; герб m **national emblem** герб крáїни **emergency** (n.) авáрія f; непередбáчений ви́падок m; крити́чне станóвище n; надзвичáйний стан m **emergency door** запасни́й ви́хід **emergency exit** запасни́й ви́хід **emergency law** надзвичáйний закóн **emergency measures** éкстрені зáходи; надзвичáйні зáходи

emission (n.) емíсія f; ви́пуск m грошéй **emission of securities** ви́пуск цíнних папéрів **emission of money** ви́пуск грошéй

emitter (n.) 1. емітéнт m 2. організáція f чи компáнія f, що випускáє цíнні папéри

employ (v.) 1. наймáти, надавáти робóту 2. використóвувати **employ credit** використóвувати креди́т

employee (n.) службóвець m **employee buy–out** перехíд керівни́цтва компáнією до службóвців, що ви́купили контрóльний пакéт áкцій **key employee** ключови́й співробíтник

employer (n.) наймáч m; працедáвець m

employment (n.) 1. наймáння n 2. робóта f, слýжба f; прáцевлаштувáння n **employment agency** агéнтство працевлаштувáння, бюрó працевлаштувáння **employment information** інформáція про наявність робóчих місць

emporium (n.) торгíвéльний центр m, ри́нок m

encash (v.) 1. реалізóвувати 2. одéржувати грóші готíвкою

encashment (n.) 1. інкасáція f 2. сýма f, що одéржана готíвкою

endorse (v.) 1. індосувáти 2. підтвéрджувати, схвáлювати; скрíплювати (пíдписом, печáткою) **endorse a check** підпи́суватися на зворóті чéка

endorsee (n.) жирáт m, індосáт m (в гáлузі фінáнсів)

endorsement (n.) індосамéнт m; жи́ро n (передáтковий нáдпис на зворóті докумéнтів) **accommodation endorsement** дрýжній індосамéнт **blank endorsement** блáнковий індосамéнт; передáтковий нáдпис **endorsement for collection** передáтковий нáдпис тíльки для інкáсо; передáтковий нáдпис «валю́та на інкáсо» **endorsement without recourse** безóбертний індосамéнт; передáтковий нáдпис **joint endorsement** спíльний індосамéнт **qualified endorsement** передáтковий нáдпис, що мáє особли́ву умóву **restrictive endorsement** обмéжений індосамéнт **limited endorsement** обмéжений індосамéнт **special endorsement** іменни́й індосамéнт

endorser (n.) жирáнт m; індосáнт m (осóба, якá рóбить на зворóті вéкселя абó чéка передáтковий нáдпис)

endowment (n.) 1. признáчення n вклáду, передáча f фóнду 2. вклад m, пожéртва f, пожéртвування n **endowment fund** благодíйний фонд

engineering (n.) інжинíринг m; íнженéрне мистéцтво n; тéхніка f **engineering design** технíчне проектувáння

enhance (v.) підви́щувати, піднóсити (я́кість, цінý)

enquiry (n.) **see inquiry**

ensure (v.) забезпéчувати **ensure an exchange** забезпéчувати óбмін **ensure transportation** забезпéчувати перевéзення

enter (v.) вхóдити, приєднуватися (до угóди, переговóрів) **enter a protest** заяви́ти протéст **enter into a contract**

приє́днуватися до уго́ди, уклада́ти уго́ду/контра́кт **enter into force** набира́ти чи́нности **enter a new phase** вступа́ти до ново́ї фа́зи

enterprise (n.) підприє́мство *n* **commercial enterprise** комерці́йне підприє́мство **competitive enterprise** конкуре́нтне підприє́мство **cooperative enterprise** кооперати́вне підприє́мство **profitable enterprise** рента́бельне підприє́мство **import-substituting enterprise** імпортозамі́нне підприє́мство **operating enterprise** підприє́мство, що ді́є **private enterprise** прива́тне підприє́мство **state enterprise** держа́вне підприє́мство **subordinate enterprise** підві́домче підприє́мство **subsidiary enterprise** дочі́рнє підприє́мство **trading enterprise** торгіве́льне підприє́мство

entry (n.) 1. вхід *m*, вступ *m* 2. бухга́лтерський за́пис *m* **entry into banking** вступ до ба́нківської дія́льности **to make an entry** зроби́ти за́пис

environment (n.) ото́чення *n*, середо́вище *n* **economic environment** економі́чні умо́ви; економі́чне середо́вище **natural environment** приро́дне середо́вище **social environment** грома́дське ото́чення

equilibrium (n.) рівнова́га *f*, бала́нс *m* **macroeconomic equilibrium** ма́кроекономі́чна рівнова́га **political equilibrium** політи́чна рівнова́га

equip (v.) устатко́вувати **equip a factory** устатко́вувати фа́брику

equipment (n.) устаткува́ння *n*, обла́днання *n* **accessory equipment** додатко́ве устаткува́ння **complete equipment** компле́ктне устаткува́ння **equipment purchased with credit funds** устаткува́ння, заку́плене за раху́нок креди́ту **exhibition equipment** ви́ставкове устаткува́ння **exported equipment** е́кспортне устаткува́ння **imported equipment** і́мпортне устаткува́ння

equity (n.) 1. вла́сна части́на *f* капіта́лу 2. пра́во *n* 3. ма́ржа *f* (різни́ця між ри́нковою ва́ртістю това́ру та ро́зміром отри́маної під ньо́го по́зики) 4. звича́йна а́кція *f* **equity capital** акціоне́рний капіта́л **equity in assets** переви́щення капіта́лу/акти́вів підприє́м-

ства над його́ зобов'я́заннями **equity participation** у́часть в акціоне́рному капіта́лі **equity shares** звича́йні а́кції; а́кції пе́ршого ви́пуску **equity value of ordinary shares** ча́стка вла́сників звича́йних а́кцій у капіта́лі/фіна́нсах підприє́мства **industrial equities** звича́йні а́кції промисло́вих підприє́мств **negative equitiy** переви́шення зобов'я́зань над капіта́лом/акти́вами підприє́мства/осо́би **stockholder's equity** ча́стка акціоне́ра у капіта́лі/фіна́нсах підприє́мства

equivalent (n.) 1. еквівале́нт *m* 2. еквівале́нтний (adj.); рівноці́нний (adj.) **price equivalent** еквівале́нт ціни́

error (n.) по́милка *f* **clerical error** канцеля́рська по́милка **compensating errors** компенсаці́йні по́милки **to be in error** помиля́тися **to make an error** припуска́тися по́милки **to neglect an error** не помі́тити по́милку; зне́хтувати по́милкою **to overlook an error** не помі́тити по́милку; зне́хтувати по́милкою

escheat (v.) 1. конфіскува́ти 2. передава́ти, перехо́дити до казни́ (про нічи́йне майно́)

escheat (n.) перехі́д *m* нічи́йного майна́ до казни́; нічи́йне майно́ *n*

escrow (n.) 1. умо́вно вру́чений докуме́нт *m* 2. тристоро́ння уго́да *f* **delivery in escrow** умо́вне форма́льне вру́чення **to place money in escrow with** вне́сти гро́ші на умо́вний раху́нок до

estate (n.) 1. ма́єток *m*; земе́льне володі́ння *n* 2. майно́ *n* **estate tax** пода́ток на спа́дщину **real estate** нерухо́ме майно́ **personal estate** рухо́ме майно́

estimate (v.) 1. оці́нювати 2. склада́ти кошто́рис **estimate the value of something** оці́нювати ва́ртість чого́сь

estimate (n.) 1. оці́нка *f* 2. кошто́рис *m* **bank estimate** ба́нківська оці́нка **cost estimate** оці́нка ва́ртости, кошто́рис ви́трат **estimate and financial calculation** кошто́рисно-фіна́нсовий розраху́нок **estimate of design costs** кошто́рис на прое́ктні робо́ти **estimate of production costs** кошто́рис ви́трат на виробни́цтво

Eurocurrency (n.) є́вровалю́та *f* **Eurocurrency Unit (ECU)** одини́ця є́вровалю́ти (ЕКЮ)

Eurodollar (n.) євродо́лар *m* (америка́нські до́лари, що знахо́дяться у ба́нках Євро́пи) **Eurodollar market** ри́нокевродо́ларів

Euromarket (n.) єврори́нок *m*

euroequities (n.) євроа́кції *pl* (а́кції, що призна́чені для о́бігу на єврори́нку)

evaluate (v.) оці́нювати

evaluation (n.) 1. оці́нка *f*, оці́нювання *n* 2. ви́раження *n* у ци́фрах **evaluation of a contribution** оці́нка вне́ску **evaluation of the property of an enterprise** оці́нка майна́ підприє́мства **government evaluation** держа́вна оці́нка

event (n.) ви́падок *m*, поді́я *f* **commercial events** комерці́йні за́ходи **trade event** (галузе́вий) я́рмарок

examination (n.) експерти́за *f*; о́гляд *m*; переві́рка *f* **customs examination** ми́тний о́гляд **examination certificate** свідо́цтво про експерти́зу **examination data** да́ні експерти́зи **examination documentation** документа́ція експерти́зи **examination materials** матеріа́ли експерти́зи **examination of accounts** переві́рка раху́нків **examination of cargo** переві́рка вантажу́; о́гляд вантажу́ **examination of engineering documentation** експерти́за техні́чної документа́ції **examination report** акт експерти́зи **independent examination** незале́жна експерти́за **patent examination** пате́нтна експерти́за **quarantine and sanitary examination** саніта́рно-каранти́нний о́гляд **state examination** держа́вна експерти́за **technical examination** техні́чна експерти́за

examiner (n.) 1. екзамена́тор *m* 2. експе́рт *m* 3. реві́зор *m* **patent examiner** пате́нтний експе́рт

excess (n.) 1. надмі́рність *f* 2. кра́йність *f* 3. надмі́рний (adj.) **excess capacity** надмі́рні вироб́ни́чі поту́жності **excess demand** надмі́рний по́пит

excessive (adj.) надмі́рний **excessive expenses** надмі́рні ви́трати

exchange (v.) 1. обмі́нювати 2. розмі́нювати **exchange opinions** обмі́нюватися думка́ми

exchange (n.) 1. обмі́н *m* 2. ро́змін *m* 3. бі́ржа *f* **agricultural commodity exchange** бі́ржа сі́льскогосподарських това́рів **arbitration of exchange** валю́тний арбітра́ж; ве́ксельний арбітра́ж **bill of exchange** тра́тта; переві́дний ве́ксель **exchange as per endorsement** за ку́рсом, що вка́заний на зворо́ті ве́кселя **commodity exchange** това́рна бі́ржа **currency exchange** валю́тна бі́ржа **direct exchange** прями́й обмі́н **exchange bureau** пункт обмі́ну валю́ти **exchange business** біржові́ опера́ції **exchange control** валю́тний контро́ль; валю́тне регулюва́ння; контро́ль за валю́тними опера́ціями **exchange controls** валю́тні обме́ження **exchange list** біржови́й бюлете́нь **exchange loss** втра́та валю́ти; скоро́чення валю́тних резе́рвів; втра́ти на ку́рсі **exchange of goods** това́рообмі́н **exchange of licenses** обмі́н ліце́нзіями **exchange of mutually compatible products** обмі́н комплемента́рною проду́кцією **exchange on a commercial basis** обмі́н на комерці́йній осно́ві **foreign trade exchange** зо́внішньоторгіве́льний обмі́н; зо́внішньоторгіве́льна бі́ржа **forward exchange** купі́вля-про́даж валю́ти на пе́вний строк **futures exchange** ф'ю́черсна бі́ржа **labor exchange** бі́ржа пра́ці **medium of exchange** за́сіб міжнаро́дних розраху́нків; за́сіб обмі́ну **mutual exchange** взає́мообмі́н **non-equivalent exchange** нееквівале́нтний обмі́н **pegged exchange** шту́чно підтри́муваний курс **rate of exchange** курс валю́ти **recognised exchange** офіці́йна бі́ржа **rules of exchange** біржові́ пра́вила **securities exchange** бі́ржа ці́нних папе́рів **stock exchange** фо́ндова бі́ржа **technological exchange** технологі́чна бі́ржа

exchequer (n.) казна́ *f*; скарбни́ця *f* **Chancellor of the Exchequer** ка́нцлер скарбни́ці (міні́стр фіна́нсів у Великобрита́нії)

excisable (adj.) що підляга́є акци́зному оподаткува́нню

excise (v.) накладáти акци́зний збір, справля́ти акци́зний збір

excise (n.) акци́з *m* (вид непрямо́го пода́тку на това́ри ма́сового спожива́ння) **excise tax** акци́зний пода́ток

execute (v.) вико́нувати **execute a plan** вико́нувати план, реалізо́вувати план execution (n.) виконання *n*, оформлення *n* execution of a contract виконання контракту execution of an order виконання замовлення execution of a plan виконання плану improper execution невідповідне виконання prior execution дострокове виконання proper execution виконання належним чином reciprocal execution зустрічне виконання to entrust somebody with the execution покласти виконання на кого-н. writ of execution виконавчий лист

executive (n.) керівник *m* company executive керівник компанії

executive (adj.) виконавчий executive board 1. правління 2. виконавчий комітет executive committee виконавчий комітет executive official виконавча посадова особа executive perks привілеї для керівництва компанії

exempt (adj.) звільнений; вільний (від мита, податку і т.д.) exempt from duties безмитний tax exempt вільний від податку

exempt (v.) звільняти (від мита, податку і т.д.) exempt from duty payment звільняти від мита

exemption (n.) звільнення *n* (від мита, податку і т.д.) exemption from duty payment звільнення від мита exemption from liabilities звільнення від зобов'язань

exhibit (v.) 1. показувати 2. виставляти exhibit goods at an exhibition показувати товари на виставці; виставляти товари на виставці

exhibit (n.) експонат *m* working exhibit експонат у дії

exhibition (n.) виставка *f* agricultural exhibition сільськогосподарська виставка branch exhibition галузева виставка exhibition committee виставковий комітет exhibition-symposium виставка-симпозіум industrial exhibition промислова виставка international exhibition міжнародна виставка national exhibition національна виставка sectoral exhibition галузева виставка specialized exhibition спеціалізована виставка trade and industrial exhibition торгівельно-промислова виставка

exhibitor (n.) експонент *m* domestic

exhibitor вітчизняний експонент foreign exhibitor закордонний експонент major exhibitor головний експонент permanent exhibitor постійний експонент

expend (v.) витрачати expend money on something витрачати гроші на щось

expenditure (n.) витрата *f*; витрати *pl*; бюджет *m* витрат; трáтта *f* budgetary expenditures бюджетні витрати cash expenditures грошові витрати currency expenditures валютні витрати estimated expenditures кошторисні витрати expenditure appropriation асигнування на витрати expenditures connected with building of roads витрати на будівництво транспортних шляхів expenditures connected with development of production витрати на розвиток виробництва expenditures connected with provision of the required infrastructure витрати на забезпечення необхідної інфраструктури expenditures connected with restoration of the ecological balance витрати на відновлення екологічної рівноваги expenditures for defense витрати на оборону production development expenditures витрати на розвиток виробництва road building expenditures витрати на будівництво транспортних шляхів

expense (n.) 1. витрата *f* 2. рахунок *m* additional expenses додаткові витрати anticipated expenses очікувані витрати at the expense of за рахунок (когось/чогось) banking expenses банківські витрати commission expenses комісійні витрати compensation expenses компенсаційні витрати current expenses поточні витрати direct expenses прямі витрати disbursement expenses дисбурсментські витрати expense account рахунок на представницькі витрати expenses on leasing equipment витрати на лізинг обладнання expenses on storage of goods en route витрати на зберігання товарів у дорозі extra expenses додаткові витрати extraordinary expenses екстремні/надзвичайні витрати incidental expenses непередбачені витрати indirect expenses посередні витрати insurance expenses витрати на страхування legal expenses судове мито; витрати, пов'язані зі встановленими законом формальностями **loading expenses** витрати на завантаження товару **manufacturing expenses** виробничі витрати **overhead expenses** накладні витрати **packing expenses** витрати на упаковку **repacking expenses** витрати на переупаковку **representation expenses** представницькі витрати **running expenses** поточні витрати **sales expenses** торгівельні витрати **stipulated expenses** обумовлені витрати, очікувані витрати **to cut down expenses** скоротити витрати **to defray expenses** взяти на себе витрати, покрити витрати **total expenses** загальна сума витрат **trade expenses** торгівельні витрати **transshipment expenses** витрати на перевантаження **transport expenses** транспортні витрати **transportation expenses** транспортні витрати **travel expenses** витрати на відрядження, дорожні витрати **unforeseen expenses** непередбачені витрати **unloading expenses** витрати на розвантаження товару **unproductive expenses** непродуктивні витрати

experience (n.) досвід *m* **managerial experience** досвід у галузі управління/менеджменту

experimental (adj.) експериментальний; дослідний **experimental approach** експериментальний підхід **experimental development** експериментальна розробка; дослідна розробка **experimental drug** ліки, що перебувають на стадії перевірки **experimental use** експериментальне використання

expert (n.) 1. експерт *m*, фахівець *m* 2. експертний (adj.); досвідчений (adj.); обізнаний (adj.) **bank expert examination** банківська експертиза **commercial expert** торгівельний експерт **commodity expert** товарознавець **economic expert** експерт з економічних питань **expert committee** експертна комісія **expert evaluation** експертна оцінка **expert examination** експертиза **expert on material and technical equipment supply** експерт з матеріально-технічного постачання **expert's findings** висновки експерта **marketing expert** експерт з маркетингу **traffic expert** експерт з перевезення вантажів **transport expert** транспортний експерт

expiration (n.) кінець *m* строку **expiration date** дата закінчення терміну дії/дійсности

expire (v.) 1. закінчуватися (про строк) 2. втрачати силу (про закон)

expiry (n.) кінець *m* строку **expiry date** дата закінчення строку дії/дійсности

explanatory (adj.) пояснювальний **explanatory note** пояснювальна записка

export (v.) експортувати; вивозити

export (n.) 1. експорт *m*, вивезення *n* 2. експортний (adj.) **articles of export** предмети вивезення **ban on exports** заборона вивезення **export credit insurance** експортно-кредитне страхування **export credits** експортні кредити **export duty** експортне мито **export list** список експортних товарів **export of goods** вивіз товарів **export of goods and services** експорт товарів та послуг **export of research and development products** експорт науково-технічних результатів **export quotas** експортні квоти **invisible exports** невидимий експорт **prohibited exports** заборонені до вивезення товари **traditional export** традиційний експорт **value of exports** цінність/вартість експорту **volume of exports** обсяг експорту

exportation (n.) експортування *n*; вивезення *n* **duty free exportation** безмитний експорт

exporter (n.) експортер *m* **exporter's currency** валюта експортера

exposition (n.) експозиція *f* **exposition of an exhibition** експозиція виставки **national exposition** національна експозиція

extend (v.) 1. продовжувати (напр., строк) 2. розширювати (напр., приміщення) **extend credit** продовжувати строк кредиту

extension (n.) 1. продовження *n*; відстрочка *f* 2. розширення *n* 3. добудова *f* **extension of a building** добудова до будинку **extension of an agreement** продовження угоди **extension of a credit** продовження кредиту **extension of guarantee period** продовження гарантійного строку

extension of a letter of credit продо́вження акредити́ву **extension of time limit** продо́вження стро́ку

extract (n.) ви́тяг *m* **extract from a protocol** ви́тяг з протоко́лу

extraordinary (adj.) 1. надзвича́йний 2. непередба́чений **extraordinary expenditures** надзвича́йні ви́трати **extraordinary financing** надзвича́йне фінансува́ння

F

fact (n.) факт *m* **fact of inspection** факт переві́рки

facilities (n.) 1. за́соби *pl* 2. можли́вості *pl* **production facilities** виробни́чі підприє́мства **transport facilities** тра́нспортні за́соби

factor (n.) 1. фа́ктор *m*, чи́нник *m* 2. комісіоне́р *m*, аге́нт *m*, посере́дник *m* **key factor** вирі́ша́льний фа́ктор

factoring (n.) факто́ринг *m*; вид *m* по́слуг, при яко́му банк бере́ на се́бе посере́дницькі опера́ції

factory (n.) фа́брика *f*, заво́д *m* **factory service** заводське́ обслуго́вування **factory shipments** проду́кція, що відванта́жена з підприє́мства **factory warranty** заводська́ гара́нтія

fail (v.) 1. бу́ти неспромо́жним; збанкрутува́ти 2. бракува́ти 3. не зроби́ти, не досягти́

failure (n.) 1. неспромо́жність *f*; банкру́тство *n* 2. хи́ба *f* **business failure** банкру́тство **failure to pay on time** неспла́та в строк

fair (adj.) справедли́вий, че́сний; задові́льний; сприя́тливий **fair amount** доста́тня кі́лькість **fair claim** справедли́ва вимо́га, справедли́ва прете́нзія **fair competition** че́сна конкуре́нція **fair rate of exchange** сприя́тливий курс обмі́ну

fair (n.) ви́ставка-я́рмарок *m*; я́рмарок *m* **autumn fair** осі́нній я́рмарок **international fair** міжнаро́дний я́рмарок **specialized fair** спеціалізо́ваний я́рмарок **spring fair** весняни́й я́рмарок **trade fair** торгіве́льний я́рмарок **traditional fair** традиці́йний я́рмарок **wholesale fair** о́птовий я́рмарок **world's fair** всесві́тній я́рмарок

fee (n.) 1. гонора́р *m*, винагоро́да *m* 2. пла́та *f*, вне́сок *m* 3. комісі́йний збір *m* 4. пода́ток *m* 5. вступни́й вне́сок *m* **admission fee** вхідна́ пла́та **affiliation fee** вне́сок при вступі́ до організа́ції **arbitration fee** арбітра́жний вне́сок **charges to cover customs fees** пода́тки для покриття́ ми́тних ви́трат **chartering fee** фра́хтовий пода́ток **commitment fee** комі́сія за зобов'я́зання нада́ти креди́т **customs fees** ми́тні пода́тки **insurance fee** страхови́й збір **license fee** ліцензі́йний пода́ток, ліцензі́йна винагоро́да **patent fee** пате́нтний пода́ток **registration fee** реєстраці́йний вне́сок, реєстраці́йний пода́ток **warehouse fee** складськи́й пода́ток **weighing fee** ваговий пода́ток

ferry (n.) поро́м *m*, перепра́ва *f*

fiber-optic (adj.) о́птикоелектро́нний **fiber-optic cable** о́птикоелектро́нний ка́бель

fiduciary (adj.) що базу́ється на дові́рі; дові́рений; дору́чений **fiduciary issue** ви́пуск банкно́т, що не ма́ють золото́го/това́рного покриття́ **fiduciary standard** паперо́во-грошови́й станда́рт

field (n.) 1. райо́н *m* 2. га́лузь *f*, сфе́ра *f* **field inquiry** обсте́ження на мі́сці **field manager** керівни́к місце́вого відді́лення компа́нії

finance (n.) фіна́нси (*pl only*); фіна́нсова спра́ва *f* **finance company** фіна́нсова компа́нія; компа́нія фіна́нсового креди́ту **personal finance** особи́сті фіна́нси; особи́сті фіна́нсові спра́ви **public finance** держа́вний бюдже́т

financial (adj.) фіна́нсовий **financial adviser** ра́дник з фіна́нсових пита́нь **financial agreement** фіна́нсова уго́да **financial balance** фіна́нсовий бала́нс **financial year** фіна́нсовий рік

financier (n.) фінанси́ст *m*

financing (n.) фінансува́ння *n* **bank financing** ба́нківське фінансува́ння **export financing** фінансува́ння е́кспорту **financing arrangements** домо́вленість про фінансува́ння **financing fund** фонд фінансува́ння **financing of foreign economic activity** фінансува́ння зо́внішньоекономі́чної дія́льности **financing with**

public guarantee фінансува́ння з держа́вною гара́нтією **government financing** держа́вне фінансува́ння **import financing** фінансува́ння і́мпорту **intermediate-term financing** середньостроко́ве фінансува́ння **irrevocable financing** безповоро́тне фінансува́ння **joint financing** спі́льне фінансува́ння **lease financing** лі́зингове фінансува́ння **long-term financing** довгостроко́ве фінансува́ння **short-term financing** короткостроко́ве фінансува́ння **state financing** держа́вне фінансува́ння **to use financing as required** використо́вувати фінансува́ння за призна́ченням **trade financing** фінансува́ння торгі́влі

fine (v.) штрафува́ти, стяга́ти пеню́

fine (n.) пеня́ *f*, штраф *m* **contractual fine** штраф за контра́ктом **to impose a fine** наклада́ти штраф

fire-proof (adj.) вогнетри́вкий

firm (n.) фі́рма *f*, торгіве́льна фі́рма *f* **advertising firm** рекла́мна фі́рма **broker's firm** бро́керна фі́рма **construction and assembly firm** буді́вельно-монта́жна фі́рма **consulting firm** консультаці́йна фі́рма **consulting engineering firm** інжене́рно-консультаці́йна фі́рма **engineering firm** інжині́рингова фі́рма **export–import firm** е́кспортно-і́мпортна фі́рма **exporting firm** фі́рма-експорте́р **firm dealing in exports** е́кспортна фі́рма **firm dealing in imports** і́мпортна фі́рма **firm of consulting engineers** прое́ктно-констру́кторська інжене́рна консультаці́йна фі́рма **foreign firm** інозе́мна фі́рма **forwarding firm** тра́нспортно-експеди́торська фі́рма **importing firm** фі́рма-імпорте́р **licenser firm** фі́рма-ліцензіа́р **mail-order firm** посилкова́ фі́рма **marketing firm** марке́тингова фі́рма, фі́рма збу́ту **trading firm** торгіве́льна фі́рма **wholesale firm** о́птова фі́рма

firm (adj.) міцни́й; тверди́й; стійки́й; непохи́тний **firm bid** тверда́ пропози́ція **firm market** ри́нок з хоро́шим по́питом **firm offer** тверда́ пропози́ція **firm price** тверда́ ціна́ **to take a firm stand on a subject** зайня́ти тверду́ пози́цію в я́комусь пита́нні

fiscal (adj.) фіска́льний, пода́тковий, фіна́нсовий **fiscal year** фіна́нсовий рік

fixed (adj.) нерухо́мий; постíйний; незмíнний; тверди́й; фіксо́ваний **fixed assets** основні́ фо́нди; нерухо́ме майно́ **fixed capital** основни́й капіта́л **fixed (overhead) charges** фіксо́вані накладні́ ви́трати **fixed costs** фіксо́вані ви́трати **fixed interest securities** ці́нні папе́ри з тверди́м відсо́тком **fixed rate of interest** тверди́й проце́нт; постíйний проце́нт

fixing (n.) фікса́ція *f* **price fixing** фікса́ція ціни́

flag (n.) пра́пор *m* **flag of convenience** «зручни́й пра́пор» (реєстра́ція судна́ у тій краї́ні, де це ви́гідніше вла́сникові)

float (v.) 1. пла́вати 2. випуска́ти **float a loan** випуска́ти по́зику, розмі́щувати по́зику

floating (adj.) пото́чний, обіго́вий **floating assets** пото́чний капіта́л **floating capital** обіго́вий капіта́л **floating charges** пото́чні ви́трати **floating currency** валю́та, що «пла́ває» **floating debt** пото́чний борг **floating policy** гнучки́й страхови́й по́ліс

flotsam (n.) ула́мки *pl* судна́, за́лишки *pl* вантажу́

fluctuate (v.) колива́тися **the cost fluctuates** ціна́ колива́ється

fluctuation (n.) колива́ння *n* **currency fluctuations** валю́тні колива́ння **exchange rate fluctuations** колива́ння обмі́нних ку́рсів **market fluctuations** коньюнкту́рні колива́ння

force majeure (n.) форс-мажо́р *m* **force majeure clause** обумо́влення про форс-мажо́р

forecast (n.) прогно́з *m*, передба́чення *n*, завба́чення *n* **marketing forecast** конꞌюнкту́рний прогно́з

foreign (adj.) 1. інозе́мний 2. закордо́нний 3. зо́внішній 4. невласти́вий **foreign aid** інозе́мна допомо́га **foreign debt** зо́внішній борг, зо́внішньо-економі́чний борг **foreign patenting** інозе́мне патентува́ння

forfaiting (n.) форфе́тинг *m* (фо́рма міжнаро́дних фіна́нсових розраху́нків)

forfeit (v.) втрача́ти, позбавля́тися, позбува́тися **forfeit one's property**

втрача́ти майно́ (вна́слідок конфіска́ції)

form (v.) утво́рювати; формува́ти; склада́ти **form a company** утво́рювати компа́нію

form (n.) 1. фо́рма *f*; бланк *m* 2. анке́та *f* **application form** бланк зая́ви **contract form** профо́рма контра́кту **form of security** фо́рма забезпе́чення **patent form** пате́нтний па́спорт

formality (n.) форма́льність *f* **customs formalities** ми́тні форма́льності

forward (v.) відправля́ти, надсила́ти; пересила́ти (кореспонде́нцію з адре́си отри́мання на і́ншу адре́су) **forward a draft** надсила́ти ве́ксель

forward (adj.) 1. майбу́тній 2. термі-но́вий 3. завча́сний **contract for forward delivery** контра́кт на терміно́ву доста́вку **forward contract** контра́кт на запро́даж; фо́рвардний контра́кт **forward cover** покриття́ для викона́ння терміно́вих контра́ктів **forward dating** датува́ння (докуме́нтів) майбу́тнім число́м **forward dealing** уго́да купі́влі-про́дажу з зазна́ченою ціно́ю та майбу́тніми да́тами **forward exchange** валю́та, що купу́ється та продає́ться на строк **forward purchase** завча́сна купі́вля **forward quotation** ціна́ за терміно́вою уго́дою **forward rate** курс за терміно́вою уго́дою **forward sale** завча́сний про́даж

forwarder (n.) тра́нспортно-експедиці́йне аге́нство *n* **freight forwarder** експеди́тор вантажу́

forwarding (n.) тра́нспортне-експедиці́йне обслуго́вування *n* **forwarding agent** тра́нспортно-експедеці́йний аге́нт, експеди́тор

found (v.) засно́вувати, утво́рювати **found an association** утво́рювати товари́ство

foundation (n.) 1. заклада́ння *n*, заснува́ння *n* (устано́ви) 2. фунда́ція *f*, організа́ція *f*, устано́ва *f*

founder (n.) засно́вник *m*, фунда́тор *m*

franchise (v.) продава́ти ліце́нзію на використа́ння фі́рменої на́зви

franchise (n.) 1. ліце́нзія *f*, на використа́ння фі́рменої на́зви, това́ру чи техноло́гії 2. ліцензо́вана компа́нія

f 3. франши́за *f* 4. привіле́й *m* **franchise contract** франши́зний контра́кт **franchise tax** 1. пода́ток на привіле́й 2. франши́зний пода́ток

franchisee (n.) франчайзі́ *m*, мали́й підприє́мець *m*, що відкрива́є свою́ спра́ву під керівни́цтвом фран-ча́йзера

franchiser (n.) франча́йзер *m*, вели́ка фі́рма *f*, що надає́ пра́во мало́му прива́тникові ве́сти спра́ву у фо́рмі дикто́ваної уго́ди (напр., про́тягом пе́вного ча́су і у пе́вному мі́сці)

fraud (n.) 1. ошука́нство *n*, зло-вжива́ння *n* 2. ошука́нський (adj.) **fraud account** ошука́нський раху́нок **fraud losses** зби́тки від ошука́нства

fraudulent (adj.) ома́нливий; брехли́вий; що ро́биться з мето́ю ошука́ти **fraudulent conveyance** відписа́ння майна́ (з ома́нливою мето́ю) **fraudulent preference** надання́ перева́ги (з ома́нливою мето́ю) **fraudulent trading** продо́вження ділово́ї акти́вности (з ома́нливою метою, напр., директора́ми)

free (adj.) 1. ві́льний; зві́льнений 2. безкошто́вний 3. необов'язко́вий 4. фра́нко **duty free** безми́тний **free bank checking account** безкошто́вний ба́нківський че́ковий раху́нок **free delivery** 1. безкошто́вна доста́вка 2. доста́вка фра́нко **free economic zone** ві́льна економі́чна зо́на **free enterprise system** систе́ма прива́тного підпри-є́мництва **free enterprise zone** зо́на ві́льного підприє́мництва **free exchange rate** ві́льний курс **free exhibition** фра́нко-ви́ставка **free harbor** фра́нко-га́вань **free imports** безми́тні това́ри **free market** 1. ві́льний ри́нок 2. ри́нок, що не регулю́ється **free offer** ві́льна пропози́ція **free on board (f.o.b.)** фра́нко-борт (фоб) **free on board airplane** фра́нко-борт літака́ **free on board truck** фра́нко-вванта́жна маши́на **free on rail to the frontier** фра́нко-ваго́н-кордо́н **Free phone/ Freephone** но́мер телефо́ну, яки́й набира́ється безкошто́вно (Велико-брита́нія, Австра́лія, Нова́ Зела́ндія) **free port** порт ві́льної торгі́влі **Free post/ Freepost** «безкошто́вна по́шта» (позна́чка на кореспонде́нції до адреса́та, яки́й заздалегі́дь сплати́в пошто́ві надходження до нього) (Великобританія, Австралія, Нова Зеландія) **free rate** вільний (нерегульований) курс **free sample** безкоштовний зразок **free trade** вільна (необмежена) торгівля **free trade area** зона вільної торгівлі **free trade pact** угода про вільну торгівлю **free trade zone** зона вільної торгівлі **free transportation** безкоштовне перевезення **free warehouse** франко–склад **free zone** вільна зона

freeze (v.) заморожувати **freeze assets** заморожувати активи та нерухомість **freeze prices** заморожувати ціни

freight (n.) вантаж *m*, фрахт *m* **air freight** авіафрахт **dead freight** мертвий фрахт **homeward freight** зворотній фрахт **freight collect** фрахт, що має бути сплачений вантажеотримувачем у порту призначення **freight forward** фрахт, що сплачується в порту призначення **freight in aggregated state** вантаж в агрегованому стані **freight rate** фрахтова ставка; ціна фрахту; фрахтовий тариф **freight release** дозвіл на видачу вантажу **freight with insurance** фрахт із страхуванням **gross freight** брутто фрахт **net freight** нетто фрахт

fuel (n.) паливо *n* **fuel costs** витрати на паливо

fulfill (v.) виконувати, здійснювати **fulfill a plan** виконувати план

fulfillment (n.) виконання *n*, здійснення *n* **fulfillment of contractual obligations** виконання договірних зобов'язань

functional (adj.) функціональний **functional approach** функціональний підхід **functional specialization** функціональна спеціалізація

fund (n.) 1. фонд *m* 2. капітал *m*, запас *m* 3. кошти *pl*, фонди *pl* **amortization fund** амортизаційний фонд **bonus fund** фонд премій **borrowed funds** позичені фонди **cash fund** грошовий фонд **circulating funds** кошти, що перебувають в обігу **credit funds** кредитні фонди **currency fund** валютний фонд **deposited funds** депоновані фонди (кошти) **disposition of funds** розміщення фондів **foreign funds** іноземні фонди; іноземний капітал **frozen funds** заморожені кошти **fund for the development of science and technology** фонд науково-технічного

розвитку **funds of a bank** банківські фонди **funds of an enterprise** фонд/капітал підприємства **illiquid funds** неліквідні фонди **insurance fund** страховий фонд **internal funds** власні кошти **liquid funds** ліквідні фонди **loan of funds temporarily available** позика тимчасово вільних грошових фондів **no funds** відсутність покриття (позначка банку на несплаченому чеку) **production development fund** фонд розвитку виробництва **redemption fund** фонд погашення **reserve fund** резервний фонд **sinking fund** фонд погашення, амортизаційний фонд **to augment funds** примножувати фонди **to convert funds** пускати кошти в обіг **to turn funds over** пускати кошти в обіг

futures (n.) 1. ф'ючерсні угоди *pl* (вид угод на фондовій або товарній біржі) 2. термінові угоди *pl* **futures contract** ф'ючерсна угода **futures deal** ф'ючерсна угода, угода на строк **futures market** 1. ф'ючерсна біржа 2. ф'ючерсний ринок **futures trading on the Exchange** ф'ючерсна торгівля на біржі **futures turnover** оборот ф'ючерсної торгівлі

G

gain (v.) 1. досягати 2. діставати, здобувати, одержувати 3. вигравати **gain credit** приваблювати кредити **gain ground** робити успіхи, просуватися вперед **gain a prize** вигравати приз, здобувати премію

gain (n.) 1. виграш *m* 2. прибуток *m*; користь *f*; зиск *m* 3. збільшення *n*, зростання *n* **capital gains tax** податок на прибуток з капіталу

gamble (v.) спекулювати, грати (на біржі) **gamble on a rise in prices** спекулювати на підвищенні цін **gamble on the stock exchange** грати на біржі **gamble in shares** спекулювати акціями

gather (v.) 1. збирати 2. робити висновки **gather information for assessment** підбирати матеріали для оцінки

general (adj.) 1. загальний 2. головний 3. генеральний 4. звичайний **general administrative expenses** загальні адміністративні витрати **general agent** генеральний агент **general business**

situation загáльне економíчне полóження **general fund** 1. нецільовúй фонд 2. фонд на рíзні вúтрати **general inspection** загáльна перевíрка **general ledger** головнá кнúга (фінáнси) **general license** генерáльна ліцéнзія **general lien** прáво утрúмання вантажý **general offer** генерáльна пропозúція **general partner** головнúй партнéр **general power of attorney** загáльна довíреність **general price level** загáльний рíвень цін **general strike** загáльний страйк **general tariff** загáльний мúтний тарúф

gold (n.) зóлото n **gold and dollar reserves** запáси (резéрви) зóлота та дóларів **gold and foreign currency reserves** запáси (резéрви) зóлота та інозéмної валюти **gold bonds** золотí облігáції **gold card** «золотá» кредúтна кáртка (що мáє велúкий кредúтний лíміт) **gold certificates** золотí сертифікáти, сертифікáти з золотúм забезпéченням **gold reserves** золотúй запáс **gold standard** золотúй стандáрт **market value of gold** рúнкова вáртість зóлота **private holding of gold** тезаврáція зóлота привáтними осóбами (зберігáння вдóма зáмість внéсення до бáнку чи ощáдної кáси)

goods (n.) 1. крам m (перевáжно мануфактýрний); товáр m 2. вантáж m, багáж m 3. рéчі pl, майнó n **acceptance of goods** приймáння-здáча вантажý **assortment of goods** товáрний асортимéнт, асортимéнт товáрів **bonded goods** товáри на мúтних складáх **capital goods** зáсоби виробнúцтва **competitive goods** конкурéнтоспромóжні товáри **consignment goods** консигнацíйні товáри **consumer goods** товáри ширóкого вжúтку **durable goods** товáри довготривáлого вжúтку **exchange goods** біржовí товáри **exhibition goods** вúставкові товáри **export goods** éкспортні товáри **factory-made goods** фабрúчні вúроби **final goods** готóві товáри **finished goods** готóві товáри **free goods** товáри, що не обкладáються мúтом **goods in bond** товáри на мúтних складáх **goods in demand** товáри, що користýються пóпитом **goods in process** незавéршене виробнúцтво **goods in store** складськúй вантáж **goods in transit** транзúтний вантáж **goods of foreign manufacture** товáри інозéмного виробнúцтва **goods of**

foreign origin товáри інозéмного похóдження **goods on approval** товáри на прóбу (з прáвом повéрнення їх продавцю́) **goods on consignment** консигнацíйна відпрáвка товáру **goods on hand** ная́вні товáри **imported goods** імпортні товáри **insured goods** застрахóвані товáри **long goods** довгомíрні товáри **non-competitive goods** неконкурéнтоспромóжні товáри **marked-down goods** товáри за знúженими цíнами **official goods** представнúцькі товáри **perishable goods** вантажí, що швúдко псуються **reduced goods** товáри за знúженими цíнами **re-exported goods** реéкспортні товáри **sold goods** прóдані товáри **stranded goods** вúкинуті на бéрег товáри **transit goods** транзúтні товáри **transportable goods** вантáж, придáтний для транспортувáння **unsold goods** неспрóдані товáри **warehouse goods** складськúй вантáж, складські товáри

goodwill (n.) 1. фíрма f, її питóма вагá f, репутáція f і клієнтýра f 2. передáча f прáва на фíрму (при прóдажу підприéмства) 3. доброзúчливість f 4. дóбра вóля f **policy of goodwill** полíтика дóброї вóлі

government (n.) 1. ýряд m 2. урядувáння n, керувáння n 3. держáвний (adj.) **government agency** держáвне агéнтство **government assistance** урядóва допомóга **government bonds** облігáції держáвної пóзики

grant (v.) 1. давáти, нáдавати (субсúдію, дотáцію) 2. згóджуватися, дозволя́ти 3. дарувáти **grant a credit** надавáти кредúт **grant a request** задовольня́ти прохáння

grant (n.) 1. субсúдія f 2. дáрчий акт m 3. стипéндія f **grant recipient** отрúмувач субсúдії

granting (n.) надання́ n, вúдача f **granting of a credit** вúдача кредúту

gratuity (n.) 1. грошовá винагорóда f; допомóга f 2. «чайовí» (pl only) **to receive a small gratuity** отрúмувати невелúку грошову́ винагорóду/допомóгу

gross (adj.) брýтто; валовúй; велúкий **by the gross** óптом, велúкими пáртіями **gross balance** загáльний балáнс **gross earnings** валовúй прибýток **gross national**

product (GNP) загальний національний продукт (ЗНП) **gross output** валова продукція **gross weight** вага брутто **in the gross** óптом, великими партіями

ground (v.) 1. заснóвувати 2. обґрунтóвувати 3. наскóчити на мілину́ **ground one's claims on facts** обґрунтóвувати свої вимóги фáктами

ground (n.) підстáва *f*, мотив *m* **common ground** спíльність позиції **exhibition grounds** виставковий майдáнчик; виставкове приміщення **on the grounds of** на підстáві **to cover much ground** ширóко охóплювати (суть спрáви, тóщо) **to hold one's ground** зберігáти позицію, авторитéт **to stand one's ground** захищáти свою́ позицію

groundage (n.) плáта *f* за прáво стáти на якорі в порту́

groundless (adj.) безпричинний, безпідстáвний **groundless delay** безпричинна відстрóчка, безпідстáвна затримка

group (n.) гру́па *f* **working group** робóча гру́па **task group** цільовá гру́па

guarantee (v.) поручáтися, гарантувáти; забезпéчувати **guarantee against loss** гарантувáти відшкодувáння збитків **guarantee credit** гарантувáти кредит **guarantee transportation** гарантувáти перевéзення

guarantee (n.) гарáнтія *f*, запору́ка *f*; застáва *f* **bank guarantee** бáнківська гарáнтія, бáнківська запору́ка **continuing guarantee** безстрокóва запору́ка **contract of guarantee** угóда-запору́ка **contractual guarantee** договíрні гарáнтії **credit guarantee** кредитна запору́ка **export guarantee** éкспортна гарáнтія **guarantee fund** гарантíйний фонд **guarantee of a firm** гарáнтія фíрми **guarantee of a foreign bank** гарáнтія інозéмного бáнку **guarantee of founders of a joint venture** гарáнтія заснóвників спíльного підприємства **guarantee of an insurance company** гарáнтія страховóї компáнії **guarantee of the return of property** зобов'язáння про зворóтній ввіз майнá **guarantee under an invoice** запору́ка за рахýнком **letter of guarantee** гарантíйний лист **seller's guarantee** гарáнтія продавця́ **unconditional guarantee** беззастерéжна

гарáнтія

guarantor (n.) пору́чник *m*, бáнк–гарáнт *m*, гарáнт *m*

H

haggle (v.) торгувáтися, сперечáтися **haggle about (over) the terms of a contract** торгувáтися про умóви угóди; сперечáтися щóдо умóв угóди

hall (n.) зал *m* **demonstration hall** демонстрацíйний зал **exhibition hall** виставковий зал

hallmark (n.) прóба *f* (на дорогоцíнних метáлах)

hand (v.) передавáти, вручáти **hand over information** передавáти інформáцію **hand over documents** передавáти докумéнти

hand (n.) 1. рукá *f* 2. пíдпис *m* 3. сторонá *f* 4. вказíвник *m* **bills in hand** вéксельний портфéль **hand-to-mouth deliveries** постачáння, що задовольняють наявні потрéби (за відсýтности запáсів) **orders on hand** портфéль замóвлень **second-hand** уживаний, нóшений **to put an order in hand** перейти до виконáння замóвлення **under one's hand and seal** за чиїмось пíдписом і печáткою

handle (v.) 1. вéсти, провáдити 2. керувáти 3. оброблять **handle a case** вéсти спрáву

harbor (n.) гáвань *m*, затóка *f*

hard (adj.) 1. важкий 2. твердий 3. завзятий, наполéгливий **hard-core unemployment** безробíття, що не піддаéться викорíненню/скорóченню **hard currency** вíльно конвертóвана валю́та, вкв, твердá валю́та **hard currency deposits** депозити у вíльно конвертóваній валюті **hard disk drive** твердий дисковóд (у комп'ю́тері) **hard-to-fill jobs** робóчі вакáнсії, які вáжко запóвнити

hardware (n.) 1. устаткувáння *n* 2. матеріáльна частина *f* 3. господáрчі товáри *pl* **hardware store** магазин господáрчих товáрів **computer hardware** комп'ю́терне устаткувáння

haulage (n.) 1. перевéзення *n* 2. вáртість *f* перевéзення

head (n.) 1. головá *m* 2. керівник *m* **head of an agency** дирéктор агéнтства **head of**

a delegation голова́ делега́ції **head office** головни́й о́фіс; головне́ управлі́ння; центра́льний апара́т **head representative** головни́й представни́к

headquarters (n.) головне́ управлі́ння *n*; центр *m*; штаб-кварти́ра *f* **headquarters of a brokerage firm** штаб-кварти́ра (центра́льний о́фіс) бро́керської фі́рми

heavy (adj.) 1. тяжки́й 2. вели́кий **heavy-duty equipment** обла́днання для робо́ти з вели́кими наванта́женнями **heavy losses** значні́ ви́трати

hedge (v.) хеджи́рувати, страхува́ти від зби́тків **hedge against a crisis** вжива́ти запобі́жні за́ходи про́ти кри́зи

hedge (n.) see hedging

hedging (n.) опера́ції *pl* з хеджи́рування, хеджи́рування *n* (фо́рма страхува́ння ціни́ і прибу́тку при уклада́нні ф'ю́черсних уго́д) **hedging instruments** за́соби хеджи́рування (напр., опціо́ни, ф'ю́черси і т.д.) **hedging opportunities** можли́вості хеджи́рування

hire (v.) 1. найма́ти, орендува́ти, бра́ти напрока́т 2. здава́ти в на́йм **hire an agency** найма́ти аге́нтство **hire workers** найма́ти робітникі́в

hire (n.) 1. найма́ння *n*, на́йм *m*; оре́нда *f* 2. оре́ндна пла́та *f* **hire purchase** купі́вля «в розстро́чку»

hiring (n.) найма́ння *n* **hiring costs** ви́трати, що пов'я́зані з найма́нням робо́чої си́ли **hiring of labor** найма́ння робо́чої си́ли

hold (v.) 1. трима́ти 2. прово́дити 3. вмі́щувати **hold a conference** прово́дити конфере́нцію **hold an auction** прово́дити аукціо́н **hold assets** трима́ти акти́ви **hold in trust** трима́ти під опі́кою; трима́ти на пору́чництві

holder (n.) оренда́р *m*, вла́сник *m* **account holder** вла́сник раху́нку **bond holder** вла́сник а́кцій **holder of a bill** ве́кселеутри́мувач **holder of a check** че́коутри́мувач **holder of a letter of credit** вла́сник креди́ту **holder of a license** 1. вла́сник ліце́нзії 2. утри́мувач ліце́нзії **holder of a patent** вла́сник пате́нту **holder of securities** вла́сник ці́нних папе́рів **policy holder** утри́мувач (страхово́го) по́лісу

shareholder вла́сник а́кцій, акціоне́р **stockholder** вла́сник а́кцій, акціоне́р

holding (n.) 1. володі́ння *n* 2. хо́лдинг *m* **holding company** хо́лдингова компа́нія, «хо́лдинг-ко́мпані» (акціоне́рна компа́нія, яка́ володі́є контро́льними паке́тами а́кцій і́нших фі́рм) **holding in bank account** за́лишки ко́штів, які́ вла́сник раху́нку трима́є на своє́му раху́нку

holdings (n.) авуа́ри *pl* (те, що перебува́є у володі́нні/ная́вності) **inventory holdings** това́рно-матеріа́льні запа́си

house (n.) 1. торгіве́льна пала́та *f*, торгіве́льна фі́рма *f* 2. ба́нк *m* 3. бі́ржа *f* **clearing house** ліквіда́ці́йна ка́са, клі́рингова пала́та **factoring house** креди́тно-фіна́нсовий зо́внішньоторгіве́льний банк **financing house** банк з фінансува́ння про́дажу у креди́т **issuing house** емісі́йний банк **settlement house** розрахунко́ва пала́та **wholesale house** о́птова бі́ржа

household (n.) 1. дома́шнє господа́рство *n* 2. роди́на *f* (як-суспі́льна одини́ця) **household appliances** побуто́ві еле́ктроприлади **household articles** ре́чі дома́шнього вжи́тку **household budget** бюдже́т дома́шнього господа́рства **household effects** дома́шнє майно́

hyper inflation (n.) гіперінфля́ція *f*

hypermarket (n.) гіперма́ркет *m* (універса́м ду́же вели́ких ро́змірів)

I

idle (adj.) 1. бездія́льний 2. що не працю́є 3. неза́йнятий **idle capacity** вироб́ни́чі поту́жності, що не використо́вуються **idle time** прості́й

illegal (adj.) незако́нний, нелега́льний **illegal act** протипра́вна дія **illegal business activities** ве́дення справ у незако́нний спо́сіб **illegal detention** незако́нне затри́мання **illegal distribution** протипра́вне розподі́лення, протипра́вне розповсю́дження **illegal embargo** незако́нне емба́рго **illegal influencing of contract awards** незако́нний вплив на проце́с ви́дачі контра́ктів **illegal partnership** незако́нне товари́ство, незако́нна компа́нія

illegally (adv.) незако́нно, нелега́льно **illegally sold goods** «лі́вий това́р»

illiquid (adj.) неліквідний **illiquid asset** неліквідний капіта́л (що ва́жко поміня́ти на готі́вку) **illiquid company** неліквідна компа́нія (що не ма́є готі́вки)

illiquidity (n.) неліквідність *f*

implicit (adj.) прихо́ваний; непрями́й **implicit interest** прихо́вано випла́чуваний відсо́ток **implicit reference** непряме́ посила́ння **implicit tax** прихо́ваний пода́ток

import (v.) імпортува́ти, дово́зити **import raw materials** дово́зити сировину́

import (n.) 1. і́мпорт *m*; дові́з *m* 2. і́мпортний (adj.) **import and export license fee** збір за ви́дачу до́зволу на дові́з і ви́везення **import application** і́мпортна зая́вка **import article** статт́я і́мпорту **import bonus** і́мпортна пре́мія **import capacity** і́мпортний потенціа́л **import curbs** і́мпортні обме́ження **import demand** по́пит на і́мпортні това́ри **import duty** ми́то на і́мпорт **import entry** зая́ва (до ми́тниці) про прибуття́ і́мпортного това́ру **import for consumption** спеціа́льний і́мпорт (зага́льний і́мпорт мі́нус рее́кспорт), і́мпорт това́рів для вну́трішнього спожива́ння **import license** ліце́нзія на і́мпорт **import license fee** збір за ви́дачу до́зволу на вве́зення **import of goods** і́мпорт това́рів **import permit** до́звіл/ві́за на вве́зення това́рів **import price** і́мпортна ціна́ **import relief** скоро́чення і́мпорту **import statistics** стати́стика і́мпорту **import tax** ми́то на вве́зення това́рів **import warehouse** і́мпортний склад **invisible imports** неви́димий і́мпорт (по́слуги, що спла́чуються в інозе́мній валю́ті, напр., переве́зення, страхува́ння то́що) **prohibited imports** това́ри, заборо́нені до вве́зення **retained imports** спеціа́льний і́мпорт, і́мпорт това́рів для вну́трішнього спожива́ння **value of imports** ва́ртість і́мпорту **visible imports** ви́димий і́мпорт (това́ри, що були́ факти́чно дове́зені й про́дані у краї́ні)

importation (n.) і́мпорт *m*, дові́з *m*, вве́зення *n* **importation of consumer goods** і́мпорт това́рів широ́кого вжи́тку **importation of finished goods** і́мпорт гото́вої проду́кції **importation of machinery and equipment** і́мпорт маши́н та обла́днання **importation of raw materials** і́мпорт сировини́ **duty free importation** безми́тний дові́з това́рів **temporary importation** тимчасо́вий дові́з

importer (n.) імпорте́р *m* **importer of foodstuffs** імпорте́р продово́льчих това́рів **importer of industrial products** імпорте́р промисло́вих това́рів **sole importer** винятко́вий імпорте́р

impose (v.) наклада́ти **impose a fine** наклада́ти штраф **impose a levy** наклада́ти збір **impose a penalty** наклада́ти штраф **impose fees** наклада́ти збо́ри

imposition (n.) наклада́ння *n*, оподаткува́ння *n* **imposition of customs duties** наклада́ння ми́та **imposition of a duty** наклада́ння ми́та **imposition of a tax** наклада́ння пода́тку

imprest (n.) ава́нс *m*, підзві́тна су́ма *f* **imprest system** систе́ма контро́лю за невели́кими су́мами готі́вки

improvement (n.) полі́пшення *n* **improvement of financial situation** полі́пшення фіна́нсової ситуа́ції **suggestion for improvement** раціоналіза́торська пропози́ція

impulse (n.) 1. спону́ка *f*, по́штовх *m* 2. і́мпульс *m*, пори́в *m* **impulse buying** купі́вля під впли́вом моме́нту, імпульси́вна купі́вля (що зале́жить від пото́чного моме́нту)

inactive (adj.) неакти́вний, бездія́льний, іне́ртний, паси́вний **inactive account** неакти́вний раху́нок (напр., у ба́нку чи бро́керській фі́рмі)

incentive (n.) 1. сти́мул *m* 2. мотива́ція *f* **economic incentive** економі́чний сти́мул **incentive funds** фо́нди матеріа́льного заохо́чування **incentive payments** прогреси́вна опла́та

incidental (adj.) випадко́вий; другоря́дний **incidental costs** другоря́дні ви́трати **incidental expenses** 1. непередба́чені ви́трати 2. випадко́ві ви́трати

income (n.) 1. дохі́д *m*, прибу́ток *m* 2. грошові́ надхо́дження *pl* 3. за́робіток *m* **disposable income**

прибу́ток, що залиша́ється пі́сля спла́ти пода́тків **income bond** прибутко́ва обліга́ція (еміте́нт випла́чує проце́нти в зале́жності від ро́зміру і на́явности прибу́тку) **income differentiation** рі́зни́ця у прибу́тках **income distribution** розпо́діл прибу́тків **income redistribution** перерозпо́діл прибу́тків **income statement** деклара́ція про прибу́тки, раху́нок прибу́тків і ви́трат **income tax** прибутко́вий пода́ток **income tax allowance** пі́льги по спла́ті прибутко́вого пода́тку **income tax form** податко́ва фо́рма **income tax relief** зві́льнення від спла́ти прибутко́вого пода́тку

incorporated (adj.) акціоне́рний; зареєстро́ваний як корпора́ція (у на́звах корпора́цій); зареєстро́ваний як юриди́чна осо́ба **incorporated bank** акціоне́рний банк **incorporated business** інкорпоро́ваний бі́знес (підприє́мницька ді́яльність, що веде́ться в організаці́йних ра́мках корпора́ції/акціоне́рного товари́ства як фо́рми підприє́мництва) **incorporated company** об'є́днана компа́нія **incorporated trustee** дові́рений вла́сник, зареєстро́ваний як корпора́ція

incorporator (n.) засно́вник *m* акціоне́рного товари́ства/корпора́ції

indebtedness (n.) заборго́ваність *f* **indebtedness in the amount of** заборго́ваність у ро́змірі **indebtedness to a bank** заборго́ваність ба́нкові

indemnity (n.) 1. гара́нтія *f* від зби́тків 2. компенса́ція *f* зби́тків **contract of indemnity** уго́да про гара́нтії від зби́тків **indemnity bond** гаранті́йний лист **indemnity clause** пункт уго́ди про відповіда́льність за зби́тки **indemnity for clean bill of lading** гаранті́йний лист про підписа́ння чи́стих коносаме́нтів

indent (v.) замовля́ти, розмі́щувати замо́влення **indent for new computers** замовля́ти нові́ комп'ю́тери

indent (n.) інде́нт *m*, ра́зове комісі́йне дору́чення *n* комісіоне́ру і́ншої краї́ни (на купі́влю пе́вної па́ртії това́ру)

indenture (n.) обліга́ці́йний контра́кт *m*, де фіксу́ютьсн умо́ви обліга́ці́йної по́зики, права́ та обо́в'язки сторі́н; докуме́нт *m* з дубліка́том; засві́дчена уго́да *f*

independent (adj.) 1. незале́жний 2. автоно́мний 3. самості́йний **independent audit** зо́внішній ауди́т **independent balance** самості́йний бала́нс **independent contractor** незале́жний підря́дник; фі́рма, що вико́нує робо́ту за контра́ктом **independent producers of goods and services** незале́жні виробники́ това́рів та по́слуг **independent trade union** незале́жна профспі́лка

index (v.) зано́сити як показни́к; індексува́ти

index (n.) 1. показни́к *m* 2. і́ндекс *m* 3. вказівни́к *m* **capital index** індекса́ція капіта́лу **classified index** системати́чний вказівни́к **composite index** складни́й показни́к **consumer price index** і́ндекс спожи́вчих цін (відобража́є дина́міку ва́ртости «ко́шику» спожи́вчих това́рів та по́слуг) **Dow–Jones Index** І́ндекс До́у-Джо́нса (сере́дній показни́к ку́рсів а́кцій гру́пи найбі́льших компа́ній США) **index linked** індексо́ваний (відпові́дно до те́мпів інфля́ції) **index linked obligations** зобов'яза́ння підприє́мства (обліга́ції, комерці́йні папе́ри, креди́ти, тощо), що індексу́ються (відпові́дно до те́мпів інфля́ції) **index number** і́ндекс, цифрови́й но́мер **cost of living index** і́ндекс прожитко́вого мі́німуму **index of goods in a catalogue** код това́ру у катало́зі **index of industrial production** і́ндекс промисло́вого виробни́цтва **volume index** і́ндекс фізи́чного об'є́му

indexation (n.) індекса́ція *f* (заробі́тної платні́, ці́нних папе́рів, основни́х фо́ндів і т.д.) **indexation of income against inflation** індекса́ція прибу́тків

individual (adj.) 1. індивідуа́льний 2. окре́мо взя́тий 3. персона́льний **individual consumption** індивідуа́льне спожива́ння **individual insurance policy** індивідуа́льний страхови́й по́ліс

industrial (adj.) 1. промисло́вий 2. виробни́чий 3. індустріа́льний **industrial accident** виробни́ча тра́вма **industrial activity** промисло́ва ді́яльність **industrial advertising** рекла́ма для промисло́вих замо́вників **industrial bank** індустріа́льний банк (фіна́нсові компа́нії, що ма́ють ліце́нзію на ви́дачу по́зики та прийня́ття депози́тів) **industrial construc-**

tion промисло́ве будівни́цтво **industrial cooperation** промисло́ве співробі́тництво **industrial costs** ви́трати у промисло́вості **industrial design** промисло́ве проекту́вання; промисло́вий зразо́к **industrial (development) finance institutions** фіна́нсові інститу́ти промисло́вого ро́звитку **industrial employment** за́йнятість у промисло́вості **industrial enterprise** промисло́ве підприє́мство **indusrial equities** а́кції промисло́вих компа́ній **industrial finance** фіна́нси промисло́вости, фінансува́ння промисло́вости **industrial trade gap** зо́внішньоторгіве́льний дефіци́т у торгі́влі промисло́вими това́рами

industry (n.) 1. промисло́вість *f*, індустрі́я *f* 2. га́лузь *f* виробни́цтва, га́лузь *f* торгі́влі 3. стара́нність *f*, працьови́тість *f* **capital-intensive industry** промисло́вість з вели́ким основни́м капіта́лом **distributive industry** обслуго́вувальна промисло́вість

inflation (n.) 1. інфля́ція *f* 2. інфляці́йний (adj.) **inflation rate** те́мпи інфля́ції **inflation tax** інфляці́йний пода́ток

inflationary (adj.) інфляці́йний **inflationary environment** інфляці́йні умо́ви

inflow (n.) припли́в *m* **inflow of capital** припли́в капіта́лу **inflow of funds** припли́в фо́ндів

informal (adj.) неформа́льний **informal account** ба́нківський раху́нок, відкри́тий без відпові́дної юриди́чної та і́ншої документа́ції **informal finance** неформа́льні фіна́нси **informal financial sector** неформа́льний фіна́нсовий се́ктор, неофіці́йний фіна́нсовий се́ктор (напр., ри́нок фіна́нсових уго́д між фізи́чними осо́бами) **informal lender** кредито́р, що ді́є на позаба́нковому ри́нку креди́тів **informal markets** неформа́льні/ неофіці́йні ри́нки **informal (financial) sector** неформа́льний ри́нок (ри́нок, що не контролює́ться держа́вою)

information (n.) 1. інформа́ція *f* 2. да́ні (*pl only*) **information disclosure** розкриття́ інформа́ції **information exchange** інформаці́йний о́бмін **information network** інформаці́йна мере́жа **information pooling** централіза́ція інформа́ції

infringe (v.) 1. пору́шувати 2. втруча́тися **infringe on a patent** пору́шувати пате́нтні права́ **infringe on a trademark** пору́шувати права́ на това́рний знак

inquiry (n.) за́пит *m* **a letter of inquiry** письмо́вий за́пит **to reply to inquiries** відповіда́ти на за́пити

insider (n.) інса́йдер *m* (осо́ба, що ма́є конфіденці́йну інформа́цію) **insider lending** інса́йдерне кредитува́ння **insider report** звіт інса́йдера **insider trading** інса́йдерні торгіве́льні опера́ції з ці́нними папе́рами; незако́нні опера́ції з ці́нними папе́рами

insolvency (n.) непла́тоспромо́жність *f* **insolvency of a bank** непла́тоспромо́жність ба́нку **insolvency of an enterprise** непла́тоспромо́жність підприє́мства

insolvent (adj.) непла́тоспромо́жний **insolvent financial intermediaries** непла́тоспромо́жні фіна́нсові посере́дники

installment (n.) частко́вий (чергови́й) платі́ж *m*; вне́сок *m* **installment credit** кредит, що спла́чується частко́вими рі́вними платежа́ми **installment letter of credit** акредити́в з ви́платою окре́мими частина́ми **installment loan** по́зика з пога́шенням у розстро́чку **installment payments** рі́вні за ро́зміром періоди́чні платежі́ **installment plan** розпо́діл платежі́в

insurance (n.) 1. страхува́ння *n* 2. страхо́вка *f* **fire insurance** страхува́ння від поже́жі **insurance agency** страхове́ аге́нтство **insurance agent** страхови́й аге́нт **insurance benefit** страхова́ допомо́га **insurance brokerage** бро́керська дія́льність у га́лузі страхови́х по́слуг **insurance claim** страхова́ зая́ва (вимо́га на ви́плату страхово́го відшкодува́ння) **insurance company** страхова́ компа́нія **insurance company charter** стату́т страхово́ї компа́нії **insurance contract** страхови́й контра́кт **insurance coverage** страхове́ покриття́ **insurance documents** страхові́ докуме́нти; страхові́ фо́рми **insurance policy** страхови́й по́ліс **insurance premium** страхова́ пре́мія; страхови́й вне́сок **insurance protection** о́бсяг страхово́ї відповіда́льности **insurance rates** страхові́ ста́вки; страхови́й тари́ф **insurance risk** страхови́й ри́зик **travel insurance** страхува́ння на пері́од по́дорожі; туристи́чне страхува́ння

insure (v.) 1. страхува́ти 2. ґарантува́ти, забезпе́чувати **insure at a low premium** страхува́ти на незначну́ су́му **insure one's house against fire** страхува́ти буди́нок від поже́жі **insure one's life** страхува́ти своє́ життя́

insured (adj.) застрахо́вана осо́ба *f* чи організа́ція *f* **insured account** застрахо́ваний раху́нок **insured bank** банк із застрахо́ваними вкла́дами **insured bonds** обліга́ції, застрахо́вані від банкру́тства **insured cargo** застрахо́ваний ванта́ж **insured deposit** застрахо́вані ба́нківські депози́ти **insured mail** застрахо́вана по́шта **insured storage** застрахо́ване зберіга́ння

insurer (n.) страхо́ва компа́нія *f* **insurer's responsibility** відповіда́льність страхово́ї компа́нії

interest (n.) 1. проце́нтний прибу́ток *m* 2. ча́стка *f* у ча́сти **interest-bearing account** проце́нтний раху́нок **interest-bearing loan** проце́нтна по́зика **interest check** чек на ви́плату проце́нтів **interest costs** ви́трати на спла́ту проце́нтів **interest expense** ви́трати (ба́нку) на ви́плату проце́нтів; спла́чені проце́нти **interest free** безвідсо́тковий **interest free account** безвідсо́тковий раху́нок **interest free loan** безвідсо́ткова по́зика **interest group** ло́ббі (гру́па осі́б, що намага́ються вплива́ти на тих, від ко́го зале́жить прийняття́ рі́шення) **interest income** прибу́ток, отри́маний від проце́нтів **interest indexation** індекса́ція проце́нтів **interest margin** проце́нтна маржа́ **interest on debt** проце́нти під заборго́ваність **interest on unpaid balance** проце́нти з непога́шеного за́лишку **interest paid on average (minimum) balance** проце́нт, що випла́чується на сере́дній (мініма́льний) за́лишок **interest payment** ви́плата проце́нтів **interest rate** проце́нтна ста́вка **interest rate cap** проце́нтний «кеп», проце́нтна «ша́пка» (фіна́нсовий інструме́нт, схо́жий на опціо́н) **interest rate ceiling** «сте́ля» проце́нтної ста́вки **interest rate controls** контро́ль за проце́нтними ста́вками

interest rate floor проце́нтний «фло», проце́нтна «підло́га» (фіна́нсовий інструме́нт схо́жий на опціо́н) **interest rate futures** проце́нтні ф'ю́черси **interest rate liberalization** лібераліза́ція проце́нтних ста́вок **interest rate option** проце́нтний опціо́н **interest rate per year** річна́ проце́нтна ста́вка **interest rate review date** да́та пере́гляду ро́зміру проце́нтів **interest rate risk** проце́нтний ри́зик **interest rate subsidy** проце́нтна субси́дія **interest rate swap** проце́нтний «своп» (ба́нківська опера́ція з обмі́ну валю́ти) **interest rates declining** паді́ння проце́нтних ста́вок **interest-rate sensitive assets and liabilities** акти́ви/зобов'я́зання (ба́нку), чутли́ві до змі́ни проце́нтної ста́вки **interest sensitive funds** фо́нди, чутли́ві до змі́ни проце́нтної ста́вки **interest rates rising** зроста́ння проце́нтних ста́вок **to accrue interest** наро́щувати проце́нт

internal (adj.) вну́трішній **internal audit** вну́трішній ауди́т (ба́нку), вну́трішня реві́зія **internal audit department** департа́мент/ві́дділ вну́трішнього ауди́ту (у ба́нку, компа́нії) **internal auditor** вну́трішній ауди́тор (ба́нку); вну́трішній реві́зор/контроле́р **internal bond** обліга́ції вну́трішньої по́зики **internal convertibility** вну́трішня конверто́ваність **internal financing** вну́трішнє фінансува́ння **internal funds** ко́шти з вну́трішніх джере́л **internal market** вну́трішній ри́нок **internal trade** вну́трішня торгі́вля

international (adj.) 1. міжнаро́дний 2. світови́й 3. інтернаціона́льний **international accounts** 1. міжнаро́дні раху́нки 2. міжнаро́дні розраху́нки **international corporation** трансиаціона́льна корпора́ція **international monopoly** міжнаро́дна монопо́лія **international obligations** міжнаро́дні зобов'я́зання

invalid (adj.) неді́йсний **invalid signature** неді́йсний пі́дпис **invalid transaction** неді́йсна уго́да/опера́ція

inventory (n.) 1. запа́си *pl*, това́рно-матеріа́льні запа́си *pl* 2. о́пис *m* това́рів 3. інвентариза́ція *f* 4. інвента́рний о́пис *m* **inventory accumulation** накопи́чення това́рно-матеріа́льних запа́сів **inventory book**

інвента́рна кни́га **inventory buildup** накопи́чення това́рно-матеріа́льних запа́сів **inventory days on hand** запа́си у днях **inventory of shortage** о́блік неста́чі **inventory reduction sale** розпро́даж з мето́ю зме́ншити складські́ запа́си **inventory turnover** оборо́т запа́сів **inventory turnover ratio** коефіціє́нт оборо́ту запа́сів

invest (v.) 1. вклада́ти 2. інвестува́ти **invest in gold** вклада́ти гро́ші в зо́лото **invest in securities** вклада́ти гро́ші у ці́нні папе́ри

investment (n.) 1. інвести́ція *f* 2. капіта́ловкла́дення *n* **investment account** інвестиці́йні ці́нні папе́ри; раху́нок інвестиці́йних папе́рів у бала́нсі комерці́йного ба́нку **investment advice** інвестиці́йна консульта́ція **investment adviser** інвестиці́йний консульта́нт **investment bank** інвестиці́йний банк **investment banking** інвестиці́йна ба́нківська спра́ва **investment boom** інвестиці́йний бум **investment broker** бро́кер з інвестиці́йних ці́нних папе́рів **investment club** інвестиці́йний клуб **investment committee** коміте́т з інвести́цій **investment company** інвестиці́йна компа́нія **investment concessions** пі́льги для інвестува́ння **investment counseling** інвестиці́йне консультува́ння **investment credit** інвестиці́йний креди́т **investment demand** потре́ба у капіта́ловкла́деннях **investment income** інвестиці́йний прибу́ток **investment management** управлі́ння інвести́ціями **investment officer** працівни́к ба́нку, що веде́ інвестиці́йні опера́ції **investment policy** інвестиці́йна полі́тика **investment portfolio** портфе́ль інвести́цій, інвестиці́йний портфе́ль **investment portfolio management** управлі́ння інвестиці́йним портфе́лем **investment tax credit** інвестиці́йний податко́вий креди́т **investment-grade securities** ці́нні папе́ри інвестиці́йної я́кости

investor (n.) інве́стор *m*, інвести́тор *m* **invite** (v.) 1. запро́шувати 2. оголо́шувати **invite bids** оголо́шувати то́рги **invite tenders for shares** оголо́шувати про прийняття́ а́кцій

invoice (n.) раху́нок-факту́ра *f* за това́ри чи по́слуги; раху́нок *m*; факту́ра *f*; накладна́ *f* **consular invoice**

ко́нсульский раху́нок-факту́ра **invoice for payment** раху́нок на спла́ту **invoice price** ціна́, що вка́зана на накладні́й **invoice sum** су́ма за раху́нком

issuance (n.) емі́сія *f*, ви́пуск *m* (нови́х а́кцій, обліга́цій) **issuance of securities** ви́пуск ці́нних папе́рів

issue (v.) 1. випуска́ти 2. видава́ти **issue a check** виписувати чек **issue a draft** виставля́ти тра́тту **issue a guarantee in favor of** виставля́ти гара́нтію на (чию́сь) ко́ристь **issue a loan** видава́ти креди́т **issue at discount** випуска́ти (ці́нні папе́ри) з диско́нтом **issue securities (stocks, bonds)** випуска́ти ці́нні папе́ри, емітува́ти ці́нні папе́ри (а́кції, обліга́ції, то́що)

issue (n.) ви́пуск *m*; емі́сія *f* **bond issue** емі́сія обліга́цій **equity issue** емі́сія а́кцій **issue of securities** ви́пуск ці́нних папе́рів; емі́сія ці́нних папе́рів **issue date** да́та емі́сії

issuer (n.) еміте́нт *m*, траса́нт *m*, че́ковиписувач *m* **issuer of securities** еміте́нт ці́нних папе́рів

item (n.) 1. одини́ця *f*, шту́ка *f* ви́робу чи това́ру 2. пункт *m* 3. статт+я́ *f* бала́нсу чи кошто́рису 4. платі́жний інструме́нт *m* (напр., че́ки і т.д.) **item in a contract** пункт у контра́кті

J

jerque (v.) прово́дити ми́тний о́гляд ванта́жів на судні́; перевіря́ти суднові́ докуме́нти і вантажі́

jettison (n.) ванта́ж *m*, яки́й ви́кинуто за борт судна́ (у морсько́му страхува́нні)

job (n.) 1. робо́та *f*, слу́жба *f*, заня́ття *n* 2. завда́ння *n* **individual job** окре́ма робо́та **job applicant** осо́ба, що подає́ зая́ву на робо́ту **job applicant form** анке́та зая́ви про прийняття́ на робо́ту **job center** бюро́ працевлаштува́ння **job creation program** програ́ма ство́рення робо́чих місць **job demand** по́пит на робо́чі місця́ **job design** проектува́ння робо́ти **job enlargement** збі́льшення кі́лькости робо́чих завда́нь; надання́ бі́льшої важли́вости завда́нням, що вико́нуються **job enrichment** розши́рення свобо́ди прийняття́ рі́шень **job interview** співбе́сіда з кандида́том на робо́че мі́сце **job migration** мігра́ція робо́чих місць;

міграція виробництва **job opening** робоча вакансія **job responsibilities** посадові обов'язки **job retraining program** програма перекваліфікації **job rotation** ротація (на роботі) **job satisfaction** задоволення роботою **job security** гарантія збереження робочого місця

jobber (n.) маклер *m* (на біржі); комісіонер *m*; відрядний працівник *m*

join (v.) 1. з'єднувати(ся), об'єднувати(ся) 2. приєднувати(ся) 3. вступати (у спілку)

joint (adj.) об'єднаний, спільний, колективний; сукупний **joint account** спільний рахунок **joint action** спільна дія **joint advertisement** спільна реклама **joint application** колективна заявка (наприклад, на патент) **joint commission** об'єднана комісія **joint committee** спільна комісія **joint cost** спільні витрати **joint creditor** сукупний кредитор **joint demand** спільна вимога **joint manufacturing** спільне виробництво **joint marketing arrangements** програма про спільний збут **joint ownership** співволодіння **joint profit maximization** максималізація спільних прибутків **joint project** спільний проект **joint proprietor** співвласник **joint responsibility** спільна відповідальність **joint-stock** акціонерний капітал **joint-stock bank** акціонерний банк **joint-stock company** акціонерне компанія, акціонерне товариство **joint supply** спільні поставки; взаємопов'язане постачання **joint use** спільне використання **joint venture** спільне підприємство **joint-venture bank** спільний банк (як різновид спільного підприємства) **joint-venture subsidiaries** спільні дочірні компанії

journal (n.) журнал *m* **factory journal** заводський журнал **journal entry** запис у бухгалтерській книзі **ship's journal** судовий журнал

judgment (n.) 1. вирок *m*, постанова *f* суду 2. винесення *n* судового рішення про платіж щодо погашення боргу **judgment creditor** кредитор, якому присуджено судом отримання платежу від дебітора **judgment debtor** дебітор, що зобов'язаний судом сплатити борг

junior (adj.) молодший **junior lending officer** молодший кредитний інспектор

junk (n.) сміття *n*, брухт *m* **junk bond** облігація з низькою спекулятивною кредитною оцінкою; «сміттєва облігація» (із значним ризиком, що компенсується підвищеним процентом) **junk mail advertising** масова поштова реклама, що розрахована на випадкового покупця

jurisdiction (n.) 1. юрисдикція *f* 2. підлегла область *f*, територія *f* **concurrent justification** паралельна юрисдикція **to extend a justification over something** розповсюджувати юрисдикцію на щось

justification (n.) 1. обґрунтування *n* 2. виправдання *n* **justification for cancellation** обґрунтування анулювання **justification of claims** обґрунтування претензій **justification of requirements** обґрунтування вимог

justify (v.) обґрунтовувати **justify refusal** обґрунтовувати відмову

K

key (n.) 1. ключ *m* 2. клавіша *f* 3. важливий (adj.), провідний (adj.), ключовий (adj.) **key assumption** головне припущення **key currency** ключова валюта **key decision** ключове рішення **key employee** ключовий співробітник **key factor** вирішальний фактор **key position** ключова посада

kickback (n.) хабар *m*

know-how (n.) ноу-хау *n* **know-how put into practice** ноу-хау, застосовуване на практиці

L

label (v.) наліплювати ярлик

label (n.) ярлик *m*; етикетка *f*

labor (v.) 1. працювати 2. докладати всіх зусиль, старатися, напружуватися

labor (n.) 1. праця *f*, робота *f*, труд *m* 2. робітники *pl*; робоча сила *f* **labor contract** трудовий договір **labor costs** вартість робочої сили **labor exchange** біржа праці **labor force** робоча сила **labor hours** робочий час **labor-intensive firm** фірма, що потребує багато робочої сили **labor-intensive industry** промисловість, що потребує багато робочої сили **labor market** ринок робочої си́ли, ри́нок пра́ці **labor productivity** продукти́вність пра́ці **labor productivity rate** рі́вень продукти́вности пра́ці **labor shortage** неста́ча робо́чої си́ли **labor theory of value** робо́ча тео́рія ва́ртости **labor turnover** оборо́т робо́чої си́ли

labor-saving (adj.) що заоща́джує пра́цю; раціоналіза́торський

lack (v.) відчува́ти неста́чу, потре-бува́ти; бракува́ти

lack (n.) 1. неста́ча *f* 2. відсу́тність *f* **lack of parity in the exchange** нееквівале́нтний о́бмін **lack of understanding of economic issues** економі́чна неосві́ченість

Laffer curve (n.) крива́ *f* Ла́фера (крива́ можли́вого взаємозв'язку́ між ста́вками прибутко́вого пода́тку і зага́льними надхо́дженнями від пода́тку)

lag (v.) 1. відстава́ти 2. запі́знюватися **lag behind somebody** відстава́ти від ко́гось **lag behind a competitor** відстава́ти від конкуре́нта

lag (n.) 1. відстава́ння *n* 2. запі́знення *n*

lagging (n.) 1. відстава́ння *n* 2. запі́-знення *n* **lagging indicator** інди́ка́тор відстава́ння

laissez faire (n.) лесе́-фер *m* (економі́чна доктри́на невтруча́ння) **laissaez faire policy** полі́тика невтруча́ння

laissez passer (n.) лесе́-пасе́ *m*, па́спорт *m*, перепу́стка *f* для безконтро́льного перетина́ння кордо́нів (зазви́чай вида́ється ООН)

land (n.) 1. земля́ *f*, су́ша *f* 2. земе́льна вла́сність *f* **land developer** будіве́льна компа́нія **land holder** 1. оренда́р 2. землевла́сник

landlord (n.) 1. (вели́кий) земле-вла́сник *m* 2. вла́сник *m* (пансіо́ну, готе́лю, буди́нку)

landmark (n.) межови́й знак *m*, ві́ха *f*

landowner (n.) землевла́сник *m*

lateral (adj.) побі́чний, бокови́й **lateral integration** виробни́ча спеціаліза́ція (при інтегро́ваному виробни́цтві)

launch (v.) 1. пуска́ти у виробни́цтво; пуска́ти в робо́ту; почина́ти (кампа́нію) 2. спуска́ти (судно́ на

во́ду) **launch a product** випуска́ти това́р на ри́нок

laundering (n.) відмива́ння *n* **laundering of illegal funds** відмива́ння незако́нних фо́ндів **money laundering** відмива́ння грошей

law (n.) зако́н *m*, пра́во *n* **antitrust law** антитре́стове законода́вство **civil law** циві́льне законода́вство **commercial law** торгіве́льне пра́во **law firm** юриди́чна конто́ра **law of supply and demand** зако́н по́питу та пропози́ції **license law** ліцензі́йне пра́во **patent law** пате́нтне пра́во

lawyer (n.) юри́ст *m*, адвока́т *m* **company lawyer** юрисконсульт

lead (v.) 1. ве́сти; приво́дити, призво́дити 2. керува́ти, очо́лювати

lead (n.) 1. про́від *m*, керівни́цтво *n* 2. лі́дер *m* **lead bank** банк-лі́дер; банк, що керу́є синдиційо́ваною по́зикою; найбі́льший чи домі́на́нтний банк ба́нківської хо́лдингової компа́нії **lead firm in an industry** фі́рма-лі́дер; найбі́льша чи домі́на́нтна фі́рма промисло́вости

leader (n.) лі́дер *m*, керівни́к *m* **industry leader** лі́дер промисло́вости, провідна́ фі́рма промисло́вости **informal leader** неформа́льний лі́дер **market leader** лі́дер на ри́нку, провідна́ фі́рма на ри́нку

leading (adj.) керівни́й, провідни́й **leading countries** провідні́ краї́ни **leading indicator** провідни́й інди́ка́тор, провідни́й показни́к

lease (v.) 1. здава́ти оре́нду 2. бра́ти в оре́нду **lease out land (houses)** здава́ти в оре́нду зе́млю (буди́нки)

lease (n.) 1. оре́нда *f*, здава́ння *n* в оре́нду 2. найма́ння *n* **lease agreement** оре́ндний до́гові́р **lease back** здава́ння в оре́нду на фіксо́ваний строк **lease financing** лі́зингове фінансува́ння **lease payment** лі́зинговий платі́ж **lease of seats on the stock exchange** оре́нда бро́керських місць на бі́ржі **long-term lease** довгостроко́ва оре́нда **short-term lease** коро́ткострокова оре́нда

leasing (n.) лі́зинг *m*, лі́зингове обслуго́вування *n*; оре́нда *f* **leasing company** лі́зингова компа́нія

least-cost supply (n.) постача́ння *n* проду́кції найме́ншої ва́ртости

ledger (n.) конто́рська кни́га *f*; головна́ кни́га *f*

legal (adj.) 1. юриди́чний 2. зако́нний **legal adviser** юрисконсульт **legal basis** правова́ обґрунто́ваність **legal basis of enterpreneurship** правові́ осно́ви підприє́мництва **legal counsel** юриди́чна осо́ба **legal framework of audit system** юриди́чна (правова́) інфраструкту́ра систе́ми ауди́ту **legal framework of banking supervision** правова́ інфраструкту́ра ба́нківського на́гляду **legal lending limits** правові́ обме́ження на кредитува́ння **legal obligations** правові́ зобов'я́зання **legal opinion** правове́ посві́дчення юри́ста/юриди́чної фі́рми (друку́ється на сертифіка́ті муніципа́льної обліга́ції) **legal person** юриди́чна осо́ба **legal remedy** за́хід, ви́значений зако́ном **legal status** юриди́чний ста́тус **legal tender** зако́нний те́ндер; гро́ші, що були́ законода́вчо запрова́джені у краї́ні

legislation (n.) 1. законода́вство *n*, законода́вча дія́льність *f* 2. зако́ни *pl* 3. законода́вча ініціати́ва *f* **labor legislation** трудове́ законода́вство **the proposed legislation** запропоно́ване законода́вство **to introduce legislation** прово́дити законода́вчу ініціати́ву

legislative (adj.) законода́вчий **legislative power** законода́вча вла́да

legislature (n.) 1. законода́вчий о́рган *m* 2. законода́вча вла́да *f*

legitimate (adj.) зако́нний **legitimate claim** зако́нна вимо́га

lend (v.) позича́ти; надава́ти по́зику **lend on subsidized terms** надава́ти по́зику на пі́льгових умо́вах

lender (n.) кредито́р *m*; той *m*, хто надає́ по́зику **lender of last resort** кредито́р оста́нньої інста́нції (одна́ з фу́нкцій центра́льного ба́нку) **lender's liabilities** зобов'я́зання кредито́ра **lender's rights** права́ кредито́ра **lender's time horizon** часови́й горизо́нт кредито́ра (пері́од, під час яко́го розгляда́ється можли́вість надання́ по́зики)

lending (n.) 1. кредитува́ння *n* 2. надання́ *n* по́зики **lending activities** креди́тні опера́ції **lending division** креди́тний ві́дділ **lending limit** ліміт, що встано́влюється для працівника́ ба́нку, в ме́жах яко́го він мо́же надава́ти креди́т **lending officer** креди́тний інспе́ктор **lending policy** креди́тна полі́тика **lending rates** по́зикові проце́нтні ста́вки

lend-lease (n.) лендлі́з *m*, взає́мна по́зика *f*, взає́мна оре́нда *f*

letter(n.) лист *m* **covering letter** супрові́дний лист **letter of advice** повідо́млення; аві́зо **letter of deposit** заставни́й лист **letter of guarantee** гаранті́йний лист **letter of introduction** рекомендаці́йний лист **letter of reference** рекомендаці́йний лист-характери́стика **letter to be paid on delivery** лист з накладно́ю опла́тою **registered letter** рекомендо́ваний лист **registered letter with declared value** ці́нний лист (з оголо́шеною ва́ртістю)

letter of credit (L/C) (n.) акредити́в *m*, акредити́вний лист *m* **blank letter of credit** бла́нковий креди́т **cash letter of credit** акредити́в готі́вкою **commercial letter of credit** това́рний акредити́в **confirmed letter of credit** підтве́рджений акредити́в **divisible letter of credit** акредити́в, що ді́литься **documentary letter of credit** документа́рний акредити́в **installment letter of credit** акредити́в з ви́платою окре́мими части́нами **irrevocable letter of credit** нескасо́вний акредити́в **letter of credit drawn on smb.** акредити́в, ви́ставлений на когось **letter of credit payable in convertible currency** акредити́в із спла́тою у конверто́ваній валю́ті **letter of credit valid for a certain period** акредити́в пе́вного стро́ку ді́йсности **long-term letter of credit** довгостроко́вий акредити́в **revolving letter of credit** акредити́в, що автомати́чно поно́влюється; револьве́рний акредити́в **transferable letter of credit** перевідни́й акредити́в **unconfirmed letter of credit** непідтве́рджений акредити́в

levy (v.) збира́ти (пода́тки) **levy taxes** збира́ти пода́тки

levy (n.) 1. пода́ток *m* 2. оподаткува́ння *n*; збира́ння *n* пода́тків **capital levy** пода́ток з капіта́лу

liabilities (n.) грошові зобов'язання *pl*, боргові зобов'язання *pl*, паси́в *m* **to meet one's liabilities** покрива́ти свою заборго́ваність

liability (n.) статтfа́ *f* паси́ву, відповіда́льність *f* **civil liability** циві́льна відповіда́льність **limited liability** обме́жена відповіда́льність **limited liability company** компа́нія з обме́женою відповіда́льністю

liable (adj.) 1. відповіда́льний; зобов'я́заний 2. що підляга́є чому́сь **liable to a tax** що підляга́є оподаткува́нню

liaison (n.) зв'язо́к *m* , стосу́нки (*pl only*), взаємоді́я *f*

liberal (adj.) лібера́льний, посла́блений **liberal economic policy** лібера́льна економі́чна полі́тика **liberal tax regime** посла́блений ми́тний режи́м

liberalization (n.) лібераліза́ція *f* **liberalization of foreign economic ties** лібераліза́ція зо́внішньоекономі́чних зв'язкі́в **liberalization of imports** лібераліза́ція і́мпорту **liberalization of trade** лібераліза́ція торгі́влі

license (v.) дозволя́ти; дава́ти пате́нт, привіле́й

license (n.) ліце́нзія *m*, пате́нт *m* **blanket license** зага́льна ліце́нзія **contractual license** догові́рна ліце́нзія **cross license** перехре́сна ліце́нзія **customs license** ми́тна ліце́нзія **exclusive license** ви́ключна ліце́нзія (наданнfа́ пра́ва монопо́льного використа́ння об'є́кта ліце́нзії одному́ ліцензіа́ту) **export license** е́кспортна ліце́нзія **general license** генера́льна ліце́нзія, генера́льний до́звіл **import license** і́мпортна ліце́нзія **individual license** індивідуа́льна ліце́нзія **licenses of items and technologies** ліце́нзії на ви́роби та техноло́гії **limited license** обме́жена ліце́нзія **non-exclusive license** неви́ключна ліце́нзія, проста́ ліце́нзія **non-transferable license** ліце́нзія без пра́ва переда́чі **ordinary license** проста́ ліце́нзія **patent license** пате́нтна ліце́нзія **personal license** іменна́ ліце́нзія **single license** ра́зовий до́звіл

licensed (adj.) ліцензо́ваний; що ма́є ліце́нзію **licensed capacity** дозво́лена поту́жність

licensee (n.) ліцензіа́т *m*; воло́дар *m* ліце́нзії; оде́ржувач *m* ліце́нзії; покупе́ць *m* ліце́нзії

licensing (n.) ліцензува́ння *n* **contractual licensing** догові́рне ліцензува́ння **cross licensing** перехре́сне ліцензува́ння **mutual licensing** взає́мне ліцензува́ння **package licensing** паке́тне ліцензува́ння

licensor (n.) ліцензіа́р *m*; продаве́ць *m* ліце́нзії

life (n.) життfа́ *n* **life cycle of a product** життє́вий цикл проду́кту **life insurance** страхува́ння життfа́

limit (v.) обме́жувати **limit the expense** обме́жувати ви́трати

limit (n.) ліmі́т *m*, кордо́н *m*, межа́ *f*, кра́йній те́рмін *m* **credit limit** ліmі́т кредитува́ння **limit of escalation** ліmі́т рухо́мости **limit of expenses** ліmі́т ви́трат **limit of financing** ліmі́т фінансува́ння **limit of insurance** ліmі́т страхува́ння **limit of investment** ліmі́т капіта́ловкла́день **limit of liability** ліmі́т відповіда́льности **limit pricing** ліmі́тна ціно́ва полі́тика

limitation (n.) обме́ження *n* **limitation of actions** обме́ження за давнино́ю по́зову

line (n.) лі́нія *f* **line of credit** креди́тна лі́нія **railway line** залізни́чна лі́нія **shipping line** суднопла́вна лі́нія

linear (adj.) ліні́йний **linear programming** ліні́йне програмува́ння

liquidate (v.) закрива́ти; ліквідува́ти; спла́чувати (борг)

liquidation (n.) ліквіда́ція *f*; спла́та *f*; закриттfа́ *n* **liquidation clause** обумо́влення про ліквіда́цію **liquidation of a business** закриттfа́ підприє́мства **to go into liquidation** збанкруту́вати, припини́ти існува́ння

liquidity (n.) лікві́дність *f* **currency liquidity** валю́тна лікві́дність **liquidity of assets** лікві́дність акти́вів **liquidity ratio** коефіціє́нт лікві́дности **liquidity trap** лікві́дна па́стка **marginal liquidity** крити́чна лікві́дність

list (v.) вно́сити у спи́сок

list (n.) спи́сок *m*, пере́лік *m*; відомість *f* **customs examination list** ми́тна огля́до́ва розпи́ска **delivery list** ві́домість комплектної доставки **list price** оприлюднена ціна **packing list** упаковочна специфікація

listed (adj.) зареєстрований **listed above** перераховані вище (фраза з ділової кореспонденції) **listed below** перераховані нижче (фраза з ділової кореспонденції) **listed company** зареєстрована компанія (на біржі)

load (v.) вантажити, навантажувати **load a ship** навантажувати судно

load (n.) 1. вантаж *m* 2. навантаження *n* **peak load** максимальне навантаження **working load** робоче навантаження

loading (n.) 1. завантаження *n*, навантаження *n* 2. вантаж *m* **automatic loading** автоматичне навантаження **loading in bulk** валове навантаження **loading in tanks** наливне навантаження **loading turn** черга на навантаження

loan (n.) позика *f* **bad loan** прострочена позика **bank loan** банківська позика **cash loan** грошова позика **collateral loan** позика під подвійне забезпечення **currency loan** валютна позика **fixed-date loan** термінова позика **fixed-rate loan** позика з фіксованою процентною ставкою **funded loan** облігаційна позика **interest bearing loan** процентна позика **interest-free loan** безвідсоткова позика **loan against commodities and materials** позика під товарно-матеріальні цінності **loan against goods** підтоварна позика **loan against a guarantee** позика під гарантію **loan against payment documents** позика під платіжні документи **loan against a pledge** позика під зобов'язання **loan against services** позика під послуги **loan against securities** позика під цінні папери **loan at interest** позика під проценти **loan capital** позика капіталу **loan in foreign currency** позика в іноземній валюті **loan on call** позика до запитання; онкольна позика **loan on easy terms** позика на пільгових умовах **long-term loan** довгострокова позика **short-term loan** короткострокова позика **single loan** разова позика **state loan** державна позика

lobby (v.) чинити тиск (на керівний орган/адміністрацію/уряд щодо прийняття якогось рішення) **lobby for a proposal** проштовхувати пропозицію

lobby (n.) лоббі *n* (група людей, яка чинить тиск на керівний орган/адміністрацію/уряд щодо прийняття якогось рішення)

local (adj.) місцевий **local authorities** місцева влада **local content rule** політика використання вітчизняних продуктів **local government** місцеве самоврядування **local industry** місцева промисловість **local taxes** місцеві податки

location (n.) місце *n* перебування, місце *n* розташування **location of an enterprise** місце розташування підприємства **location of collateral** місце перебування завдатку **location of industry** розташування промисловости

lock-out (n.) локаут *m* (закриття підприємства і масове звільнення робітників)

lose (v.) 1. втрачати; губити 2. програвати **lose reputation** втрачати репутацію

loss (n.) збиток *m*, втрата *f* **average losses** аварійні збитки **currency losses** валютні збитки **dead loss** чистий збиток/втрата **exchange losses** курсові збитки **expected losses** очікувані збитки **financial losses** фінансові збитки **general average losses** загальноаварійні збитки **indemnified loss** страховий збиток **indirect losses** непрямі збитки **loss and gain account** рахунок прибутків та збитків **loss because of default** збиток від невиконання зобов'язань **loss making activities** збиткова діяльність **loss minimization** мінімалізація збитків **loss of confidence** втрата довіри **loss of earnings** втрата заробітку **loss of profit** збиток у вигляді втраченого прибутку **loss of property** матеріальні збитки **loss provision** відрахування до резервів на покриття збитків **material loss** матеріальна втрата

lot (n.) лот *m*, партія *f* (цінних паперів, товару) **initial lot** дослідна партія **lot quantity** розмір партії, розмір лоту

lottery (n.) лотерея *f*

low (adj.) 1. низький 2. невеликий **low profitability** низька рентабельність

low-grade (adj.) 1. ненадійний (напр., облігації) 2. низькосортний, низькопробний

lucrative (adj.) ви́гідний, зи́сковий, прибутко́вий **lucrative market** вигідни́й ри́нок (напри́клад, збу́ту) **lucrative order** ви́гідне замо́влення

luggage (n.) бага́ж *m* **luggage receipt** бага́жна квита́нція

lump sum (n.) лу́мпсум *m*, пауша́льна су́ма *f* **lump sum bonus** однора́зова пре́мія **lump sum charter** лу́мпсум-ча́ртер **lump sum investment** інвести́ція, що передбача́є вели́кий ра́зовий початко́вий платі́ж **lump sum payment** однора́зова ви́плата значно́ї су́ми

M

macroeconomic (adj.) ма́кро-економі́чний **macroeconomic equilibrium** ма́кроекономі́чна рівнова́га **macroeconomic imbalance** ма́кро-економі́чна нести́йкість, ма́кроекономі́чна нерівнова́га **macroeconomic policy** ма́кро-економі́чна полі́тика **macroeconomic stability** ма́кроекономі́чна стабі́льність

macroeconomics (n.) ма́кроекономі́-міка *f*

magazine (n.) журна́л *m* **trade magazine** галузе́вий журна́л

mail (n.) по́шта *f*; попшто́ве відпра́влення *n*; кореспонде́нція *f* **air mail** а́віапо́шта **by return of mail** з насту́пною по́штою (фра́за з ділово́ї кореспонде́нції) **mail deposit** попшто́вий депози́т **mail teller** операціоні́ст (ба́нку, що відповіда́є за обро́бку депози́тів наді́сланих по́штою) **registered mail** рекомендо́вана по́шта **Royal Mail** Королі́вська по́шта (систе́ма попшто́вого зв'язку́ у Великобрита́нії)

mail-order (n.) попшто́ве замо́влення *n* **mail-order advertising** рекла́ма, що ма́є на меті́ отри́мання замо́влень по́штою **mail-order firm** поси́лкова фі́рма **mail-order form** бланк попшто́вого замо́влення **mail-order trade** поси́лкова торгі́вля

maintain (v.) обслуго́вувати; утри́мувати; підтри́мувати **maintain a balance** підтри́мувати за́лишок (на ба́нківському раху́нку) **maintain demand** підтри́мувати по́пит **maintain in working order** підтри́мувати у робо́чому ста́ні **maintain prices** підтри́мувати ці́ни

maintain the accounts вести́ раху́нки

maintenance (n.) обслуго́вування *n*; утри́мання *n*; підтри́мування *n*; підтри́мка *f* **maintenance charge** пла́та за користува́ння ба́нківським раху́нком **maintenance of exported machinery and equipment** обслуго́вування експорто́ваної те́хніки **maintenance of a minimum balance** підтри́мання мінімального за́лишку (на ба́нківському раху́нку) **routine maintenance** профілакти́чне обслуго́вування

make (v.) 1. роби́ти; утво́рювати; виробля́ти; готува́ти 2. вико́нувати **make a commitment** бра́ти на се́бе зобов'яза́ння **make an advance payment** вно́сити ава́нсовий платі́ж **make an appointment** признача́ти зу́стріч **make arrangements** готува́тися **make a xerox copy** роби́ти ксероко́пію **make concessions** поступа́тися

make (n.) тип *m*, ма́рка *f*, моде́ль *f* **equipment of Ukrainian make** устаткува́ння украї́нського виробни́цтва

maker (n.) 1. осо́ба *f*, що випи́сує платі́жний докуме́нт (чек, ве́ксель) і пе́рша прийма́є на се́бе зобов'яза́ння про спла́ту 2. виготі́в-ни́к *m* **maker for repayment of loan** осо́ба, що відповіда́є за ви́плату по́зики **market maker** ма́ркетме́йкер (уча́сник ри́нку ці́нних папе́рів, яки́й реа́льно вплива́є на стан справ на ри́нку)

maladjustment (n.) пога́не припасува́ння *n*, пога́не пристосува́ння *n*

maladministration (n.) пога́не управлі́ння *n*, пога́не керува́ння *n*

manage (v.) 1. управля́ти, керува́ти, заві́дувати 2. справля́тися **manage a factory** керува́ти фа́брикою

management (n.) адміністра́ція *f*, дире́кція *f*, ме́неджмент *m*, управлі́ння *n*, керівни́цтво *n* **functional management** функціона́льний ме́недж-мент, функціона́льне управлі́ння **management accounting** адміністрати́вна зві́тність **management accounts** адміністра-ти́вні розраху́нки **management buy-in** купі́вля (компа́нії) акціоне́рами **management buy-out** про́даж фі́рми адміністра́цією **management of an enterprise** управлі́ння підприє́мством **management**

of foreign economic ties управлíння зо́внішньоекономíчними зв'язка́ми **sectoral management** галузе́ве управлíння **senior management** головне́ управлíння; ви́ща адміністра́ція

manager (n.) ме́неджер *m*, керівни́к *m*, завíдувач *m*, дире́ктор *m* **business manager** комерцíйний дире́ктор; завíдувач комерцíйною части́ною **executive manager** викона́вчий дире́ктор **marketing manager** ме́неджер з марке́тингу

managerial (adj.) управлíнський **managerial experience** управлíнський до́свід **managerial qualities** організацíйні здíбності

manifest (n.) маніфе́ст *m* **cargo manifest** ванта́жний маніфе́ст, деклара́ція судново́го вантажу́

manpower (n.) робо́ча си́ла *f* **manpower planning** планува́ння робо́чої си́ли

manufacture (v.) виробля́ти

manufacture (n.) 1. виробни́цтво *n* 2. обро́бка *f* **domestic manufacture** вітчизня́не виробни́цтво **foreign manufacture** інозе́мне виробни́цтво **large-scale manufacture** виробни́цтво вели́ких па́ртій (това́ру)

manufacturer (n.) фабрика́нт *m*, виробни́к *m* **manufacturer's catalogue** катало́г фíрми

margin (n.) 1. прибу́ток *m* 2. но́рма *f* прибу́тку 3. різни́ця *f* 4. ма́ржа *f* (різни́ця між ці́нами, ку́рсами чи ста́вками) **margin for collateral** ма́ржа оці́нки забезпе́чення креди́ту **marketing margin** торгіве́льна наці́нка **transportation margin** тра́нспортна наці́нка

marginal (adj.) 1. кра́йній, грани́чний, найбíльший 2. маржина́льний; найгíршої я́кости **marginal costs** кра́йні ви́трати **marginal efficiency of capital** кра́йня ефекти́вність капіта́лу **marginal efficiency of investment** кра́йня ефекти́вність інвести́цій **marginal liquidity** крити́чна лікві́дність **marginal prices** кра́йні ці́ни **marginal rate of taxation** кра́йня су́ма оподаткува́ння **marginal revenue** найбíльший річни́й прибу́ток **marginal tax rate** кра́йній рíвень пода́тку

mark (n.) знак *m*; ма́рка *f*; по́значка *f* **manufacturing mark** фабри́чний знак **mark of a firm** знак фíрми

market (n.) ри́нок *m*; бíржа *f* **black market** чо́рна бíржа; чо́рний ри́нок **bull market** ри́нок, що росте́ (підви́щення цін на ри́нку) **buyer's market** ри́нок покупця́ **capital market** ри́нок капіта́лу **commodity market** това́рна бíржа; това́рний ри́нок **credit market** креди́тний ри́нок **currency market** валю́тна бíржа; валю́тний ри́нок **debt market** ри́нок боргíв **farmers' market** 1. місько́й ри́нок сíльськогоспода́рської проду́кції 2. фе́рмерський ри́нок, селя́нський ри́нок **foreign-exchange market** ри́нок інозе́мних валю́т **foreign market** зо́внішній ри́нок **free market system** вíльна ри́нкова систе́ма **freight market** фра́хтова бíржа, фра́хтовий ри́нок **futures market** фь'ю́черсна бíржа, фь'ю́черсний ри́нок **labor market** ри́нок робо́чої си́ли **loan market** ри́нок позико́вих капіта́лів **market concentration** ри́нкова концентра́ція **market conduct** ри́нкова поведíнка **market entry** ви́хід на ри́нок (ново́ї фíрми) **market exit** ви́хід з ри́нку **market failure** ри́нкова невда́ча **market mechanism** ри́нковий механíзм **market performance** ефекти́вність ри́нку **market power** вла́да ри́нку **market price** ри́нкова ціна́ **market segmentation** части́на ри́нку **market share** ча́стка ри́нку **market structure** структу́ра ри́нку **market system** ри́нкова систе́ма **outside market** зо́внішній ри́нок **sales market** ри́нок збу́ту **securities market** ри́нок цíнних папе́рів **seller's market** ри́нок продавця́ **stock market** фо́ндова бíржа **world finance markets** світова́ фіна́нсова структу́ра

marketing (n.) 1. марке́тинг *m* 2. збут *m* **marketing complex** марке́тинговий ко́мплекс **marketing manager** ме́неджер з марке́тингу **marketing plan** план збу́ту **marketing research** марке́тингове дослíдження

mass (n.) 1. ма́са *f*; вели́ка кíлькість *f* 2. ма́совий (adj.) **mass media** за́соби ма́сової інформа́ції **mass production** ма́сове виробни́цтво **mass unemployment** ма́сове безробíття

material (n.) матеріа́л *m* **raw materials** сировина́

matter (n.) 1. пита́ння *n*; спра́ва *f* 2. предме́т *m* 3. зміст *m* **matter of great importance** ду́же важли́ва спра́ва **matter of discussion** предме́т обгово́рення

means (n.) 1. за́сіб *m*; спо́сіб *m* 2. за́соби *pl* 3. бага́тство *n* **means of conveyance** за́соби переве́зення **means of payment** за́соби платежу́ **means of production** за́соби виробни́цтва **means test** перевірка потре́би **transportation means** тра́нспортні за́соби

measure (v.) 1. мі́ряти 2. ма́ти пе́вний ро́змір **measure up to the new requirements** задовольня́ти нові вимо́ги

measure (n.) 1. мі́ра *f*; мі́рка *f* 2. за́хід *m*, за́ходи *pl* 3. ро́змір *m* **austerity measures** за́ходи жорстко́ї еконо́мії **investment measures** інвестиці́йні за́ходи **to take measures** вжива́ти за́ходи

media (n.) за́соби *pl* ма́сової інформа́ції **mass media** за́соби ма́сової інформа́ції

mediate (v.) бу́ти посере́дником **mediate a settlement** досяга́ти уго́ди

mediation (n.) посере́дництво *n* **mediation of an agent** посере́дництво аге́нта

mediator (n.) посере́дник *m*

medium (n.) за́сіб *m* **medium of exchange** за́сіб о́бігу (одна́ з фу́нкцій грошей)

meet (v.) 1. зустріча́ти(ся) 2. спла́чувати 3. задовольня́ти **meet costs** відшкодо́вувати ви́трати **meet debts** покрива́ти борги́ **meet expenses** покрива́ти ви́трати **meet interest and principal payments** спла́чувати позико́ві проце́нти і позико́вий капіта́л **meet qualifying standards** відповіда́ти вимо́гам **meet the payroll** випла́чувати заробі́тну пла́ту

meeting (n.) 1. збо́ри (*pl only*); засі́дання *n*; мі́тинг *m* 2. зу́стріч *f* **meeting agenda** поря́док де́нний **meeting of creditors** збо́ри кредито́рів **to hold a meeting** прово́дити збо́ри

member (n.) член *m* **full(-fledged) member** повнопра́вний член **member of the board** член правлі́ння **member state** держа́ва-член **non-voting member** член без пра́ва го́лосу **permanent member** постійний член

memorandum (n.) мемора́ндум *m* **memorandum of association** мемора́ндум асоціа́ції, мемора́ндум про утво́рення (компа́нії) **memorandum of understanding** мемора́ндум розумі́ння

mercantile (adj.) торгіве́льний *m* **mercantile marine** торгіве́льний флот **mercantile operations** торгіве́льні опера́ції

merchandise (n.) това́ри *pl* **merchandise trade** торгі́вля това́рами

merchant (n.) торго́вець *m*, купе́ць *m* **merchant bank** торгіве́льний банк, комерці́йний банк **merchant ship** торгіве́льне судно́

merge (v.) злива́ти(ся); об’є́днувати(ся)

merger (n.) 1. об’є́днання *n* (торгіве́льне або промисло́ве) 2. поглина́ння *n* одного́ підприє́мства іншим **industrial merger** промисло́ве об’є́днання

merit (n.) 1. гідність *f*, заслу́га *f* 2. перева́га *f* **merit pay increase** підви́щення заробі́тної пла́ти за до́бру робо́ту **merits of the application** суть зая́вки (напр., пате́нтної)

microeconomic (adj.) мі́кроекономі́чний **microeconomic policy** мікроекономі́чна полі́тика

microeconomics (n.) мікроекономіка *f*

middleman (n.) комісіоне́р *m*, посере́дник *m*

mint (v.) карбува́ти

mint (n.) моне́тний двір *m*

minutes (n.) протоко́л *m* **minutes of negotiations** протоко́л перегово́рів **to take the minutes** вести протоко́л

miscalculate (v.) помиля́тися у розраху́нках

mode (n.) спо́сіб *m* **mode of acquisition** спо́сіб придба́ння **mode of transportation** спо́сіб транспортува́ння

model (n.) моде́ль *f*; зразо́к *m* **economic model** економі́чна моде́ль

modification (n.) модифіка́ція *f*; змі́на *f* **modification of conditions** змі́на умо́в **modification of a letter of credit** змі́на акредити́ву **modification to a contract** змі́на у контра́кті

modify (v.) змі́нювати **modify an insurance policy** вно́сити змі́ни у страхови́й контра́кт

monetary (adj.) грошови́й, моне́тний **monetary accommodation** грошове́ пристосува́ння **monetary base** грошова́ ба́за **monetary base control** управлі́ння грошово́ю ба́зою **monetary compensation** грошова́ компенса́ція **monetary damage** грошови́й зби́ток **monetary operations** грошові́ опера́ції **monetary policy** грошова́ полі́тика **monetary system** грошова́ систе́ма **monetary unit** грошова́ одини́ця

money (n.) гро́ші (*pl only*) **money-at-call** пози́чені гро́ші (на коро́ткий те́рмін) **money market** грошови́й ри́нок **money machine** автомати́чний пункт ви́дачі готі́вки (з допомо́гою ка́ртки, пов'я́заної з креди́тним/де́бітним раху́нком) **money supply** надхо́дження гроше́й в о́біг **paper money** папе́рові гро́ші **smart money** відступні́ гро́ші

monopoly (n.) монопо́лія *f* **discriminatory monopoly** дискримінаці́йна монопо́лія **foreign trade monopoly** монопо́лія зо́внішньої торгі́влі **international monopoly** міжнаро́дна монопо́лія **monopoly firm** монопо́льна фі́рма **monopoly laws** монопо́льне законода́вство **monopoly policy** монопо́льна полі́тика **monopoly tax** монопо́льний пода́ток **state monopoly** держа́вна монопо́лія

monopsony (n.) монопсо́нія *f* (стан ри́нку, коли́ бага́то продавці́в, але́ оди́н покупе́ць)

moratorium (n.) морато́рій *m*, відстро́чка *f* платежу́ **moratorium on strikes** морато́рій на стра́йки

mortgage (n.) заста́ва *f*; заставна́ *f*; іпоте́ка *f*; по́зика *f* **mortgage agreement** заставна́/іпоте́чна уго́да **mortgage-backed securities** заставні́ ці́нні папе́ри **mortgage bank** іпоте́чний банк **mortgage banker** іпоте́чний банкі́р **mortgage indexation** індексува́ння заставни́х/іпоте́ки **mortgage loan** іпоте́чний креди́т; по́зика на будівни́цтво чи купі́влю нерухо́мого майна́ під заста́ву **mortgage rate** ста́вка по заставні́й

to take out a mortgage бра́ти по́зику

mortgagee (n.) позикода́вець *m*, кредито́р *m* по заставні́й

mortgagor (n.) боржни́к *m* по заставні́й

multilateral (adj.) бага́тосторо́нній **multilateral agreement** бага́тосторо́ння уго́да **multilateral trade** бага́тосторо́ння торгі́вля

multinational (adj.) бага́тонаціона́льний, міжнаро́дний **multinational company** бага́тонаціона́льна компа́нія, міжнаро́дна компа́нія **multinational enterprise** бага́тонаціона́льне підприє́мство, міжнаро́дне підприє́мство

mutual (adj.) взає́мний, обопі́льний, спі́льний **mutual assistance** взає́модопомо́га **mutual consent** взає́мна зго́да **mutual cooperation** взає́мне співробітни́цтво **mutual fund** спі́льний фонд, інвестиці́йна компа́нія відкри́того ти́пу **mutual imports** взає́мний і́мпорт **mutual insurance** взає́мне страхува́ння **mutual obligations** взає́мні зобов'я́зання **mutual savings bank** оща́дний банк, що є вла́сністю вкла́дників **mutual trade** взає́мна торгі́вля

N

name (n.) ім'я́ *n*; на́зва *f*; найменува́ння *n*; прі́звище *n* **business name** ділова́ на́зва **firm's name** фі́рмова на́зва **name of a consignee of goods** найменува́ння отри́мувача ванта́жу **name of a consignor** найменува́ння відправника́ ванта́жу

national (adj.) націона́льний, держа́вний **national bank** націона́льний банк **national brand** фабри́чна ма́рка, що відо́ма в усі́й краї́ні **national currency** націона́льна валю́та **national currency unit** націона́льна грошова́ одини́ця **national debt** держа́вний борг **national economy** націона́льна еконо́міка **national income** націона́льний дохі́д **national income accounts** розраху́нки націона́льного дохо́ду **national insurance contributions** націона́льні страхові́ вне́ски **national plan** націона́льний план

nationalization (n.) націоналіза́ція *f*

nationalize (v.) націоналізо́вувати

nationalized (adj.) націоналізо́ваний **nationalized industry** націоналізо́вана промисло́вість/га́лузь промисло́вости

natural (adj.) приро́дній, натура́льний **natural monopoly** приро́дня монопо́лія

natural rate of economic growth природній темп економічного зростання **natural rate of unemployment** природний рівень безробіття **natural resources** природні багатства

negative (adj.) негативний, заперечний **negative confirmation** негативне підтвердження **negative gap** негативний «геп» (перевищення у балансі банку суми зобов'язань над сумою активів) **negative income tax** негативний прибутковий податок **negative real interest rate** негативна реальна процентна ставка

negotiate (v.) 1. вести переговори 2. проводити, сплачувати **negotiate a check** проводити чек **negotiate a contract** вести переговори щодо контракту **negotiate a draft** сплачувати тратту

negotiations (n.) переговори *pl* **bilateral negotiations** двосторонні переговори **commercial negotiations** комерційні переговори **minutes of the negotiations** протокол переговорів **multilateral negotiations** багатосторонні переговори **negotiations on the terms of payment** переговори про спосіб платежу **private negotiations** приватні переговори **protocol of the negotiations** протокол переговорів **trade negotiations** торгівельні переговори

negotiator (n.) особа *f*, що веде переговори

nest-egg (n.) гроші (*pl only*), відкладені на чорний день

net (adj.) чистий, нетто **net amount** чиста сума **net assets** чисті активи **net cash flow** чистий грошовий потік **net domestic product** чистий національний продукт (у грошовому вираженні) **net income** чистий дохід **net intangibles** нетто-нематеріальні активи **net investment** 1. приріст основного капіталу 2. приріст основних фондів **net national product** чистий національний продукт **net price** продажна ціна **net profit** чистий прибуток **net receipts** прибуток нетто, чистий прибуток

network (n.) мережа *f* **dealer network** ділерська мережа **information network** інформаційна мережа **marketing network** мережа збуту **network marketing** мережовий маркетинг **trading network** торгівельна мережа

nomenclature (n.) номенклатура *f* **uniform nomenclature** єдина номенклатура

nominal (adj.) номінальний **nominal damages** номінальні збитки **nominal exchange rate** номінальний обмінний курс **nominal interest rate** номінальний процент **nominal price** номінальна ціна **nominal rate of interest** номінальна ставка проценту **nominal value** номінальна вартість

nominee (n.) запропонований кандидат *m* **nominee holding** іменні акції

nonacceptance (n.) відмова *f* від акцепту (напр., векселя), неакцептування *n*

nondelivery (n.) непостачання *n*, недоставка *f* **nondelivery of goods** непостачання товарів, недоставка вантажів

nondurable (adj.) що швидко псуються **nondurable goods** товари, що швидко псуються

nonexecution (n.) невиконання *n* **nonexecution of a contract** невиконання контракту

noninterference (n.) невтручання *n*

nonobservance (n.) недотримування *n* **nonobservance of formalities** недотримування формальностей

nonpayment (n.) несплата *f* **nonpayment of taxes** несплата податків

nonperforming (adj.) нефункціональний; неякісний; недійсний **nonperforming assets** недійсні активи, неякісні активи **nonperforming loan** неякісна позика, недійсна позика

nonprofit (adj.) безприбутковий **nonprofit (making) organization** безприбуткова організація

nontraded (adj.) неторгівельний **nontraded product** неторгівельний продукт

nonreversible (adj.) необоротний; безповоротний

norm (n.) норма *f*, норматив *m*; зразок *m*, взірець *m*; стандарт *m* **factory norms** фабричні нормативи, заводські нормативи **industrial norms** промислові нормативи **local norms** місцеві нормативи **plant norms** заводські нормативи **progressive norms** прогресивні нормативи **standard norms** типові нормативи

normal (adj.) нормальний, правильний **normal product** нормальний продукт **normal profit** нормальний прибуток

normative (adj.) нормативний **normative**

economics нормати́вна еконо́міка

note (n.) 1. замі́тка *f,* за́пис *m* 2. ве́ксель *m,* боргова́ розпи́ска *f,* банкно́та *f* **collateral note** ве́ксель, забезпе́чений майно́м боржника́ **consignment note** тра́нспортна накладна́ **notes receivable** отри́мані ве́кселі (стаття́ у бухга́лтерському бала́нсі підприє́мства) **promissory note** ве́ксель, боргове́ зобов'я́зання **seizure note** акт про конфіска́цію вантажу́ **shipping note** о́рдер на заванта́ження

notice (n.) 1. повідо́млення *n,* попере́дження *n,* но́тис *m* 2. об'я́ва *f,* на́пис *m* **captain's notice** но́тис капіта́на **notice of appropriation** повідо́млення про ви́ділення това́ру для викона́ння уго́ди **notice of expected arrival** повідо́млення/но́тис про очі́куваний прихі́д судна́ **notice of protest** акт проте́сту; публі́чна зая́ва боржника́ про відмо́ву акцептува́ти комерці́йний папі́р **notice of readiness to discharge** повідо́млення/но́тис про гото́вність судна́ до розванта́ження **notice of the readiness of goods for loading** повідо́млення/но́тис про гото́вність това́рів до наванта́ження **notice of the readiness of goods for shipment** повідо́млення/но́тис про гото́вність това́рів до відпра́вки **notice of readiness to load** повідо́млення/но́тис про гото́вність судна́ до заванта́ження **notice of a vessel's arrival** повідо́млення/но́тис про прибуття́ суде́н **notice to pay** повідо́млення про необхі́дність спла́ти

notification (n.) повідо́млення *n,* нотифіка́ція *f,* попере́дження *n* **notification by fax** повідо́млення фа́ксом **notification by post** повідо́млення по́штою **notification by telex** повідо́млення те́лексом **notification of dispatch** повідо́млення про відпра́вку **notification of readiness to discharge** повідо́млення про гото́вність до відванта́ження **notification of referral of a matter to arbitration** повідо́млення про переда́чу спра́ви до арбітра́жу **notification of shipment** повідо́млення про відванта́ження **notification receipt** розпи́ска в отри́манні повідо́млення **notification report** акт–повідо́млення

notify (v.) сповіща́ти, повідомля́ти **notify about rejection** сповіща́ти про відмо́ву **notify a company of something** сповіща́ти компа́нію про щось

novelty (n.) 1. те, що є нови́нка *f,* новина́ *f;* новизна́ *f* 2. нововирова́дження **patentable novelty** пате́нтоспромо́жне нововирова́дження

number (n.) 1. число́ *n* 2. кі́лькість *f* 3. но́мер *m* **number of authorised shares** кі́лькість дозво́лених до ви́пуску а́кцій **registration number** реєстраці́йний но́мер

O

object (n.) 1. об'є́кт *m* 2. мета́ *f* **object of an advertisement** об'є́кт рекла́ми **object of an embargo** об'є́кт емба́рго

obligation (n.) зобов'я́зання *n* **contract obligation** контра́ктне зобов'я́зання **contractual obligations** догові́рне зобов'я́зання **international obligations** міжнаро́дні зобов'я́зання **legal obligations** правові́ зобов'я́зання **long-term obligations** довгостроко́ві зобов'я́зання **mutual obligations** взає́мні зобов'я́зання **obligations of parties** зобов'я́зання сторі́н **obligations on delivery of something** зобов'я́зання щодо постача́ння чого́сь **obligations to meet a delivery date** зобов'я́зання ви́конати строк доста́вки **payment obligations** платі́жні зобов'я́зання **short-term obligations** короткостроко́ві зобов'я́зання

obligatory (adj.) обов'язко́вий **obligatory deliveries** обов'язко́ві поста́вки

oblige (v.) зобов'я́зувати, наклада́ти обов'я́зок, приму́шувати

obligee (n.) осо́ба *f,* зобов'я́зання пе́ред яко́ю му́сить бу́ти пога́шене (напр., вла́сник обліга́цій)

obligor (n.) осо́ба *f,* що ма́є зобов'я́зання сплати́ти борг (напр., еміте́нт обліга́цій)

observance (n.) доде́ржування *n* (напр., зако́нів, зобов'я́зань)

observe (v.) 1. доде́ржуватися (напр., зако́нів, зобов'я́зань) 2. спостеріга́ти, поміча́ти

observer (n.) спостеріга́ч *m,* спостере́жник *m*

obsolescence (n.) мора́льна застарі́лість *f* (напр., устаткува́ння)

obtain (v.) 1. оде́ржувати, отри́мувати, діставати, здобува́ти 2. придба́ти **obtain a credit** отри́мувати креди́т, дістава́ти креди́т **obtain a license** отри́мувати ліце́нзію **obtain cash from checking** отри́мувати гро́ші за че́ком **obtain data from a bulletin** оде́ржувати дані́ з бюлете́ня

occupancy (n.) володі́ння *n* **occupancy expenses** ви́трати на утри́мання вла́сности (оре́нда, опа́лення, підтри́мання зага́льного поря́дку і т.д.)

off-balance (adj.) пóзабалáнсовий **off-balance sheet income** дохíд по пóзабалáнсових операціях (бáнку, підприємства) **off-balance sheet guarantee** гарáнтія, що врахóвується на пóзабалáнсових рахýнках (бáнку, підприємства) **off-balance sheet items** пóзабалáнсові статті (бухгáлтерського балáнсу бáнку, підприємства) **off-balance sheet operation** пóзабалáнсові операції (бáнку)

offer (v.) пропонувáти **offer a catalogue** пропонувáти каталóг **offer banking services nation-wide** пропонувáти бáнківські пóслуги по всій крáїні **offer something for sale** виставляти щось на прóдаж

offer (n.) пропозúція *f*, офéрта *f* (письмóва заява продавця про бажáння уклáсти угóду, на постачáння товáру чи виконáння робíт) **commercial offer** комерцíйна пропозúція **counter offer** зустрíчна пропозúція **firm offer** твердá пропозúція **free offer** вíльна пропозúція **limited offer** обмéжена пропозúція (товáрів чи пóслуг) **offer for a tender** пропозúція про тéндер **offer for sale** пропозúція прóдажу (напр., áкцій) **offer-for-sale by tender** пропозúція прóдажу (напр., áкцій) тéндером **offer price** цінá пропозúції; цінá продавця́ цíнного папéру **offer to supply** пропозúція про постачáння **offer without obligations** пропозúція без зобов'язáнь

offerer (n.) оферéнт *m* (осóба, якá надіслáла офéрту)

office (n.) óфіс *m*, контóра *f*, бюрó *n*, канцелярíя *f* **clearing office** клíрингова палáта **consular office** кóнсульська устанóва **customs office** митна устанóва **goods office** товáрна контóра **main office** головнá контóра **office automation** автоматизáція контóрських робíт **office building value** вáртість будíвлі під устанóву **patent office** патéнтне бюрó **technical office** технíчне бюрó

official (n.) офіцíйний представнúк *m*, офіцíйна осóба *f*, урядóва осóба *f*

official (adj.) офіцíйний, службóвий **official arrangement** офіцíйна домóвленість **official assurance** офіцíйні запéвнення **official filing fee** заявкове мúто (патéнт) **official inquiry** офіцíйний зáпит **official financing** офіцíйне фінансувáння **official rate** офіцíйний курс (напр., óбміну валют)

offset (v.) 1. відшкодóвувати, компенсувáти 2. підбивáти балáнс

offset the loss відшкодóвувати збúток

offset (n.) 1. відшкодувáння *n*, компенсáція *f* 2. зустрíчна вимóга *f* **as an offset against something** у вúгляді винагорóди (компенсáції)

offshore (adj.) офшóрний (що здíйснюється на терикóрії íншої крáїни) **offshore commercial banking** офшóрна комерцíйна діяльність

off-site (adj.) зóвнішній, заóчний **off-site bank examination** заóчна перевíрка бáнком дáних звíтности **off-site supervision** зóвнішній нáгляд за фінáнсовою устанóвою **off-site supervisor** супервíзор, що здíйснює зóвнішній нáгляд за бáнком **off-site surveillance** зóвнішній нáгляд

open (v.) 1. відкривáти 2. починáти (напр., сéсію) **open an office** відкривáти óфіс, відкривáти представнúцтво **open an account** відкривáти рахýнок **open a market** відкривáти рúнок (торгíвлю цíнними папéрами), відкривáти торгівéльну сéсію

open (adj.) відкрúтий; явний; приступний **open account credit** кредúт за відкрúтим рахýнком **open check** відкрúтий чек **open economy** відкрúта екóноміка **open market operations** операції на відкрúтому рúнку (операції центрáльного бáнку щóдо купíвлі-прóдажу цíнних папéрів) **open outcry market** рúнок торгíвлі з гóлосу (на фóндових бíржах до запровáдження електрóнних систéм торгíвлі) **open outcry system** торгíвля з гóлосу (на фóндових бíржах до запровáдження електрóнних систéм торгíвлі)

operating (adj.) операцíйний **operating activities** основнá операцíйна діяльність (бáнку) **operating budget** операцíйний бюджéт **operating cash flow** операцíйний грошовúй потíк (що виникáє від основнúх операцíй) **operating efficiency in banking** операцíйна ефектúвність бáнківської спрáви **operating expenses** операцíйні вúтрати **operating income** операцíйний дóхід **operating loss** операцíйний збúток **operating profit** операцíйний прибýток

operation (n.) операція *f* **agency operation** посерéдницька операція **assembly operations** монтáж **banking operation** бáнківська операція **cargo handling operations** завантáжувально-розвантáжувальні операції **commercial operation** комерцíйна операція **commissioning operations** операції впровáдження **commodity operation** товáрна операція **credit operation**

креди́тна опера́ція **crediting and settlement operation** креди́тно-розрахунко́ва опера́ція **export-import operation** е́кспортно-і́мпортна опера́ція **financial operation** фіна́нсова опера́ція **foreign economic operation** зо́внішня економі́чна опера́ція **foreign trade operation** зо́внішньоторгіве́льні опера́ція **forwarding operation** тра́нспортно-експеди́торська опера́ція **monetary operation** грошова́ опера́ція **noncommercial operation** неторгіве́льна опера́ція **operations manual** операці́йний посі́бник (оди́н з можли́вих ви́дів вну́трішніх докуме́нтів) **operations risk** операці́йний ри́зик **settlement operation** розрахунко́ва опера́ція **trade operation** торгіве́льна опера́ція **transport operation** тра́нспортна опера́ція

operational (adj.) операці́йний **operational area** операці́йна зо́на **operational control** контро́ль за операці́йною дія́льністю **operational department** операці́йний департа́мент, операці́йний відділ

operative (adj.) ді́йсний; операти́вний; що ді́є, працю́є **operative documentation** операти́вна документа́ція

opinion (n.) ду́мка *f*, то́чка *f* зо́ру **expert's opinion** то́чка зо́ру експе́рта **legal opinion** правове́ посві́дчення юри́ста/юриди́чної фі́рми (що друку́ється на сертифіка́ті обліга́ції) **public opinion** грома́дська ду́мка

opportunity (n.) слу́шна наго́да *f*, слу́шний час *m*, можли́вість *f* **cost opportunity** можли́вість ви́трат (можли́вість капіталовкла́день, що могла́ бу́ти ви́користана) **investment opportunities** можли́вості для капіта-ловкла́день, можли́вості для інвести́цій (ви́гідних) **lost opportunity** втра́чена ви́года/наго́да **market opportunity** можли́вість ви́ходу на ри́нок **sales opportunities** можли́вості (ви́гідного) про́дажу

option (n.) опціо́н *m* (при́дбане за пе́вну пла́ту пра́во купува́ти або́ продава́ти будь-які ці́нні папе́ри/това́ри протя́гом пе́вного ча́су за встано́вленою ціно́ю), вибір *m*, пра́во *n* замі́ни **call option** опціо́н покупця́ **cargo option** ванта́жний опціо́н **first option** пра́во пе́ршої руки́ **futures option** ф'ю́черсний опціо́н (вид біржово́ї уго́ди, за яко́ю това́р купу́ється з мето́ю насту́пного перепро́дажу на бі́ржі) **option fee** ціна́ опціо́на **option of exchange** валю́тний опціо́н **option to purchase**

опціо́н на закупі́влю **option to sell** опціо́н на про́даж

order (n.) 1. замо́влення *n* 2. о́рдер *m* 3. нака́з *m*, розпоря́дження *n* **cash order** ка́совий о́рдер **chartering order** фра́хтовий о́рдер **collection order** дору́чення інка́со **export order** е́кспортне замо́влення **firm order** тверде́ замо́влення **mail order** замо́влення поси́лковій фі́рмі **money order** грошови́й пере́каз **order for goods** замо́влення на това́р **order of business** регла́мент **order to pay** нака́з сплати́ти **payment order** платі́жне дору́чення **postal order** пошто́вий (грошови́й пере́каз **remittance order** дору́чення на пере́каз **sample order** замо́влення за взірце́м **shipping order** ванта́жний о́рдер **single order** ра́зове замо́влення **standing order** дору́чення ба́нкові вла́сника раху́нку регуля́рно зніма́ти пе́вну су́му (напр., для спла́ти комуна́льних по́слуг) **state order** держа́вне замо́влення **transportation order** тра́нспортне замо́влення **trial order** випро́бувальне замо́влення

organ (n.) о́рган *m* **co-ordinating organ** координаці́йний о́рган

organization (n.) організа́ція *f*, устано́ва *f* **commissioning organization** впрова́джу-вальна організа́ція **cooperative organization** кооперати́вна організа́ція **foreign economic organization** зо́внішньо-економі́чна організа́ція **foreign trade organization** зо́внішньоторгіве́льна організа́ція **forwarding organization** тра́нспортно-експедиці́йна організа́ція **international organization** міжнаро́дна організа́ція **multidivisional-form (M-form) organization** організа́ція з децентралізо́ваним управлі́нням **organization-consignee** організа́ція-консигна́тор

organizational (adj.) організаці́йний **organizational structure** організаці́йна структу́ра (підприє́мства чи фіна́нсової устано́ви)

origin (n.) 1. похо́дження *n* 2. джерело́ *n*, поча́ток *m* **country of origin** краї́на похо́дження (това́рів) **origin of goods** похо́дження това́рів

original (adj.) перві́сний, початко́вий, вихідни́й **original capital** початко́вий капіта́л **original cost of stock** початко́ва ва́ртість а́кцій **original document** оригіна́л **original income** перві́сний дохід

outbound (adj.) 1. що вихо́дить з по́рту (про судно́) 2. що підляга́є відпра́в-ленню/відванта́женню (напр., това́р)

outflow (n.) відпли́в *m* **outflow of capital** відпли́в капіта́лу **outflow of funds** відпли́в фо́ндів (з ба́нку, підприє́мства)

output (n.) ви́пуск *m*, ви́добуток *m*, проду́кція *f* **gross output** ва́лова проду́кція **output gap** рі́зниця у ви́пуску **output per man-hour** ви́пуск на люди́но-годи́ну **production output** ви́пуск проду́кції

outside (adj.) зо́внішній, сторо́нній **outside director** дире́ктор (ба́нку), яко́го було́ обрано з осі́б, що не вхо́дять до шта́ту, «зо́внішній» дире́ктор **outside financing** зо́внішнє фінансува́ння **outside market** зо́внішній ри́нок **outside money** зо́внішні гро́ші

outstanding (adj.) непога́шений, неспла́чений **outstanding advance** непога́шена по́зика **outstanding check** непога́шений чек **outstanding debt** неспла́чений борг **outstanding issue** непога́шена емі́сія (борго́вих ці́нних папе́рів); емі́сія борго́вих папе́рів

overall (adj.) 1. зага́льний 2. суку́пний 3. підсумко́вий **overall appropriation** зага́льна су́ма асигна́цій **overall balance** підсумко́вий бала́нс **overall business activity** зага́льна ділова́ акти́вність **overall consumption** зага́льний рі́вень спожива́ння **overall cost** по́вна ва́ртість **overall quality of goods** зага́льна я́кість това́ру **overall risk** суку́пний ри́зик **overall test** ко́мплексне випро́бування

overdraft (n.) овердра́фт *m*, переви́трати *pl* **bank overdraft** ба́нківський овердра́фт (переви́щення креди́ту) **overdraft credit** овердра́фтний креди́т (переви́щення лімі́тного креди́ту) **overdraft line** лі́нія, що відкри́та за овердра́фтом (лімі́т припусти́мого овердра́фту) **unsecured overdraft** непокри́тий овердра́фт

overdue (adj.) простро́чений, неспла́чений **overdue payment** простро́чений платі́ж

overextended (adj.) простро́чений **overextended account** простро́чений раху́нок (напр., кліє́нта у бро́керській фі́рмі)

overhead (n.) накладні́ ви́трати *pl* **overhead expenses** накладні́ ви́трати **overhead rate** ста́вка накладни́х ви́трат

overman (v.) перенаси́чувати робо́чою си́лою

overmonetization (n.) безконтро́льний ви́пуск *m* гроше́й

overpayment (n.) перепла́та *f*

overpricing (n.) зави́щення *n* ціни́

overproduction (n.) надвиробни́цтво *n*

overrule (v.) анулюва́ти; відхиля́ти (рі́шення) **overrule a claim** відхиля́ти вимо́гу **overrule a decision** вважа́ти рі́шення неді́йсним; анулюва́ти рі́шення

overseas (adj.) закордо́нний **overseas financial markets** закордо́нні фіна́нсові ри́нки **overseas investments** інозе́мні інвести́ції

overspending (n.) переви́трати *pl*

overstocking (n.) затова́рювання *n*

overtax (v.) переобтя́жувати пода́тками

overstatement (n.) зави́щення *n* **overstatement of profit** зави́щення прибу́тків

over-the-counter (adj.) позабіржови́й **over-the-counter market** позабіржови́й ри́нок ці́нних папе́рів **over-the-counter securities** ці́нні папе́ри, що не продаю́ться на головни́х бі́ржах

overvalue (v.) переоці́нювати; зави́щувати ва́ртість **overvalue currency** зави́щувати курс валю́ти

overweight (n.) надмі́рна вага́ *f*

overwork (n.) надуро́чна/понаднор́мова пра́ця *f*

owe (v.) 1. бу́ти ви́нним, заборгува́ти 2. бу́ти зобов'я́заним, завдя́чувати

own (v.) володі́ти **own securities** володі́ти ці́нними папе́рами

own (adj.) свій, вла́сний **'own-label' brand** вла́сна ма́рка

owner (n.) вла́сник *m* **owner's equity** вла́сний капіта́л

ownership (n.) вла́сність *f*, володі́ння *n*; пра́во *n* вла́сности **common ownership** спі́льна вла́сність **joint ownership** співволоді́ння **ownership limits** обме́ження на у́часть у вла́сності тих чи і́нших катего́рій вла́сників **private ownership** прива́тна вла́сність

P

package (n.) 1. паке́т *m*; паку́нок *m* 2. мі́сце *n* багажу́ 3. ми́то *n* з това́рних паку́нків 4. ко́мплекс *m* 5. комплє́кт *m* **package contract** контра́кт на по́вний ко́мплекс робі́т **package deal** ко́мплексна уго́да **package of documents** паке́т докуме́нтів **package**

offer пакет пропозицій

packing (n.) упаковка *f* **export packing** експортна упаковка **factory packing** фабрична упаковка **freight packing** транспортна упаковка **nonreturnable packing** одноразова упаковка **original packing** заводська упаковка **packing container** тара **packing instructions** інструкції щодо упаковки **postage and packing (P& P)** оплата упаковки і доставки **returnable packing** багаторазова упаковка **reusable packing** багаторазова упаковка **standard packing** звичайна упаковка **tropical packing** тропічна упаковка

panic (adj.) панічний **panic selling** панічний розпродаж (напр., цінних паперів)

par (n.) 1. номінальна вартість *f* 2. нормальний курс *m* двох валют **above par** вище за номінальну вартість **at par** за номінальною вартістю, альпарі (відповідність ринкового/біржового курсу валюти, цінних паперів їхньому номіналові) **below par** нижче за номінальну вартість **par value** оголошена номінальна вартість (цінного паперу)

paradox (n.) парадокс *m* **paradox of thrift** парадокс ощадливости **paradox of value** парадокс вартости

parallel (adj.) паралельний **parallel importing** паралельне імпортування (форма арбітражу) **parallel loan** паралельна позика

parcel (n.) 1. пакет *m*, пакунок *m* 2. штучний вантаж *m*, парцельний вантаж *m*, парцель *m*; посилка *f* 3. відправлена партія *f* **parcel of shares** пакет акцій (на біржі)

pare (v.) зрізати, обрізати **pare down** зрізаи, скорочувати (витрати)

parity (n.) паритет *m*, рівність *f* **exchange parity** обмінний паритет **fixed parity** твердий паритет **gold parity** золотий паритет **parity of currency** валютний паритет **sliding parity** рухомий паритет

part (n.) частина *f*, частка *f* **complementary parts** вироби до комплектування **integral part of a contract** невіддільна частина контракту **spare parts** запчастини

partial (adj.) частковий **partial disclosure** часткове розкриття (інформації) **partial lifting of trade sanctions** часткове зняття торгівельних санкцій **partial payment** частковий платіж

participant (n.) учасник *m* **participant at an auction** учасник аукціону

participation (n.) участь *f*, розподіл *m* **financial participation** фінансова участь, грошова участь **participation in decision making** участь у розробці рішень **participation in tenders** участь у торгах

partner (n.) компаньйон *m*, партнер *m*, учасник *m* **business partner** діловий партнер **foreign partner** іноземний компаньйон, закордонний партнер **founding partner** партнер-засновник, фундатор **partner in a joint venture** партнер за спільним підприємством **potential partner** потенційний партнер **trade partner** торгівельний партнер

partnership (n.) 1. партнерство *n* 2. участь *f* 3. товариство *n*, компанія *f* **illegal partnership** незаконне товариство, незаконна компанія

party (n.) 1. сторона *f* 2. учасник *m* **contracting party** контрагент; одна зі сторін, що веде переговори **responsible party** відповідальна сторона, відповідальна особа

passport (n.) паспорт *m* **service passport** службовий паспорт

patent (n.) 1. патент *m* 2. патентний (adj.) **corresponding patent** патент-аналог **patent attorney** патентний повірений **patent documentation** патентна документація **patent for a design** патент на промисловий зразок **patent for an invention** патент на винахід **patent in force** дійсний патент **related patent** споріднений патент

patenting (n.) патентування *n*

pavilion (n.) павільйон *m* **exhibition pavilion** виставковий павільйон

pawnbroker (n.) лихвар *m*; той *m*, хто дає гроші під заставу **at the pawnbroker's** у ломбарді

pay (v.) 1. платити 2. давати прибуток, вигоду; окупатися **pay by check** платити чеком **pay in full** платити повністю **pay out** виплачувати, відплачувати **pay up** виплачувати повністю

pay (n.) плата *f*, платня *f*, заробітна плата *f* **pay by the day** поденна плата **pay raise** підвищення заробітної плати

payback (n.) покриття *n* витрат **payback method** метод покриття витрат **payback period** час покриття витрат

payday (n.) день *m* видачі заробітної плати

payee (n.) 1. одержувач *m* (грошей) 2. пред'явник *m* чеку, векселя

3. ремітéнт *m* (осóба, що отрúмує від трасáта платíж за переказнúм вéкселем)

payer (n.) сплáтник *m* грошéй

paymaster (n.) 1. касúр *m* 2. осóба *f*, що сплáчує вúтрати

payment (n.) 1. сплáта *f*, вúплата *f*, платíж *m* 2. заробíтна плáта *f* 3. винагорóда *f* **advance payment** авáнсовий платíж **appropriation of payment** віднéсення платежý до вúзначенного бóргу **average payment** пересíчний платíж **balance of payments** платíжний балáнс **cash payment** платíж готíвкою, кáсові операцíї **commercial payment** торгівéльний платíж **contract payment** вúплата за контрáктом **current payment** потóчний платíж **deferred payment** відстрóчений платíж **delayed payment** затрúманий платíж **due payment** платíж, що підлягáє сплáті **extra payment** доплáта **guaranteed payment** гарантóвана вúплата **immediate payment** негáйна оплáта **installment payment** оплáта періодúчними внéсками («в розстрóчку») **insurance payment** страховúй платíж **lump sum payment** одноáзова вúплата, акóрдна плáта, паушáльний платíж (держáвний збір/подáтки, якúми обкладáються товáри, що пропускáються чéрез мúтний кордóн краíни) **net payment** платíж нéтто **non-commercial payment** неторгівéльний платíж **non-tax payment** неподаткóвий платíж **partial payment** часткóвий платíж **payment by acceptance** акцéптний платíж **payment by check** платíж чéком **payment by installments** платíж внéсками («в розстрóчку») **payment by letter of credit** платíж акредитúвом **payment by result** плáта за результáтами (заохóчувальна систéма заробíтної плáти) **payment for carriage of goods** оплáта за перевéзення (транспортувáння товáрів) **payment for credits** вúплата по кредúтах **payment from credit** платíж з кредúтного рахýнку **payment in advance** вúплата авáнсом, авáнсовий платíж **payment in cash** оплáта готíвкою **payment obligations** платíжні зобов'язання **payment of an advance** вúдача авáнсу **payment of a check** платíж за чéком, сплáта чéку **payment of damages** вúплата грошовóго відшкодувáння **payment of dividends** вúплата дивідéндів **payment of interest** вúплата процéнтів **payment of profits** вúплата прибýтку **payment on a clearing basis** безготівкóвий платíж (на клíрингових засáдах) **payment on a collection basis** платíж у фóрмі інкáсо

payment on an open account платíж за відкрúтим рахýнком **payment to the state budget** відрахувáння у держáвний бюджéт **payment to the supplier** авáнс постачáльнику **rental payment** орéндний платíж **single payment** рáзовий платíж

payroll (n.) платíжна вíдомість *f*, вíдомість *f* заробíтної плáти **payroll account** рахýнок заробíтної плáти **payroll sheet** платíжна вíдомість **payroll tax** подáток з заробíтної плáти всіх співробітників

peace dividend (n.) мúрні додаткóві ресýрси *pl* (що вивíльнилися внаслíдок скорóчення вúтрат на оборóну)

peak (n.) 1. пік *m* 2. піковий (adj.) 3. бізáнь *f*, звýжена частúна трюму в нóсі корабля **peak load** пíкове навантáження (електростáнції у робóчі годúни)

pecuniary (adj.) грошовúй **pecuniary aid** грошовá допомóга **pecuniary penalty** грошові стягнення

penalty (n.) штраф *m*, пеня *f*, штрафнúй процéнт *m* **penalty under a contract** накладáння/вúплата штрáфу згíдно з умóвами контрáкту

pending (adj.) 1. що розглядáється; невирíшений; незакíнчений 2. майбýтній, сподíваний **patent pending** заявка на патéнт пóдана, патéнт заявлено **pending application** заявка, що розглядáється (на патéнт) **pending lawsuit** незакíнчена судовá спрáва

pension (n.) пéнсія *f* **pension fund** пенсíйний фонд **pension scheme** пенсíйна схéма **personal pension plan** індивідуáльний пенсíйний план **state (retirement) pension** держáвна пéнсія

per capita (Lat.) на дýшу (насéлення); на людúну; подýшно **per capita consumption** споживáння на дýшу насéлення **per capita income** прибýток на дýшу насéлення, на людúну

per cent (n.) процéнт *m*, відсóток *m* **five per cent loan** п'ятипроцéнтна пóзика, п'ятивідсóткова пóзика

percentage (n.) процéнт *m*, процéнтне віднóшення *n* **percentage allocations** процéнтне відрахувáння

performance (n.) 1. виконáння *n*, здíйснення *n* 2. дíя *f* **performance-based fee** винагорóда за результáтами робóти **performance bond** облігáція дíї, вид гарáнтії, що видаé банк **performance of a**

company стан компа́нії **performance shares** ча́стки в акціоне́рному капіта́лі (паке́ти а́кцій) **performance test** експлуатаці́йні випро́бування **product performance** практи́чна я́кість проду́кту

period (n.) строк *m* **credit payments period** строк пога́шення креди́ту **grace period** пільго́вий строк **lease period** те́рмін ді́ї ліце́нзії **normative period** норма́тивний строк **payment period** строк платежу́ **period of validity of an agreement** строк ді́ї домо́влености **specified period** встано́влений строк

perk (n.) see **perquisite**

permanent (adj.) пості́йний **permanent contract** пості́йний контра́кт **permanent employment** пості́йне працевлаштува́ння **permanent residence** пості́йне прожива́ння

permission (n.) до́звіл *m* **written permission to reside** письмо́вий до́звіл на прожива́ння

permit (n.) перепу́стка *f*, письмо́вий до́звіл *m* **customs permit** до́звіл ми́тниці **delivery permit** до́звіл на постача́ння **exchange permit** валю́тний до́звіл **export permit** до́звіл на ви́віз, вивізна́ ві́за **import permit** до́звіл на вве́зення, ввізна́ ві́за **work permit** до́звіл на робо́ту **transit permit** до́звіл на транзи́т

perquisite (n.) ви́года *f* (на робо́ті: службо́ва маши́на, то́що)

person (n.) осо́ба *f* **authorized person** дові́рена осо́ба, уповнова́жений **legal person** юриди́чна осо́ба

personal (adj.) особи́стий **personal distribution of income** розпо́діл націона́льного прибу́тку на ду́шу насе́лення **personal loan** особи́ста по́зика **personal pension plan** індивідуа́льний пенсі́йний план **personal property** особи́ста вла́сність **personal selling** прями́й про́даж

personnel (n.) особо́вий склад *m*, персона́л *m* **personnel department** відділ ка́дрів **supervisory personnel** шефперсона́л

petition (n.) пети́ція *f*, проха́ння *n* **petition to court** письмо́ва зая́ва до су́ду (що мі́стить в собі́ проха́ння)

piece (n.) одини́ця *f* това́ру **piece work** відря́дна робо́та, пошту́чна робо́та

place (n.) 1. мі́сце *n* 2. поса́да *f* 3. мі́сто *n*, село́ *n*, се́лище *n* **place of manufacture** мі́сце виробни́цтва (това́ру) **place of origin** мі́сце похо́дження (това́ру)

workplace робо́че мі́сце

placing (n.) розмі́щення *n* **placing of an order** розмі́щення замо́влення **placing of shares** розмі́щення а́кцій

plaint (n.) обвинува́чення *n*, ска́рга *f*, по́зов *m*

plaintiff (n.) позива́ч *m* **plaintiff before the court** позива́ч у суді́

plan (v.) планува́ти *f* **plan costs** планува́ти ви́трати **plan participation** планува́ти у́часть

plan (n.) план *f* **current plan** пото́чний план **export-import plan** план е́кспорту та і́мпорту това́рів **long-term plan** довгостроко́вий план **national plan** націона́льний план **profit plan** план прибу́тку **summary plan** зве́дений план **turnover plan** план оборо́ту

planned (adj.) пла́новий **centrally planned economy** централізо́вана пла́нова еконо́міка **planned expansion (of a firm)** пла́нове розши́рення (фі́рми) **planned profit** пла́новий прибу́ток

planning (n.) планува́ння *n* **corporate planning** корпорати́вне планува́ння **indicative planning** індикати́вне планува́ння **planning-programming-budgeting** систе́ма планува́ння, програ́мування, фінансува́ння

plant (n.) заво́д *m*, фа́брика *f*, підприє́мство *n* **manufacturing plant** заво́д-виготі́вник, виробни́к **power plant** електроста́нція **supplier plant** заво́д-постача́льник

pledge (v.) 1. віддава́ти під заста́ву, заставля́ти 2. руча́тися 3. бра́ти на се́бе зобов'я́зання **pledge securities** дава́ти ці́нні папе́ри у забезпе́чення (завда́ток)

pledge (n.) 1. запору́ка *f* 2. завда́ток *m*, заста́ва *f* 3. зобов'я́зання *n* **to put in pledge** заставля́ти; віддава́ти під заста́ву **to take out of pledge** викупо́вувати з-під заста́ви

point (n.) пункт *m*, то́чка *f* **border point** прикордо́нний пункт **crossing point** пропускни́й пункт **elasticity point** то́чка еласти́чности **point of delivery** пункт доста́вки **point of departure** пункт відпра́влення **point of entry** пункт вве́зення **point of exit** пункт ви́везення **point of export** пункт е́кспорту **point of loading** пункт заванта́ження **point of sale** пункт про́дажу **point of unloading** пункт розванта́ження

policy (n.) 1. полі́тика *f* 2. по́ліс *m*

(страхови́й) **blanket policy** бла́нковий по́ліс **company policy** полі́тика компа́нії **comprehensive policy** по́ліс комбі-но́ваного страхува́ння **credit policy** креди́тна полі́тика **economic policy** економі́чна полі́тика **foreign economic policy** зо́внішньоекономі́чна полі́тика **foreign trade policy** зо́внішньоторгіве́льна полі́тика **freight policy** фра́хтовий по́ліс **insurance policy** страхови́й по́ліс **mixed policy** змі́шаний по́ліс **monetary policy** валю́тна полі́тика **marine insurance policy** по́ліс морсько́го страхува́ння **open policy** відкри́тий по́ліс **policy for attracting investments** полі́тика привертання інвести́цій **pricing policy** полі́тика цін **reinsurance policy** по́ліс перестрахува́ння **trade policy** торгіве́льна полі́тика

poll tax (n.) поду́шний пода́ток *m* (Великобрита́нія; скасо́ваний 1993 року і замі́нений на **Council Tax** – муніципа́льний пода́ток)

pollution (n.) забру́днення *n* **environmental pollution** забру́днення навко́лишнього середо́вища

pool (v.) вно́сити до спі́льного фо́нду; організо́вувати спра́ву об'є́днаною компа́нією; об'є́днувати у пул **pool loans** об'є́днувати по́зики у пул **pool money** об'є́днувати грошові за́соби у пул

pool (n.) пул *m* (об'є́днання підприє́мств, де прибутки уча́сників надхо́дять до зага́льного фо́нду); спі́льний фонд *m*; уго́да *f* мі́ж підприє́мцями для усу́нення конкуре́нції **cargo pool** ванта́жний пул **licensing pool** ліцензі́йний пул **patent pool** пате́нтний пул **pool of data** банк да́них **shipping pool** судопла́вний пул

poor (adj.) 1. пога́ний 2. бі́дний **poor contract** пога́ний контра́кт **poor performance** незадові́льне викона́ння обо́в'язків **poor quality** пога́на я́кість

popular (adj.) популя́рний, зага́льнодосту́пний **popular prices** зага́льнодосту́пні ці́ни

port (n.) порт *m*, га́вань *f* **cargo port** ванта́жний порт **commercial port** торгіве́льний порт **container port** конте́йнерний порт **free port** ві́льний порт **open port** відкри́тий порт **optional port** порт розванта́ження на ви́бір **port of buyer's choice** порт на вибір покупця́ **port of call** порт захо́ду **port of delivery** порт доста́вки **port of departure** порт відпра́влення **port of destination** порт призна́чення **port of discharge** порт

розванта́ження **port of entry** порт вве́зення **port of loading** порт навантаження **port of origin** порт похо́дження **port of registration** порт припи́ски **port of shipment** порт відванта́ження **port of transshipment (trans-shipment)** порт переванта́ження **river port** річкови́й порт **seaport** морськи́й порт

portfolio (n.) портфе́ль *m* (ці́нних папе́рів) **portfolio theory** тео́рія портфе́лю ці́нних папе́рів

postpone (v.) відклада́ти, відстро́чувати **postpone a meeting** відклада́ти зу́стріч

postponement (n.) відстро́чка *f* **postponement of delivery** відстро́чка поста́вки **postponement of payment** відстро́чка платежу́

potential (n.) 1. потенціа́л *m* 2. потенці́йний (adj.) **potential buyer** потенці́йний покупе́ць **potential demand** потенці́йний по́пит **potential entrant** потенці́йний нови́й член **potential gross national product** потенці́йний зага́льний націона́льний проду́кт **potential market** потенці́йний ри́нок

pound (n.) 1. фунт *m* 2. фунт *m* сте́рлінгів

poundage (n.) 1. проце́нт *m* з фу́нта сте́рлінгів 2. ми́то *n* з ваги́ 3. зага́льна вага́ *f* у фу́нтах **air-mail poundage** зага́льна вага́ а́віапо́шти у фу́нтах

poverty (n.) бі́дність *f*, убо́гість *f* **poverty line** межа́ бі́дности **poverty trap** па́стка бі́дности

practical (adj.) 1. практи́чний 2. факти́чний **practical application** практи́чне застосува́ння

practice (n.) пра́ктика *f*; ділові́ відно́сини (*pl only*) **business practice** ділова́ пра́ктика, ділові́ відно́сини **common practice** загальноприйня́та пра́ктика **restrictive business practices** обме́жувальна ділова́ пра́ктика

precautionary (adj.) попере́джувальний; запобі́жний **precautionary measures** запобі́жні за́ходи

precondition (n.) 1. попере́дня умо́ва *f* 2. неодмі́нна умо́ва *f*

precontract (n.) попере́дній контра́кт *m*

predatory (adj.) 1. хи́жий 2. грабіж-ницький **predatory pricing** хи́жа/грабіж-ницька полі́тика цін

pre-emption (n.) купíвля *f* чогóсь ранíше від íнших; прáво *n* перевáги на купíвлю

preference (n.) перевáга *f*, преферéнція *f* **preference share** превілейóвана áкція **tariff preferences** тарифнí привілéї **trade preferences** торгівéльні преферéнції

preferential (adj.) що користу́ється перевáгою, пíльговий; лíпший **preferential rate** пíльгова стáвка **preferential trade agreement** угóда про надання́ ви́ключних прав прóдажу

premium (n.) 1. премíя *f* 2. лаж *m* **exchange premium** валю́тна премíя **gross premium** стáвка бру́тто **insurance premium** страхови́й внéсок, страховá премíя **lump-sum premium** паушáльна премíя **premium bond** преміáльна облігáція, бон **risk premium** надбáвка за ри́зик

prepay (v.) плати́ти напéред, плати́ти завчáсно **prepay expenses** завчáсно сплáчувати ви́трати

present (adj.) дáний, тепéрішній, сучáсний **present value** тепéрішня вáртість

pressure (n.) 1. тиск *m* 2. тру́днощі (*pl only*) **financial pressure** фінáнсові тру́днощі

price (n.) цінá *f* **benchmark price** бáзова/орієнтóвна цінá **buyer's price** цінá покупця́ **carry-over price** процéнтна винагорóда за відстрóчку угóди **competitive price** конкурéнтна цінá **cost price** собівáртість **contract price** контрáктна цінá **contractual price** цінá за контрáктом **discounted price** цінá зі зни́жкою **dumping price** дéмпінгова цінá **estimated price** коштóрисна цінá **export price** éкспортна цінá **factory list price** фабри́чна цінá **firm price** твердá цінá **fixed price** фіксóвана цінá **foreign trade price** зóвнішньоторгівéльна цінá **guaranteed price** гарантóвана цінá **import price** íмпортна цінá **invoice price** фактýрна цінá **itemized price** позиці́йна цінá **list price** цінá за прейскурáнтом **lump-sum price** паушáльна цінá **manufacturer's price** заводськá цінá **market price** ри́нкова цінá **monopoly price** монопóльна цінá **net price** цінá нéтто **parity price** паритéтна цінá **premium price** надбáвка до ціни́ **price breakdown** розцінкова вíдомість **price ceiling** цінóва стéля **price competition** цінóва конкурéнція **price controls** управлíння цíнами **price discrimination** цінóва дискримінáція **price-earnings ratio**

відношéння ціни́ та зáробітку **price effect** вплив змíни ціни́ **price-elasticity of demand** рухóмість ціни́ відповíдно до пóпиту **price-elasticity of supply** рухóмість ціни́ відповíдно до постачáння **price equilibrium** цінóва рівновáга **price fixing** фіксáція ціни́ **price floor** цінóва підлóга **price formation** ціноутвóрення **price index** íндекс цін **price leader** цінови́й лíдер **price leadership** цінови́й прóвід **price level** рíвень ціни́ **price plus mark-up** цінá з надбáвкою **prices and incomes policy** полíтика цін і прибу́тку **price squeeze** цінóве стискáння **price support** цінóва допомóга **price system** цінóва систéма **price taker** ціноутри́мувач **price theory** цінóва теóрія **price-wage spiral** спірáль ціни́–заробíтної плáти **price war** цінóва війнá **purchase price** купівéльна/закупівéльна цінá **reduced price** пíльгова цінá, зни́жена цінá **retail price** роздрíбна цінá **sale price** прóдажна цінá **seasonal price** сезóнна цінá **seller's price** цінá продавця́ **selling price** реалізаці́йна цінá **settlement price** розрахункóва цінá **share price** курс áкцій **sliding price** рухóма цінá **spot price** цінá «спот» **state price** держáвна цінá **stock price** курс áкцій **stock exchange price** біржовá цінá **tariff price** тари́фна цінá **to maintain prices** підтри́мувати цíни **trade price** торгівéльна цінá **wholesale price** óптова цінá **world market price** цінá світовóго ри́нку

price list (n.) прейскурáнт *m* **advertising price list** реклáмний прейскурáнт **base price list** бáзисний прейскурáнт **price list for goods** прейскурáнт на товáри **standard price list** стандáртний прейскурáнт

pricing (n.) розцíнка *f* **zone pricing** зонáльна розцíнка

primary (adj.) перви́нний, первíсний; початкóвий **primary sector** сирови́нний сéктор (еконóміки)

prime (adj.) 1. пéрвісний; початкóвий 2. головни́й 3. найлíпший **prime cost** собівáртість **prime rate** «прайм рейт», стáвка креди́тного процéнту, що берéться з найлíпших кліéнтів (мінімáльна стáвка)

principal (n.) 1. комітéнт *m* 2. принципáл *m* 3. капітáл *m* 4. важливий (adj.); головний (adj.); основни́й (adj.) **principal amount** 1. су́ма, на яку́ нарахóвуються процéнти 2. су́ма пóзики **principal sum** основни́й капітáл

principle (n.) при́нцип *m* **principles of taxation** при́нципи оподаткувáння

printer (n.) при́нтер *m*, друкува́льний при́стрій *m* (ЕОМ)

priority (n.) 1. пріорите́т *m* 2. пріори-те́тний (adj.) **priority application** пріорите́тна зая́ва **priority date** 1. да́та пріорите́ту (у патентува́нні) 2. пріорите́тна да́та (у патентува́нні) **priority of an author** а́вторський пріорите́т

private (adj.) прива́тний **private company** прива́тна компа́нія **private costs** прива́тні ви́трати **private enterprise** прива́тне підприє́мництво **private products** прива́тні проду́кти **private property** прива́тна вла́сність

privatization (n.) приватиза́ція *f* **privatization fund** фонд приватиза́ції **privatization of property** приватиза́ція вла́сности **privatization of public housing** приватиза́ція держа́вного житлово́го фо́нду

privilege (n.) привіле́й *m*, пі́льга *f* **customs privileges** ми́тні пі́льги **tax privileges** податко́ві пі́льги

procedure (n.) процеду́ра *f*, пра́вило *n* **check-out procedures** пра́вила переві́рки **final acceptance procedures** пра́вила прийма́ння гото́вої проду́кції **customs procedures** ми́тні процеду́ри

proceeds (n.) ви́торг *m*; прибу́ток *m*; надхо́дження *n* **gross proceeds** ва́ловий ви́торг **net proceeds** ви́торг не́тто **sales proceeds (proceeds of sales)** ви́торг від про́дажу, ви́торг від реаліза́ції това́рів та по́слуг

produce (v.) 1. продукува́ти, виробля́ти 2. пред'явля́ти **produce proofs** пред'явля́ти до́кази

produce (n.) проду́кція *f*, ви́роби *pl*, това́ри *pl* **home produce** това́ри/ви́роби вітчизня́ного виробни́цтва

producer (n.) виробни́к *m* **commodity producer** това́ровиробник **producer's surplus** додатко́вий прибу́ток виробника́

product (n.) проду́кт *m*, проду́кція *f* **certified products** сертифіко́вана проду́кція **competitive products** конкуре́нтоспромо́жна проду́кція **exported products** е́кспортна проду́кція **finished products** гото́ва проду́кція, гото́ві ви́роби **high technology products** наукоє́мна проду́кція **imported products** імпорто́вана проду́кція **import-substituting products** імпортоза-мі́щувальна проду́кція **marketable products** това́рна проду́кція **product characteristics model** моде́ль харак-

тери́стик проду́кту **product development** ро́звиток проду́кції **product differentiation** диференціюва́ння проду́кції **product life cycle** життє́вий цикл проду́кту **product life cycle theory** тео́рія життє́вого ци́клу проду́кту **product market** ри́нок проду́ктів **product market matrix** ма́триця ри́нку проду́ктів **product mix** різномані́тність проду́ктів **product performance** практи́чна я́кість проду́кту **product standards** станда́рти на проду́кт **quality of products** я́кість проду́ктів **related products** спорі́днена проду́кція **serial products** сері́йна проду́кція **substandard products** некондиці́йні проду́кти, некондиці́йні ви́роби

production (n.) виробни́цтво *n*, проду́кція *f* **cooperative production** коопера́тивне виробни́цтво **domestic production** вітчизня́не виробни́цтво **export production** е́кспортне виробни́цтво **import-substituting production** імпортозамі́щувальне виробни́цтво **incomplete production** незаве́ршене виробни́цтво **joint production** сумі́сне виробни́цтво **production costs** виробни́чі ви́трати **production function** виробни́ча фу́нкція **production program** виробни́чий план, виробни́ча програ́ма **profitable production** прибутко́ве виробни́цтво **serial production** сері́йне виробни́цтво **small-scale production** виробни́цтво в мало́му о́бсязі

productive (adj.) 1. що виробля́є, продуку́є виробни́чий 2. продук-ти́вний **productive efficiency** виробни́ча ефекти́вність **productive labor** продук-ти́вна пра́ця; виробни́чники **productive potential** виробни́чий потенціа́л **productive soil** родю́чий ґрунт

productivity (n.) продукти́вність *f* **labor productivity** продукти́вність пра́ці **productivity bargaining** домо́вленість щодо продукти́вности

profit (n.) прибу́ток *m* **after-tax profit** прибу́ток пі́сля відраху́нку пода́тку **declared profit** зая́влений прибу́ток **estimated profit** розрахунко́вий прибу́ток **excess profit** надприбу́ток **expected profit** очі́куваний прибу́ток **gross profit** ва́ловий прибу́ток **lost profit** втра́чена ви́года **missed profit** втра́чена ви́года **monopoly profit** монопо́льний прибу́ток **net profit** чи́стий прибу́ток **planned profit** пла́новий прибу́ток **profit before tax** прибу́ток до спла́ти пода́тку **profit center** прибутко́вий центр/ві́дділ **profit margin** ра́мки прибу́тку **profit maximization**

максималіза́ція прибу́тку **profit motive** мотивува́ння прибу́тку **profit sharing** розпо́діл прибу́тку, у́часть у прибу́тку **rate of profit** но́рма прибу́тку **taxable profit** прибу́ток, яки́й підляга́є оподаткува́нню

profitability (n.) рента́бельність *f* **profitability of contribution** рента́бельність вкла́ду **profitability of an enterprise** рента́бельність підприє́мства **profitability of outlay** рента́бельність ви́трат

program (n.) програ́ма *f* **comprehensive program** ко́мплексна програ́ма **diversification program** програ́ма диверсифіка́ції **financing program** програ́ма фінансува́ння **program of economic activities** програ́ма господа́рчої дія́льности **purchasing program** програ́ма закупі́влі **goal-oriented program** цільова́ програ́ма

progress (n.) 1. рух *m* впере́д, просува́ння *n* 2. прогре́с *m*, ро́звиток *m*, по́ступ *m* **progress payment** прогреси́вний платі́ж **progress report** звіт про просува́ння спра́ви

progressive (adj.) 1. прогреси́вний 2. поступо́вий **progressive management** прогреси́вне управлі́ння **progressive taxation** прогреси́вне оподаткува́ння

project (n.) прое́кт *m* **construction project** прое́кт будівни́цтва **joint project** спі́льний прое́кт **research and development project** науко́во-до́слідний прое́кт **turnkey project** будівни́цтво під ключ, доста́вка під ключ

prolong (v.) продо́вжувати; пролонгува́ти

prolongation (n.) пролонга́ція *f*, відстро́чка *f* **prolongation of a bill** пролонга́ція ве́кселя **prolongation of a credit** пролонга́ція креди́ту **prolongation of a letter of credit** пролонга́ція акредити́ву

promissory (adj.) що мі́стить у собі́ обіця́нку **promissory note** ве́ксель, боргове́ зобов'я́зання

promote (v.) просува́ти; заохо́чувати, стимулюва́ти; рекламува́ти **promote trade** заохо́чувати ро́звиток торгі́влі, стимулюва́ти ро́звиток торгі́влі

promotion (n.) просува́ння *n*; заохо́чення *n*, стимулюва́ння *n*; рекламува́ння *n* **export promotion** заохо́чування е́кспорту **promotion of goods** просува́ння това́рів, рекламува́ння това́рів **promotion of trade** стимулюва́ння торгі́влі

propensity (n.) схи́льність *f* **propensity to consume** схи́льність у бік спожива́ння **propensity to import** схи́льність у бік і́мпорту **propensity to save** схи́льність заоща́джувати **propensity to tax** схи́льність оподатко́вувати

property (n.) вла́сність *f*, майно́ *n* **cooperative property** кооперати́вна вла́сність **freehold property** майно́, що перебува́є в необумо́вленій вла́сності **leased property** оре́ндне майно́ **private property** прива́тна вла́сність **privatization of property** приватиза́ція вла́сности **property tax** майнови́й пода́ток **property temporarily taken into the country** майно́, тимчасо́во вве́зене до краї́ни **property temporarily taken out of the country** майно́, тимчасо́во ви́везене з краї́ни **state property** держа́вне майно́

proportion (n.) 1. пропо́рція *f*; відно́шення *n*; части́на *f* 2. відпові́дність *f* **to pay one's proportion of expenses** спла́чувати свою́ части́ну ви́трат

proportional (adj.) пропорці́йний **proportional representation** пропорці́йне представни́цтво **proportional taxation** пропорці́йне оподаткува́ння

proposal (n.) пропози́ція *f*; план *m* **package proposal** ко́мплексна пропози́ція **project proposal** пропози́ція прое́кту

prospect (n.) 1. ви́гляд *m*; перспекти́ва *f* 2. сподіва́ння *n* 3. потенці́йний покупе́ць *m*, кліє́нт *m* **economic prospects** економі́чні перспекти́ви **prospect of success** наді́я на успіх

prospective (adj.) майбу́тній, очі́куваний, сподіваний **prospective client** майбу́тній кліє́нт

prospectus (n.) проспе́кт *m*, програ́ма *f* **advertising prospectus** рекла́мний проспе́кт **exhibition prospectus** ви́ставковий проспе́кт **prospectus of a company** фі́рмовий проспе́кт

protection (n.) 1. за́хист *m*; охоро́на *f* 2. охоро́нний (adj.) **arbitration protection** арбітра́жний за́хист **legal protection** правови́й за́хист **protection document** охоро́нний докуме́нт **protection of labor** охоро́на пра́ці

protective (adj.) захисни́й; протекці́йний **protective measures** протекці́йні за́ходи

protest (v.) протестува́ти; опротесто́вувати **protest a bill** опротесто́вувати ве́ксель

protest (n.) проте́ст *m*, опротестува́ння

n **captain's protest** капітанський протест
sea protest морський протест

protocol (n.) протоко́л *m* **acceptance protocol** протоко́л прийняття́ **final project acceptance protocol** протоко́л прийняття́ остато́чного прое́кту **preliminary acceptance protocol** попере́дній протоко́л прийняття́ **preliminary project acceptance protocol** протоко́л прийняття́ попере́днього прое́кту **protocol of intentions** протоко́л про на́міри **protocol of negotiations** протоко́л перегово́рів **supplementary protocol** дода́ток до протоко́лу **diplomatic protocol(s)** дипломати́чний протоко́л

prototype (n.) прототи́п *m*

provision (n.) 1. заготі́вля *f*, запа́с *m*, забезпе́чення *n* 2. вжива́ння *n* за́ходів 3. умо́ва *f* **provision for doubtful accounts** резе́рв для покриття́ сумні́вної дебі́торської заборго́ваности **provision of economic incentives** економі́чне стимулюва́ння

provisional (adj.) тимчасо́вий **provisional arrangements** тимчасо́ві за́ходи **provisional tax** попере́дній пода́ток

proxy (n.) 1. уповнова́жений *m*, дові́рений *m*, дові́рена осо́ба *f* 2. повнова́ження *n*, дору́чення *n* **by proxy** за дору́ченням **stand proxy for** бу́ти представнико́м

prudential (adj.) продикто́ваний розва́жливістю **prudential banking supervision** розу́мний ба́нківський на́гляд **prudential regulation** розу́мне регулюва́ння (що включа́є систе́му обме́женнь) **prudential regulators** регуля́тори, регуляти́вні інста́нції

public (adj.) грома́дський, публі́чний **public bank** банк, що перебува́є у держа́вній вла́сності **public company** грома́дська компа́нія **public corporation** держа́вна корпора́ція **public cost** держа́вні ко́шти **public debt** держа́вний борг **public expenditure** бюдже́тні ви́трати, грома́дські ви́трати **public expenses** бюдже́тні ви́трати, грома́дські ви́трати **public finance** грома́дське фінансува́ння **public goods** грома́дські проду́кти **public interest** грома́дський інтере́с **Public Limited company (plc)** держа́вна компа́нія з обме́женими права́ми (Великобрита́нія) **public ownership** держа́вна вла́сність **public sector** грома́дський се́ктор **public-sector entity** підприє́мство грома́дського се́ктору **public services** комуна́льні по́слуги **public spending** бюдже́тні ви́трати, грома́дські ви́трати **public utilities** 1. підприє́мства зага́льного користува́ння 2. комуна́льні спору́ди 3. комуна́льні по́слуги **public works** комуна́льні робо́ти

purchase (n.) купі́вля *f*, закупі́вля *f* **bulk purchase** ма́сова закупі́вля, о́птова закупі́вля **emergency purchase** е́кстрена закупі́вля **forward purchase** купі́вля заздалегі́дь **hire purchase** купі́вля «в розстро́чку» **purchase and sale** уго́да купі́влі-про́дажу **purchase by weight** купі́вля на ва́гу **purchase from stock** купі́вля зі скла́ду **purchase fund** викупни́й фонд (що ство́рюється корпора́цією для ви́купу свої́х ці́нних папе́рів) **purchase of securities** купі́вля ці́нних папе́рів **purchase of shares** купі́вля а́кцій **purchase on credit** купі́вля в креди́т **purchase option** опціо́н на закупі́влю **purchase order form** бланк замо́влення на постача́ння **purchase price** закупі́вельна ціна́ **purchase through a broker** купі́вля че́рез посере́дника **state purchase** держа́вна закупі́вля **wholesale purchases** о́птова закупі́вля

purchasing (n.) купі́вля *f*, закупі́вля *f* **purchasing budget** бюдже́т на закупі́влю **purchasing power** купіве́льна спромо́жність **purchasing-power parity** чи́ста тео́рія купіве́льної спромо́жности **retail purchasing** купі́вля вро́здріб

'put' option (n.) ви́бір *m* «пут», опціо́н на про́даж (опціо́н, придба́ний за това́ри/ці́нні папе́ри, коли́ передбача́ється, що їх ціна́ піде вниз)

Q

qualification (n.) 1. кваліфіка́ція *f* 2. обме́ження *n*; змі́на *f* 3. умо́ва *f*, застере́ження *n* **to accept somebody's statement without qualifications** прийма́ти чию́сь за́яву без змін **to grant something with one qualification** пого́джуватись на щось з однією́ умо́вою **to have qualifications for an occupation** ма́ти задові́льну кваліфіка́цію для пе́вної робо́ти

qualify (v.) 1. кваліфікува́ти 2. відповіда́ти (но́рмам, станда́ртам, вимо́гам) **qualify opinion as erroneous** вважа́ти ду́мку помилко́вою

qualitative (adj.) я́кісний **qualitative assessment** я́кісна оці́нка

quality (n.) я́кість *f* **average quality** сере́дня я́кість **export quality** е́кспортна я́кість **functional quality** експлуатаці́йна я́кість **inadequate quality** невідпові́дна я́кість **marketable quality** комерці́йна я́кість **quality appeal** прива́блівість това́ру за раху́нок його́ висо́кої я́кости

quality assessment оцінка якости **quality bonus** надбавка за підвищену якість **quality certificate** сертифікат якости **quality claim** претензія з приводу якости **quality conscious consumer** покупець, що пред'являє високі вимоги до якости **quality control** контроль за якістю **quality of collateral** якість забезпечення (кредиту) **quality defect** дефект якости **quality examination** експертиза якости (товару) **quality goods** високоякісні товари **quality guarantee** гарантія якости **quality improvement** підвищення якости **quality inspection** перевірка якости **quality of an item** якість виробу **quality of design** якість конструкції **quality of labor** якість праці **quality of products** якість продуктів **quality specifications** стандарти якости **proper quality** належна якість **shipping quality** звичайна експортна якість **standard quality** нормативна якість **total quality management** загальне управління якістю

quantitative (adj.) кількісний **quantitative analysis** кількісний аналіз **quantitative classification of assets** кількісна класифікація активів **quantitative restrictions on export** кількісне обмеження на експорт; квота на експорт **quantitative shortage** кількісна нестача

quantity (n.) кількість *f* **quantity by weight** кількість за вагою **quantity claim** претензія з приводу ваги **quantity delivered** доставлена кількість, розвантажена кількість **quantity demanded** кількість, що вимагається **quantity discount** оптова знижка **quantity inspection** перевірка кількости **quantity loaded** завантажена кількість **quantity of money** кількість грошей **quantity supplied** постачувана кількість, постачена кількість **quantity traded** продана кількість

quarantine (n.) карантин *m* **quarantine certificate** карантинне свідоцтво, карантинний сертифікат **quarantine inspection** карантинний нагляд

quarter (n.) квартал *m* **to pay for something at the end of each quarter** платити за щось в кінці кожного кварталу

quarterly (adj.) квартальний **quarterly earnings** квартальні прибутки **quarterly financial statement** квартальна фінансова звітність

quasi-banking (adj.) квазі-банківський **quasi-banking institutions** квазі-банківські установи (наприклад,

пошто́во-ощадна система, фінансові компанії, кредитні кооперативи, будівельні товариства)

quasi-public (adj.) квазі-державний **quasi-public institutions** квазі-державні установи (напр., корпорації)

quasi-rent (n.) квазі-рента *f*, тимчасова рента *f*

quasi-tangible (adj.) квазі-матеріальний **quasi-tangible collateral** квазі-матеріальне забезпечення боргу (письмовими, документами, напр., коносаментами, векселями тощо)

quasi-financial (adj.) квазі-фінансовий **quasi-financial intermediaries** квазі-фінансові посередники

questionnaire (n.) анкета *f* **questionnaire of a standard type** анкета встановленого зразка

quick ratio (n.) коефіцієнт *m* швидкости покриття ліквідними активами поточних забов'язань; коефіцієнт *m* швидкої ліквідности

quid pro quo (n.) послуга *f* за послугу, компенсація *f*

quorum (n.) кворум *m*

quota (n.) квота *f*, частка *f*, контингент *m* **export quota** експортна квота **global quota** загальна квота **import quota** імпортна квота **marketing quota** ринкова квота **tariff quota** тарифна квота **tax quota** податкова квота **to reduce imports through quotas** скорочувати імпорт шляхом встановлення квот

quotation (n.) котирування *n*, курс *m* (цінних паперів); розцінка *f*; (біржова ціна *f*) **asked quotation** курс продавців **bid quotation** курс покупців **bond quotations** котирування облігацій **closing quotation** котирування при закритті біржі **currency quotation** валютне котирування **direct quotation** пряме котирування валюти **exchange quotation** біржове котирування **itemized quotation** попозиційне котирування **marketing quotation** ринкове котирування **opening quotation** котирування при відкритті біржі **proforma quotation** попереднє котирування **share quotation** котирування акцій

quote (n.) see quotation

quote (v.) 1. котирувати 2. вказувати **quote prices in a catalogue** вказувати ціни у каталозі

R

racket (n.) ре́кет *m*

racketeer (n.) рекети́р *m*, вимага́ч *m*

racketeering (n.) рекети́рство *n*, ре́кет *m*

raid (v.) здійснювати наско́к/рейд/ обла́ву **raid the market** чини́ти па́ніку на ри́нку

raise (v.) 1. підніма́ти; підви́щувати 2. збира́ти (пода́тки) 3. підробля́ти 4. зніма́ти **raise a check** підробля́ти чек **raise a blockade** зніма́ти блока́ду **raise an embargo** зніма́ти емба́рго **raise capital** збільшувати капіта́л; збира́ти потрі́бну су́му **raise credit** приверта́ти креди́т **raise money** добува́ти гро́ші; збира́ти потрі́бну су́му **raise prices** підви́щувати ці́ни **raise sanctions** зніма́ти са́нкції **raise wages** підви́щувати заробі́тну пла́ту

rally (v.) підви́щуватися в по́питі (про това́р); пожва́витися (про по́пит, бі́ржа); поліпшитися, покра́щати (про ці́ни) **the market rallied** по́пит на ри́нку пожва́вився; ці́ни на ри́нку поліпшилися

rally (n.) пожва́влення *n* (на біржово́му ри́нку) **market rally** пожва́влення на ри́нку

random (adj.) випадко́вий, безла́дний; вибірко́вий **random check** вибірко́ва перевірка **random choice** випадко́вий вибір **random test** вибірко́вий тест

range (v.) колива́тися; перебува́ти в ме́жах **prices range from... to...** ці́ни колива́ються від... до...; ці́ни перебува́ють у ме́жах від... до...

range (n.) асортиме́нт *m*, номенклату́ра *f* **commercial range of goods** това́рний асортиме́нт **fixed range** закрі́плена номенклату́ра **range of export goods** експортний асортиме́нт, номенклату́ра експорних това́рів **range of imports** номенклату́ра і́мпорту **range of payments** се́рія платежі́в **wide range** широ́кий асортиме́нт

ratable (adj.) 1. що підляга́є оподаткува́нню (у фіна́нсах) 2. пропорці́йний **ratable distribution** пропорці́йний розпо́діл **ratable value** ва́ртість, що підляга́є оподаткува́нню

rate (n.) 1. курс *m*; тари́ф *m*; ста́вка *f* 2. місце́вий пода́ток *m* 3. рі́вень *m* **bank rate** диско́нтова ста́вка ба́нку **bank discount rate** ба́нківська обліко́ва ста́вка **basic rate** ба́зисна ста́вка **blanket rate** акордна ста́вка **buyer's rate** курс покупці́в **check rate** че́ковий курс **closing rate** заклю́чний курс **conversion rate** перевідни́й курс **currency rate** валю́тний курс **discount rate** обліко́вий проце́нт **dual rate** подві́йна ста́вка **exchange rate** обмі́нний курс **fair rate** пі́льговий курс **fixed rate** тверди́й курс **flat rate** єди́ний курс **floating rate** рухо́мий курс **fluctuating rate** курс, що колива́ється **freight rates** фра́хтові ста́вки **going rate** пото́чна ста́вка **lending rates** по́зикові проце́нтні ста́вки **market rate** ри́нкова ста́вка, ри́нковий курс **official rate** офіці́йний курс **opening rate** курс при відкритті́ бі́ржи **overdraft rate** відсо́ток, що нарахо́вується на овердра́фт **parity rate** парите́тний курс **posted rate** довідко́вий курс **preferential rate** пі́льгова ста́вка **prime rate** «прайм-рейт», ста́вка креди́тного проце́нту, що бере́ться з найлі́пших кліє́нтів (мінімальний тари́ф) **profitability rates** нормати́ви рента́бельности **rates for currency allocations** нормати́ви валю́тних відрахува́нь **rate for mail transfers** курс пошто́вих пере́казів **rate of absenteeism** коефіціє́нт невихо́ду на робо́ту **rate of accumulation** но́рма нако́пичення **rate of consumption** но́рма спожива́ння **rate of conversion** курс перераху́нку **rate of discharge** но́рма розванта́ження **rate of economic growth** темп економі́чного зроста́ння **rate of exchange** обмі́нний курс **rate of interest** но́рма проце́нта, проце́нтна ста́вка **rate of interest on credit** проце́нтна ста́вка за креди́т **rate of issue** емісі́йний курс **rate of loading** но́рма нава́нтаження **rate of mandatory reserves** но́рма обов'язко́вих резе́рвів **rate of profit** но́рма прибу́тку **rate of return** проце́нт прибу́тку **rate-of-return regulation** регулюва́ння проце́нту прибу́тку (що́до монопо́лії) **rate of securities** курс ці́нних папе́рів **rate of stevedoring operations** но́рма ванта́жних робі́т **rate of surplus value** но́рма додатко́вої ва́ртости **rate of the day** курс дня **rate of unemployment** рі́вень безробі́ття **rate-payer** спла́чувач пода́тку **rate-sensitive assets** акти́ви, чутли́ві до змін проце́нтної ста́вки **rate-sensitive liabilities** зобов'яза́ння, чутли́ві до змін проце́нтної ста́вки **rates of duties** ми́тні ста́вки **sellers' rate** курс продавці́в **settlement rate** розрахунко́вий курс **tariff rate** тари́фна ста́вка **tax rate** податко́ва ста́вка **underwriting rates** страхови́й тари́ф **uniform rates** єди́ні ста́вки **wage rate** ста́вка заробі́тної пла́ти

rating (n.) 1. ре́йтинг *m* 2. оці́нка *f* 3. оці́нка *f* фіна́нсового стано́вища

4. нале́жність *f* до катего́рії
5. ре́йтинговий (adj.) credit rating
оці́нка креди́тоспромо́жности financial
rating оці́нка фіна́нсового ста́ну rating
agency ре́йтингове аге́нтство (компа́нія,
що оці́нює я́кість ці́нних папе́рів на ри́нку)
rating agency to monitor bank perfor-
mance ре́йтингове аге́нтство для
моніто́рингу ста́ну ба́нків

ratio (n.) віднóшення *n*, пропóрція *f*;
коефіціє́нт *m* profit ratio проце́нт
прибу́тку

rational (adj.) розу́мний, доці́льний,
раціона́льний rational behavior
раціона́льна поведі́нка

readiness (n.) готóвність *f*,
підготóвленість *f* readiness for
commissioning готóвність обла́днання до
пу́ску в експлуата́цію readiness for
inspection готóвність товáру до
прийма́ння readiness for putting into
operation готóвність обла́днання до
пу́ску в експлуата́цію readiness for
shipment готóвність товáру до
відванта́ження readiness to discharge
готóвність судна́ до розванта́ження

real (adj.) 1. ді́йсний, спрáвжній
2. нерухóмий real assets реáльні акти́ви,
капіта́ловкла́дення у реáльні матеріáльні
об'є́кти (устаткува́ння, зéмлю, будóви,
тóщо) real balance реáльний балáнс real
balance effect вплив реáльного балáнсу
real estate нерухóме майнó real estate
agent аге́нт з прóдажу нерухóмого майнá
real estate brokerage брóкерські пóслуги,
що надаю́ться в опера́ціях з нерухóмим
майнóм real estate department of bank
департа́мент/ві́дділ ба́нку з кредитува́ння
та фінансува́ння нерухóмого майнá real
estate loan креди́т під нерухóме майнó
real exchange rate спрáвжній обмíнний
курс real income реáльний прибу́ток real
interest rate реáльна проце́нтна стáвка
real price реáльна цінá real property
нерухóме майнó real values реáльна
вáртість real wage реáльна заробітна
плáта

realtor (n.) аге́нт *m* з прóдажу буди́нків
та маєтків

realty (n.) нерухóме майнó *n*

reason (n.) 1. причи́на *f*, підстáва
2. рáція *f*, розвáжливість *f* reason for
a choice підстáва для ви́бору reason for
exemption підстáва для зві́льнення (напр.,
від подáтків) rule of reason прáвило
причи́ни

reasonable (adj.) 1. розсу́дливий,
помірко́ваний 2. обґрунто́ваний

3. недороги́й, прийня́тний on reason-
able terms на прийня́тних умóвах
reasonable charge прийня́тний раху́нок
reasonable claim обґрунто́вана вимóга
reasonable price помíрна цінá, прийня́тна
цінá reasonable refusal обґрунто́вана
відмóва, поміркóвана відмóва reasonable
solution розу́мне рíшення, розсу́дливе
рíшення to take a reasonable view of
something диви́тись на щось розсу́дливо

rebate (v.) змéншувати, скидáти,
скорóчувати

rebate (n.) 1. зни́жка *f*, постýпка *f*
2. відраху́нок *m* бáнківських
проце́нтів bonus rebate бóнусна зни́жка
tax rebate зни́жка подáтку to grant re-
bate надавáти зни́жку

receipt (n.) квитáнція *f*, розпи́ска *f*;
кáсовий чек *m* (у торгівéльній
устанóві) cash register receipt кáсовий
чек customs receipt ми́тна розпи́ска
deposit receipt розпи́ска про зберігáння
dock receipt дóкова розпи́ска goods
receipt вантáжна розпи́ска master's
receipt розпи́ска капітáна money receipt
квитáнція про отри́мання грошéй postal
receipt поштóва квитáнція railway receipt
залізни́чна квитáнція till receipt кáсовий
чек (Великобритáнія) warehouse receipt
складська́ розпи́ска

receipts (n.) прибу́ток *m*, надхóдження
pl cash receipts кáсові надхóдження
currency receipts валю́тні надхóдження
receipts from marketing goods and
services надхóдження від реаліза́ції
товáрів та пóслуг receipts from sales of
products on foreign markets надхóдження
від реаліза́ції продýкції на зóвнішньому
ри́нку gross receipts валови́й прибу́ток
net receipts прибу́ток нéтто, чи́стий
прибу́ток

recession (n.) економі́чний спáд *m*,
рецéсія *f* (оди́н з перíодів мáкро-
економі́чного ци́клу) business recession
спад ділової акти́вности economic
recession економі́чний спад, економі́чний
рецéсія recession in demand спад пóпиту

recipient (n.) одéржувач *m* credit
recipient одéржувач креди́ту final
recipient кінцéвий одéржувач

reciprocal (adj.) взаємний reciprocal
agreement взаємна угóда reciprocal credit
взаємні креди́ти reciprocal deliveries
взаємні постáвки reciprocal exchange
взаємний обмíн

reciprocate (v.) відплáчувати;
відшкодóвувати; віддя́чувати

recompense (v.) винагоро́джувати; відпла́чувати; компенсува́ти **recompense a person for his services** винагоро́джувати кого́сь за по́слуги **to be recompensed for losses** оде́ржувати компенса́цію за зби́тки

records (n.) зві́тність *f* **accounting records** бухга́лтерські докуме́нти **demand records** о́блік по́питу

recoup (v.) компенсува́ти; поверта́ти; відшкодо́вувати **recoup capital investments** поверта́ти капіта́ловкла́дення **recoup contributions to an authorized fund** поверта́ти вкла́ди до уставно́го фо́нду **recoup costs** компенсува́ти ви́трати

recoupment (n.) пове́рнення *n* вида́тків; компенса́ція *f*; відшкодува́ння *n* ви́трат; оку́пність *f*

recovery (n.) 1. ви́дужання *n* (еконо́міки) 2. зиск *m* 3. відшкоду́вання *n* **recovery in the amount of...** зиск у ро́змірі... **recovery of damages** відшкодува́ння зби́тків **recovery of losses** відшкодува́ння зби́тків **recovery of a sum** відшкодува́ння су́ми

redemption (n.) 1. ви́куп *m* 2. пога́шення *n* 3. ви́зволення *n*, звільнення *n* **redemption of a debt** пога́шення бо́ргу **redemption value** викупна́ ціна́ **redemption yield** прибу́ток з ці́нних папе́рів

rediscount (n.) перео́блік *m* **rediscount of a bill** перео́блік ве́кселя

redistribution (n.) перерозпо́діл *m* **redistribution-of-income principle of taxation** при́нцип оподаткува́ння «перерозпо́діл прибу́тку»

redraft (n.) ретра́тта *f* (у фіна́нсах)

redress (v.) 1. виправля́ти; встано́влювати 2. відшкодо́вувати, компенсува́ти **redress the balance** встано́влювати рівнова́гу

reduce (v.) 1. зме́ншувати 2. зни́жувати 3. скоро́чувати **reduce cash** скоро́чувати запа́си готі́вки **reduce expenditure** скоро́чувати ви́трати **reduce imports** скоро́чувати і́мпорт **reduce prices** зни́жувати ці́ни **reduce profitability** зме́ншувати рента́бельність **reduce taxes** зни́жувати пода́тки

reduction (n.) 1. зме́ншення *n* 2. зни́ження *n*, зни́жка *f* 3. скоро́чення *n* **adequate (price) reduction** адеква́тна/відповідна́ уці́нка **freight reduction** фра́хтові пі́льги **price**

reduction уці́нка **reduction of wages** зни́ження заробі́тної пла́ти **to make a reduction on an article** зроби́ти зни́жку на това́р

redundancy (n.) 1. на́длишок *m* робо́чої си́ли 2. звільнення *n* робітникі́в і службо́вців 3. втра́та *f* робо́ти **redundancy fund** фонд допомо́ги безробі́тним

re-export (n.) реє́кспорт *m*

reference (n.) 1. до́відка *f* 2. посила́ння *n* 3. рекоменда́ція *f*; характери́стика *f* **bank reference** ба́нківська рекоменда́ція, ба́нківська рефере́нція **employment reference** до́відка з робо́ти **implicit reference** непряме́ посила́ння

refund (n.) спла́та *f*, ви́плата *f*; пове́рнення *n* **refund of a sum** пове́рнення су́ми **tax refund** пове́рнення су́ми пода́тку

regional (adj.) регіона́льний, обласни́й, крайови́й **regional policy** регіона́льна полі́тика **regional unemployment** регіона́льне безробі́ття

register (n.) журна́л *m*; офіці́йний спи́сок *m*; реє́стр *m* **cash register** ка́совий апара́т, ка́са **commercial register** торгіве́льний реє́стр

registered (adj.) зареєстро́ваний **registered company** зареєстро́вана компа́нія **registered letter** рекомендо́ваний лист **registered unemployment** зареєстро́ване безробі́ття

registrar (n.) реєстра́тор *m* **Registrar of Companies** Реєстра́тор компа́ній (Великобрита́нія) **stock registrar** реєстра́тор а́кцій

registration (n.) реєстра́ція *f* **port of registration** порт припи́ски **registration of a joint venture** реєстра́ція спі́льного підприє́мства **registration fee** пла́та за реєстра́цію (ці́нних папе́рів) **registration of a trademark** реєстра́ція това́рного зна́ку

regressive (adj.) регреси́вний **regressive taxation** регреси́вне оподаткува́ння

regulation (n.) 1. регулюва́ння *n* 2. пра́вило *n* **currency regulations** валю́тні пра́вила **customs regulations** ми́тні пра́вила, ми́тний режи́м **exchange regulations** валю́тні пра́вила **import regulations** регулюва́ння і́мпорту **legal regulations** правові́ но́рми/розпоря́дження **metrological regulations** метрологі́чні пра́вила **regulation of import and export** нормува́ння вве́зення та ви́везення **prudential regulation**

розу́мне регулюва́ння (що включа́є систе́му обме́жень) **quantitative regulation of imports and exports** кі́лькісне регулюва́ння вве́зення та ви́везення това́рів

regulator (n.) регуляти́вна інста́нція *f*, регуля́тор *m* **prudential regulator** регуля́тор, регуляти́вна інста́нція

regulatory (adj.) регуляти́вний **regulatory authorities** регуляти́вні інста́нції **regulatory barries to foreign investment** розпоря́дження, що перешкоджа́ють інозе́мним капіта́ловкла́денням **regulatory body** регуляти́вний о́рган **regulatory environment** регуляти́вне середо́вище **regulatory system** регуляти́вна систе́ма

reimburse (v.) поверта́ти (гро́ші); поверта́ти вида́тки

reimbursement (n.) відшкодува́ння *n*, пове́рнення *n* **reimbursement of credit** відшкодува́ння креди́ту **reimbursement of expenses** відшкодува́ння ви́трат **reimbursement of a sum** відшкодува́ння грошово́ї су́ми

reimport (n.) реі́мпорт *m*

relations (n.) відно́сини *(pl only)* **business relations** ділові́ відно́сини **contractual relations** договірні́ відно́сини **correspondence relations** кореспонде́нтські відно́сини **credit relations** креди́тні відно́сини **economic relations** економі́чні відно́сини **foreign economic relations** зо́внішньоекономі́чні відно́сини **legal relations between the parties** правовідно́сини сторі́н **mutually beneficial relations** взаємовигі́дні відно́сини

relative (adj.) відно́сний **relative-concentration** відно́сна концентра́ція **relative-income hypothesis** гіпо́теза відно́сного прибу́тку **relative price** відно́сна ціна́ **relative surplus value** відно́сна додатко́ва ва́ртість

release (n.) 1. ви́пуск *m* (у про́даж) 2. переда́ча *f* пра́ва/ма́йна **release of a blocked account** розблокува́ння раху́нку **release of cargo** ви́дача вантажу́

reliable (adj.) наді́йний, пе́вний, міцни́й **reliable client** наді́йний клі́єнт **reliable partner** наді́йний партне́р

relief (n.) 1. допомо́га *f* 2. поле́гшення *n* **relief fund** фонд допомо́ги **relief supplies** гуманіта́рні постача́ння **relief works** грома́дські робо́ти для безробі́тних

remittance (n.) пере́каз *m*; пересила́ння *n* (грошей); риме́са *f* (ве́ксель, за

яки́м нале́жить оде́ржати гро́ші; платі́жний докуме́нт у міжнаро́дних розраху́нках) **remittance advice** супровідний лист до че́ків (відпра́влених з одного́ ба́нку для інкасува́ння в і́ншому ба́нку) **remittance letter** супровідний лист до че́ків (відпра́влених з одного́ ба́нку для інкасува́ння в і́ншому ба́нку)

remittee (n.) оде́ржувач *m* грошово́го пере́казу

remitter (n.) ремі́тент *m*, відпра́вник *m* грошово́го пере́казу

remuneration (n.) винагоро́да *f* **lump-sum remuneration** однора́зова винагоро́да **material remuneration** матеріа́льна винагоро́да **remuneration in kind** винагоро́да нату́рою

renewal (n.) поно́влення *n* **renewal of a draft** пролонга́ція тра́тти **renewal of a credit** поно́влення креди́ту **renewal of expiring coverage** пролонга́ція страхува́ння, поно́влення страхово́го по́лісу

rent (n.) 1. ре́нта *f*, оре́нда *f* 2. оре́ндна пла́та *f* **long rent** довгостроко́ва оре́нда **rent controls** контро́ль за оре́ндною пла́тою **rent of space** оре́нда примі́щення **rent of a stand** оре́нда сте́нду (на ви́ставці) **short rent** короткостроко́ва оре́нда

repacking (n.) переупако́вка *f*

repair (n.) ла́годження *n*, ремо́нт *m* **repair of exported machinery and equipment** ремо́нт е́кспортного устакува́ння та обла́днання

repay (v.) 1. винагоро́джувати, поверта́ти; відпла́чувати 2. поверта́ти борг **repay debt** поверта́ти борг

repayment (n.) відпла́та *f*; ви́плата *f*; пове́рнення *n*; пога́шення *n* **overdue repayment of debts** простро́чена ви́плата заборго́ваности **repayment of a credit** пове́рнення креди́ту, пога́шення креди́ту **repayment of a loan** пове́рнення креди́ту, пога́шення по́зики **repayment of a sum** пове́рнення су́ми

replacement (n.) замі́на *f*, замі́щення *n* **replacement cost** ва́ртість замі́ни **replacement investment** інвестува́ння в замі́ну (обла́днання)

report (v.) 1. повідомля́ти 2. допові́да́ти, спові́ща́ти **report progress** спові́ща́ти про стан/перебі́г спра́ви **report an error** допові́да́ти про поми́лку

report (n.) звіт *m* **acceptance report** акт прийняття́ **accounting report** бухга́лтерський звіт **annual report** річни́й звіт

auditor's report ревізі́йний звіт **call report** щокварта́льний звіт **consolidated report** зве́дений звіт **customs surveyor report** акт ми́тного о́гляду **exchange report** біржови́й бюлете́нь **financial report** фіна́нсовий звіт **inspection report** акт о́гляду **market report** біржови́й бюлете́нь **progress report** звіт про просува́ння спра́ви **stock market report** курсови́й бюлете́нь **surveyor's report** акт сюрве́єра **test report** акт випро́бувань **trade report** торгіве́льний звіт

representation (n.) представни́цтво *n* **agency representation** аге́нтське представни́цтво **diplomatic representation** дипломати́чне представни́цтво **proportional representation** пропорці́йне представни́цтво **representation of a firm** представни́цтво фі́рми **representation of a joint venture** представни́цтво спі́льного підприє́мства **trade representation** торгіве́льне підприє́мство

representative (n.) представни́к *m*, уповнова́жений *m* **authorized representative** уповнова́жений представни́к **exclusive representative** представни́к з ви́ключними права́ми **sole representative** єди́ний представни́к **trade representative** торгіве́льний представни́к

request (n.) проха́ння *n*; зая́ва *f* **request for a bank account** зая́ва на відкриття́ раху́нку **request for credit** зая́ва на креди́т **payment request** платі́жна вимо́га

requirements (n.) вимо́ги *pl*, потре́би *pl* **bank's requirements** ба́нківські вимо́ги **credit requirements** креди́тні вимо́ги **economic requirements** економі́чні потре́би **operational requirements** експлуата́ці́йні вимо́ги **requirements of the market** потре́би ри́нку

requisites (n.) реквізи́ти *pl* **requisites of documents** реквізи́ти докуме́нтів **shipping requisites** тра́нспортні докуме́нти

research (n.) (науко́ве) дослі́дження *n* **research and development project** науко́во-дослі́дший прое́кт **research grant** субси́дія на викона́ння науко́вих дослі́джень **to be engaged in research** прово́дити науко́во-дослі́дшу робо́ту

reserve (n.) запа́с *m*, резе́рв *m*; резе́рвний фонд *m* **commodity reserves** това́рні резе́рви **currency reserves** валю́тні запа́си **financial reserves** фіна́нсові резе́рви **foreign exchange reserves** валю́тні резе́рви **gold reserves** золоті́ запа́си **government reserves** держа́вні резе́рви **material reserves** матеріа́льні резе́рви **monetary reserves**

грошові́ резе́рви **raw material reserves** сирови́нні резе́рви

residual (adj.) 1. залишко́вий 2. міні́ма́льний **residual demand** залишко́вий по́пит, мініма́льний по́пит **residual unemployment** найни́жчий рі́вень безробі́ття

residue (n.) 1. за́лишок *m* 2. спа́дщина *f* без борги́в і пода́тків

resources (n.) ресу́рси *pl* **cash resources** грошові́ ресу́рси **credit resources** креди́тні фо́нди **currency resources** валю́тні ресу́рси **financial resources** фіна́нсові ресу́рси **foreign currency resources** валю́тні ресу́рси **industrial resources** промисло́ві ресу́рси **material resources** матеріа́льні ресу́рси **financial resources** матеріа́льно-фіна́нсова ба́за **monetary resources** грошові́ ресу́рси **raw material resources** сирови́нні ресу́рси

responsibility (n.) відповіда́льність *f* **buyer's responsibility** відповіда́льність покупця́ **job responsibilities** посадо́ві обо́в'язки **material responsibility** матеріа́льна відповіда́льність **seller's responsibility** відповіда́льність продавця́

restraint (n.) стри́мувальний фа́ктор *m* **restraint of trade** фа́ктор стри́мування торгі́влі

restrictions (n.) обме́ження *pl* **exchange restrictions** валю́тні обме́ження **export restrictions** е́кспортні обме́ження **import restrictions** і́мпортні обме́ження **non-tariff restrictions** нетари́фні обме́ження **restrictions on profit margin** обме́ження ро́зміру прибу́тку **tariff restrictions** тари́фні обме́ження **trade restrictions** торгіве́льні обме́ження

restrictive (adj.) обме́жувальний, стри́мувальний **restrictive labor practice** обме́жувальна трудова́ пра́ктика **restrictive trade agreement** уго́да обме́женої торгі́влі **restrictive trade practice** пра́ктика обме́женої торгі́влі **Restrictive Trade Practices Act** Законода́вчий акт про пра́ктику обме́женої торгі́влі (Великобрита́нія)

retail (n.) 1. роздрібни́й про́даж *m* 2. роздрібни́й (adj.) **retail broker** роздрібний бро́кер, співробі́тник бро́керської слу́жби **retail dealer** роздрі́бний торго́вець **retail outlet** підприє́мство роздрі́бної торгі́влі **retail price index** і́ндекс роздрібни́х цін **retail purchasing** купі́вля вро́здріб

retailer (n.) роздрі́бний торго́вець *m*

retained (adj.) утри́маний, збере́жений **retained profits** утри́мані прибу́тки

return (n.) 1. пове́рнення *n*, зворо́тнє вве́зення *n* 2. прибу́ток *m*; надхо́дження *pl*, ви́ручка *f* **returns from export** надхо́дження від е́кспорту **return of a contribution** пове́рнення вне́ску **return of an amount overpaid** пове́рнення помилко́во перепла́ченої су́ми **return of cargo** пове́рнення вантажу́ **return of goods** пове́рнення това́ру **return of property out of the country** зворо́тнє ви́везення майна́ з краї́ни **return on capital employed** прибу́ток з оборо́тного капіта́лу **return on investment** прибу́ток з інвести́ції

re-valorization (n.) ревалориза́ція *f*, держа́вна оці́нка *f* (у фіна́нсах)

revaluation (n.) переоці́нка *f*, ревальва́ція *f* **revaluation if assets** переоці́нка фо́ндів

revenue (n.) прибутко́вий бюдже́т *m* **Inland Revenue** Держа́вна податко́ва інспе́кція (Великобрита́нія) **Internal Revenue Service (IRS)** Вну́трішня слу́жба оподаткува́ння (США) **marginal revenue** найбі́льший річни́й прибу́ток **public revenue** держа́вний прибу́ток **revenue bond** прибутко́ва обліга́ція **revenue office** податко́вий інспе́ктор **sales revenue** прибу́ток від про́дажу

revenues (n.) прибутко́ві статті́ *pl* **revenues of the city council** прибутко́ві статті́ місько́ї ра́ди

reversal (n.) каса́ція *f* **reversal of a judgment** каса́ція судово́го рі́шення

revocation (n.) скасува́ння *n*, анулюва́ння *n* **revocation of a license** анулюва́ння ліце́нзії

revoke (v.) скасо́вувати; відклика́ти **revoke letter of credit** відклика́ти акредити́в

reward (n.) нагоро́да *f*, відпла́та *f* **monetary reward** грошова́ винагоро́да **reward system** систе́ма винагоро́д

rig (v.) шахраюва́ти **rig the market** шту́чно підви́щувати/зни́жувати ці́ни

rig (n.) спекуляти́вне скупо́вування *n* това́ру

right (n.) 1. пра́во *n* 2. компете́нція *f* 3. дові́реність *f* **agency right** аге́нтське пра́во **auditing right** контро́льне пра́во **exclusive right** монопо́льне пра́во **legal right** зако́нне пра́во **license right** ліцензі́йне пра́во **mortgage right** заставне́ пра́во **patent right** пате́нтне пра́во

priority right пра́во пріорите́ту **property rights** майнове́ пра́во **right of access to foreign markets** пра́во ви́ходу на зо́внішній ри́нок **right of appeal** пра́во оска́рження **right of disposal of goods** пра́во розпоря́дження вантаже́м **right of ownership** пра́во вла́сности **right of preemption** пра́во перева́ги на купі́влю **right of prior use** пра́во попере́днього використа́ння **right of protest** пра́во проте́сту **right of veto** пра́во наклада́ти ве́то **right to cancel an order** пра́во на скасува́ння замо́влення **right to export** пра́во на е́кспорт **right to import** пра́во на і́мпорт **right to industrial property** пра́во на промисло́ву вла́сність **right to sign by proxy** дові́реність на пра́во пі́дпису

risk (n.) ри́зик *m* **at owner's risk** на ри́зик вла́сника **credit risk** креди́тний ри́зик **currency risk** валю́тний ри́зик **financial risk** фіна́нсовий ри́зик **insurance risk** страхови́й ри́зик **insured risk** застрахо́ваний ри́зик **risk analysis** ана́ліз ри́зику **risk and uncertainty** ри́зик і невідо́мість (ситуа́ція можли́вих зби́тків) **risk assessment** проце́с оці́нки ри́зику **risk assets** неліквідні акти́ви; довгостроко́ві інвести́ції і по́зики **risk capital** ризико́ваний капіта́л; капіта́л, що вклада́ється у ризико́ване підприє́мство **risk-free rate** ві́льна від ри́зику проце́нтна ста́вка **risk-free security** ві́льний від ри́зику цінний папі́р **risk of default on payment for received goods** ри́зик несспла́ти за отри́маний това́р **risk of non-acceptance** ри́зик неакце́пту **risk of non-payment** ри́зик неплатежу́ **risk premium** додатко́вий вне́сок за ри́зик **risk-taking** прийняття́ ри́зиків **risk-weighted assets** акти́ви, зва́жені щодо ри́зику **risk-weighted capital requirements** вимо́ги до капіта́лу, зва́женому щодо ри́зику (підхі́д до оці́нки доста́тнього капіта́лу, при́йнятий Ба́зельским коміте́том)

risky (adj.) ризико́ваний **risky business** 1. ризико́ваний бі́знес 2. небезпе́чна спра́ва **risky investment** ризико́ване вкла́дання гроше́й **risky lending** ризико́ване кредитува́ння, кредитува́ння з підви́щеним сту́пенем ри́зику **risky project** ризико́ваний прое́кт

rival (n.) супе́рник *m*, конкуре́нт *m* **commercial rival** торгіве́льний конкуре́нт

robust (adj.) міцни́й, здоро́вий си́льний **robust and balanced financial system** здоро́ва і збаланс́ована фіна́нсова систе́ма (що забезпе́чує по́вне і глибо́ке використа́ння фіна́нсових ресу́рсів суспі́льства)

roundsman (n.) торгівéльний/ комерцíйний агéнт *m*, збирáч *m* замóвленнь

"round-tripping" (n.) використáння *n* бáнками інозéмних філій для залýчення депозѝтів, що не потребýють ствóрення резéрвів у центрáльному бáнку

royal (adj.) королíвський **Royal Exchange** будѝнок лóндонської бíржі (Великобритáнія) **Royal Mint** Королíвський монéтний двір (Великобритáнія)

royalty (n.) 1. áвторський гонорáр *m*; платня *f* винахíдникові за користувáння патéнтом 2. ліцензíйна винагорóда *f*, ліцензíйний платíж *m* 3. рóялті *n* **contractual royalty** договíрне рóялті

rubber (n.) гýма *f*, каучýк *m*, гýмка *f* **rubber check** чек без грошовóго забезпéчення (сленг)

rule (v.) 1. керувáти, прáвити 2. перебувáти на пéвному рíвні (про цíни) **rule the market** прáвити на рѝнку, панувáти на рѝнку

rule (n.) прáвило *n* **auction rules** аукцióнні прáвила **operation and maintenance rules** прáвила експлуатáції і ремóнту **standing rules** чѝнні прáвила, що встанóвлені корпорáцією **rule of origin** прáвило похóдження **rule of reason** прáвило причѝни **rule of thumb** прáвило/спóсіб, що базýється на дóсвіді

rummage (n.) 1. рóзшук *m*; óбшук *m* 2. мѝтний óгляд *m* **rummage sale** розпрóдаж (зáлишків тóщо)

S

safe (n.) сейф *m* **safe-deposit box** металéвий сейф, що здаéться бáнком в орéнду кліéнтам для зберігáння депозѝтів (докумéнтів, коштóвностей, тóщо) **safe-deposit services** пóслуги бáнку на зберігáння депозѝтів кліéнта **safe-deposit vault** сéйфове схóвище для розмíщення депозѝтів

safekeeping (n.) зберігáння *n* коштóвностей бáнком **safekeeping receipt** розпѝска (бáнку) в отрѝманні коштóвностей на зберігáння

salary (n.) мíсячна заробíтна плáта *f* **salary adjustment** регулювáння рóзміру заробíтної плáти **salary brackets** діапазóн заробíтних плат; «видéлка» заробíтної плáти **salary committee** комітéт з оплáти прáці **salary deductions** відрахувáння з заробíтної плáти

sale (n.) прóдаж *m*; збут *m*; розпрóдаж *m* **advance sale of products** запрóдаж майбýтніх вѝробів **bargain and sale** угóда купíвлі-прóдажу **compulsory sale** примусóвий прóдаж **exchange sale** біржовѝй прóдаж **forced sale** примусóвий прóдаж **forward sale** поперéдній прóдаж **private sale** прóдаж за привáтною угóдою **rummage sale** розпрóдаж (зáлишків, тóщо) **sale for future delivery** прóдаж на строк (угóда на фóндовій чи товáрній бíржі) **sale in large quantities** мáсовий прóдаж **sale of assets** прóдаж майнá, реалізáція майнá **sale of securities** прóдаж цíнних папéрів **sale on approval** прóдаж із зберéженням прáва покупця́ відмóвитися від товáру **sale price of securities** цінá прóдажу цíнних папéрів **sale proceeds** вѝторг від прóдажу **sales account** рахýнок реалізáції **sales branch** торгівéльне відділéння промислóвої фíрми **sales director** дирéктор з питáнь прóдажу **sales draft** товáрний перевíдний вéксель **sales expenses** вѝтрати на прóдаж **sales manager** завíдувач збýтом **sales market** рѝнок збýту **sales proceeds** вѝторг від прóдажу, вѝторг від реалізáції товáрів та пóслуг **sales tax** податóк з прóдажу **sales value** прóдажна вáртість **shipment sale** прóдаж на éкспорт **speedy sale** термінóвий запрóдаж **to command a ready sale** мáти постíйний дóбрий збут **to meet with a ready sale** мáти дóбрий збут; швѝдко продавáтися **to take on sale** приймáти на комíсію **urgent sale** термінóвий прóдаж

salesman (n.) службóвець *m*, що відповідáє за прóдаж (якѝй безпосерéдньо працюé з кліéнтами); продавéць *m* **travelling salesman** комівояжéр

salesperson (n.) службóвець *m*, що відповідáє за прóдаж (якѝй безпосерéдньо працюé з кліéнтами); продавéць *m*

sample (n.) зразóк *m*; прóба *f* **agreed upon sample** узгóджений зразóк **sample of goods** товáрний зразóк **unit sample** пересíчний зразóк

sanction (n.) сáнкція *f*; штраф *m* **sanction clause** обумóвлення про сáнкції **sanction for damages** сáнкція за завдáння збѝтків **sanctions for the violation of a contract** сáнкції за порушéння контрáкту **to raise sanctions** знімáти сáнкції

satisfaction (n.) 1. задовóлення *n* 2. вѝплата *f* бóргу 3. виконáння *n* зобов'я́зання **satisfaction of a debt**

виплата боргу, погашення боргових зобов'язань

satisfactory (adj.) задовільний **satisfactory liquidity** задовільна ліквідність

satisfy (v.) задовольняти; відповідати **satisfy demand** задовольняти попит **satisfy the demands** відповідати вимогам **satisfy claims** задовольняти вимоги **satisfy creditors** задовольняти кредиторів **satisfy debt** задовольняти борг, гасити борг, виплачувати борг

save (v.) 1. заощаджувати (гроші) 2. економити **save on taxes** заощаджувати на мінімізації податкових платежів

savings (n.) 1. заощадження *pl*, накопичені залишки *pl* заощаджень 2. вклад *m* 3. ощадний (adj.) **mutual savings bank** взаємно-ощадний банк **savings account** ощадний рахунок **savings and loan association** позико-ощадна асоціація (фінансовий інститут, США) **savings and loan bank** позико-ощадний банк **savings bank** ощадний банк (фінансовий інститут, що приймає депозити з подальшим інвестуванням у нерухоме майно та цінні папери) **savings bond** ощадна облігація **savings book** ощадна книжка **savings certificate** ощадний сертифікат **savings deposit** вклад в ощадній касі, вклад в ощадному банку **savings rate ceilings** «стелі» ставок за депозитами

schedule (v.) призначати, встановлювати термін **schedule a meeting** призначати зустріч **schedule a visit** встановлювати строки візиту

schedule (n.) 1. список *m*, перелік *m*, інвентар *m* 2. розклад *m*; таблиця *f*; графік *m* **weekly schedule** щотижневий розклад **work schedule** графік роботи

screening (n.) перевірка *f* **screening of loan request** початковий розгляд та аналіз заяви на позику **screening procedures** перевіркові формальності; процедура перевірки

seasonal (adj.) сезонний **seasonal demand** сезонний попит **seasonal finished goods inventories** сезонні запаси готових виробів **seasonal fluctuations** сезонні коливання **seasonal line of credit** сезонна лінія кредиту **seasonal price** сезонна ціна **seasonal trade** сезонна торгівля **seasonal worker** сезонний робітник

secondary (adj.) другорядний; повторний **secondary data sources** вторинні джерела інформації **secondary liability** умовна відповідальність; відповідальність за гарантією **secondary market** вторинний ринок **secondary parties** вторинні сторони за комерційними паперами

sector (n.) сектор *m* **primary sector** сировинний сектор (економіки) **public sector** громадський сектор **public-sector entity** підприємство громадського сектору

secure (v.) забезпечувати, гарантувати **secure a creditor** надавати забезпечення кредитору **secure a loan** отримувати позику **secure an order** отримувати замовлення **secure a profit** отримувати прибуток **secure deposit funding** забезпечити залучення депозитів

secured (adj.) забезпечений, гарантований **secured bond** облігація, що забезпечувати завдатком конкретних активів емітенту **secured credit** забезпечений кредит **secured guarantee(guaranty)** забезпечена (завдатком) гарантія **secured loan** позика, що має конкретне забезпечення **secured party** сторона (кредитор), інтереси якої забезпечені завдатком **secured real estate lending** кредитування під забезпечення нерухомим майном **secured transaction** забезпечена (завдатком) операція, забезпечена (завдатком) трансакція

security (n.) гарантія *f*, запорука *f*, забезпечення *n*; цінний папір *m* **assignment of right to security** переуступка прав на заставу **bearer securities** цінні папери на пред'явника **corporation securities** цінні папери корпорацій (США); цінні папери муніципалітету (Великобританія) **gild-edged securities** цінні папери, що котуються; першокласні/гарантовані цінні папери **high-yield securities** цінні папери з високим прибутком **insured security** застрахований завдаток **listed securities** цінні папери, що котуються на біржі **pledged security** завдаткове забезпечення **property as security** заставне майно **public securities** державні цінні папери **purchase of securities** купівля цінних паперів **sale of securities** продаж цінних паперів **sale price of securities** ціна продажу цінних паперів **securities account** рахунок цінних паперів **securities analyst** фахівець у галузі аналізу ринку цінних паперів **securities broker** біржовий брокер; торговець цінними паперами **securities brokerage** брокерські операції з цінними паперами **securities dealer**

торго́вець ці́нними папе́рами **securities depository** депозита́рій ці́нних папе́рів **securities exchange** фо́ндова бі́ржа **securities firm** фі́рма, що спеціалізу́ється на опера́ціях з ці́нними папе́рами **securities gains** прибу́тки, що отри́муються з ці́нних папе́рів **securities holdings** портфе́ль ці́нних папе́рів **securities industry** індустрія́ ці́нних папе́рів **securities law** законода́вство, що стосу́ється ці́нних папе́рів **securities loan** по́зика ці́нними папе́рами **securities losses** зби́тки від ці́нних папе́рів **securities market** ри́нок ці́нних папе́рів **securities movement** рух ці́нних папе́рів **securities order** нака́з про прове́дення опера́цій з ці́нними папе́рами (від кліє́нта) **securities to bearer** ці́нні папе́ри на пред'явника́ **securities transactions** опера́ції з ці́нними папе́рами, транса́кції з ці́нними папе́рами **securities yield** проце́нтний прибу́ток з ці́нних папе́рів **security agreement** уго́да про завда́ток **security clause** обумо́влення про заста́ву **security by an advance** забезпе́чення завда́тком **security firm** фі́рма з купі́влі-про́дажу ці́нних папе́рів **security for a claim through the court** забезпе́чення по́зову судо́м **security for debt** забезпе́чення бо́ргу **security guard** охоро́на, слу́жба безпе́ки; охоро́нець **security of a loan** забезпе́чення по́зики **security of contractual obligations** забезпе́чення договірних зобов'язань

segment (v.) сегментува́ти **segment the market** сегментува́ти ри́нок

seigniorage (n.) сеньора́ж m, прибу́ток m від емі́сії гроше́й; пла́та f за виготовлення гроше́й

sell (v.) продава́ти(ся) **sell a bill of goods** обма́нювати; збува́ти неприда́тний това́р **sell a premium** продава́ти ви́ще за номіна́льну ціну́ **sell at an auction** продава́ти на аукціо́ні **sell at reduced rates** продава́ти за зани́женим ку́рсом/ціно́ю **sell goods on credit** продава́ти това́ри в креди́т **sell in bulk** продава́ти о́птом; продава́ти без упако́вки **sell out** розпродава́ти **sell securities on discount basis** продава́ти ці́нні папе́ри на ба́зі диско́нту **sell short** гра́ти на зни́ження (на бі́ржі)

seller (n.) продаве́ць m **seller's fault** прови́на продавця́ **seller's market** ви́гідний для про́дажу час (по́пит переви́щує пропози́цію); ри́нок продавця́ **seller's price** ціна́ продавця́, ціна́, що ви́гідна продавцю́ **seller's refusal** відмо́ва продавця́ **seller's responsibility** відповіда́льність продавця́

selling (n.) про́даж m; збу́т m **selling aids** демонстраці́йний та рекла́мний матеріа́л **selling commission** комісі́йні за про́даж **selling expenses** ви́трати на про́даж **selling goods on consignment** консигнаці́йна опера́ція **selling license** ліце́нзія на пра́во збу́ту та про́дажу **selling price** реалізаці́йна ціна́

senior (adj.) ста́рший **senior bank executives** ста́рші посадо́ві осо́би ба́нку **senior claims** пріорите́тні вимо́ги що́до викона́ння зобов'яза́нь **senior credit officer** ста́рший співробі́тник креди́тного відді́лу **senior debt** борг, що ма́є перева́гу на пога́шення **senior lien** пра́во накла́дання аре́шту на борг, що ма́є перева́гу **senior securities** ста́рші ці́нні папе́ри

serial (adj.) 1. сері́йний 2. послідо́вний **serial bonds** обліга́ції, що спла́чуються се́ріями через пе́вні інтерва́ли **serial loan** по́зика, що надає́ться на строк бі́льше ніж рік (випла́чується рі́вними частина́ми) **serial number** но́мер ви́пуску се́рії, сері́йний но́мер **serial production** сері́йне виробни́цтво **serial products** сері́йна проду́кція **serial publication** сері́йне вида́ння, видання́ се́ріями

service (n.) по́слуга f, обслуго́вування n, се́рвіс m; допомо́га f **public services** комуна́льні по́слуги **safe-deposit services** по́слуги ба́нку на зберіга́ння депози́тів кліє́нта **service appeal** прива́блення покупці́в висо́ким рі́внем обслуго́вування **service charge** пла́та за по́слуги **service charges on checking accounts** пла́та за обслуго́вування че́кових раху́нків **service expenses** ви́трати на обслуго́вування **service fee** пла́та за по́слуги **services related to deposits** по́слуги, що непря́мо пов'язані з депози́тним обслуго́вуванням

set (v.) встано́влювати **set aside money** відклада́ти гро́ші **set an interest rate** встано́влювати проце́нтну ста́вку **set a price** встано́влювати ціну́ **set up an account** відкрива́ти раху́нок

settle (v.) урегульо́вувати **settle accounts with a bank** прово́дити розраху́нки з ба́нком **settle a debt** ви́платити борг **settle a dispute** врегульо́вувати супере́чку/ конфлі́кт **settle an account** розпла́чуватися за раху́нком **settle a suit without a trial** домовля́тися про врегулюва́ння по́зову без су́ду

settlement (n.) 1. спла́та f, розраху́нок m 2. уго́да f 3. рі́шення n, виріше́ння n 4. ліквіда́ція f (уго́ди) **final settlement** по́вний розраху́нок **settlement day** день

платежу́ (оста́нній день ліквідаці́йного
пері́оду) **settlement date** да́та
врегулюва́ння раху́нків ці́нних папе́рів
settlement house contract контра́кт,
розраху́нки за яки́м прова́дяться через
розрахунко́ву пала́ту; терміно́вий
контра́кт **settlement of accounts** покриття́
заборго́ваности по раху́нках **settlement
of a bill** спла́та раху́нку, спла́та ве́кселя
settlement of debt obligations
врегулюва́ння боргови́х зобов'я́зань
settlement of a dispute by arbitration
ви́рішення супере́чки в арбітражі́
settlement payments платежі́ для
врегулюва́ння раху́нків **settlement price**
розрахунко́ва ціна́ (пересі́чна ціна́ на
това́р) **settlement risk** ри́зик урегу-
люва́ння, ри́зик розраху́нків **settlement
with creditors** домо́вленість з
кредито́рами **stock exchange settlement**
ліквіда́ція уго́д на фо́ндовій бі́ржі;
ліквідаці́йний пері́од на бі́ржі

share (n.) 1. части́на *f*, ча́стка *f*
2. у́часть *f* 3. а́кція *f* **advanced shares**
а́кції, що подоро́жчали **deferred shares**
а́кції, позба́влені привіле́їв **ordinary
shares** звича́йні а́кції, ордина́рні а́кції,
а́кції з нефіксо́ваним дивіде́ндом
original shares а́кції пе́ршого ви́пуску;
спра́вжні а́кції **preferred shares**
привілейо́вані а́кції **purchase of shares**
купі́вля а́кцій **share capital** акціоне́рний
капіта́л **share certificate** іменне́ свідо́цтво
на а́кцію; а́кція **share list** фо́ндова
курсова́ табли́ця; спи́сок а́кцій **share loan**
по́зика, що надає́ться по́зико–оща́дною
асоція́цією **share premium** пре́мія, що
отри́мується за про́даж а́кцій, коли́ ціна́
переви́щує номіна́льну ва́ртість **share
price** курс а́кцій **share (payable) to bearer**
а́кція на пред'явника́ **underwriting share**
ча́стка у консо́рціумі

shareholder (n.) 1. акціоне́р *m* 2. уча́с-
ник *m* **shareholders' report** щорі́чний звіт
пе́ред акціоне́рами **shareholders' meeting**
збо́ри акціоне́рів **shareholders' equity**
акціоне́рний капіта́л

shipment (n.) 1. наванта́ження *n*,
відванта́ження *n*, відпра́вка *f*
2. ванта́ж *m*, па́ртія *f* (відпра́вленого
това́ру) **shipment in bulk** наванта́ження
без упако́вки **shipment of cargo** відпра́вка
вантажу́ **shipment on consignment**
відпра́вка на консигна́цію **shipments by
air** пові́тряні переве́зення **shipments by
rail** залізни́чні переве́зення

short (adj.) 1. коро́ткий; коро́ткотер-
міно́вий; нетрива́лий 2. непо́вний
3. недоста́тній 4. що гра́є на

зни́ження, що продає́ без покриття́
(на бі́ржі) **short borrowing** коротко-
термі́но́ва по́зика **short dates** станда́ртні
пері́оди для депози́тів на єврори́нку від
«насту́пного дня» до трьо́х ти́жнів **short
delivery** непо́вна зда́ча; неста́ча при
постача́нні **short position** коро́тка пози́ція
(ситуа́ція, коли́ това́р, валю́та чи ці́нні
папе́ри були́ про́дані, і тре́ба покри́ти їх
відпові́дною поку́пкою) **short rate** курс
короткотерміно́вих ве́кселів **short ship-
ment** части́на вантажу́, що не була́
прийня́та на судно́; недованта́ження
short-term bank credit коротко-
термі́но́вий ба́нківський креди́т **short-
term bill** короткотермі́но́ва тра́тта **short-
term debt** короткотерміно́вий борг,
короткотермі́но́ва заборго́ваність
short-term government securities
короткотермі́но́ві ці́нні папе́ри у́ряду
short-term investment fund коротко-
термі́но́вий інвестиці́йний фонд
short-term loan короткостроко́ва по́зика
short-term obligations короткостроко́ві
зобов'я́зання **to be short of stocks** ма́ти
потре́бу в а́кціях для покриття́
зобов'я́зань

signature (n.) пі́дпис *m* **fictitious
signature** фікти́вний пі́дпис **forged
signature** фікти́вний пі́дпис, підро́блений
пі́дпис **over the signature** за пі́дписом
signature book (banking) кни́га зразкі́в
пі́дписів **signature by authorized agent**
пі́дпис повнова́жного аге́нта **signature by
unauthorized agent** пі́дпис аге́нта, що не
ма́є повнова́жень **signature card** ка́ртка
зразкі́в пі́дписів **to witness a signature**
засві́дчувати пі́дпис

software (n.) 1. програ́мний проду́кт *m*
2. математи́чне забезпе́чення *n*
комп'ю́терів **computer software**
програ́мне забезпе́чення комп'ю́терів
software package 1. паке́т програ́м
2. компле́кт математи́чного забезпе́чення
комп'ю́терів

solvency (n.) платі́жна спромо́жність
f, платоспромо́жність *f*

solvent (adj.) 1. наді́йний 2. лікві́дний
3. креди́тоспромо́жний **solvent bank**
креди́тоспромо́жний банк **solvent
company** компа́нія в до́брому фіна́н-
совому ста́ні

sort (n.) сорт *m*, гату́нок *m*, вид *m*;
я́кість *f*

sound (adj.) 1. здоро́вий 2. достеме́нний
sound ethical standards «здоро́ві»ети́чні
станда́рти **sound financial information**
достеме́нна/правди́ва (пра́вильно

підгото́влена) фіна́нсова інформа́ція **sound investment portfolio** «здоро́вий» інвестиці́йний портфе́ль **sound liquidity** висо́ка лікві́дність, «здоро́ва» лікві́дність

special (adj.) спеціа́льний, особли́вий; окре́мий; додатко́вий; е́кстрений **special acceptance** акце́пт з обумо́вленнями; частко́вий акце́пт **special account** ко́нто-сепара́то (окре́мий раху́нок) **special appropriations** спеціа́льні асигнува́ння **special contract** до́говір за печа́ткою **special delivery** термі́но́ва доста́вка **special deposits** фо́рма резе́рвних вимо́г, що контролюю́ться центра́льним ба́нком краї́ни **special purpose funds** спеціа́льні фо́нди і цільове́ фінансува́ння **special tax concessions** спеціа́льні податко́ві пі́льги (що надаю́ться ба́нківському се́ктору)

spending (n.) грошові́ ви́трати pl **public spending** бюдже́тні ви́трати, грошові́ ви́трати

sponsor (n.) спо́нсор m (юриди́чна або фізи́чна осо́ба, яка́ бере́ на себе́ фіна́нсове забезпе́чення фіна́нсового за́ходу), пору́чник m, гара́нт m **sponsor for a loan** гара́нт по́зики

spot (n.) 1. мі́сце n 2. «спот» m (уго́да на ная́вний това́р, що передбача́є нега́йну опла́ту) **on the spot** на мі́сці; термі́но́во **spot broker** бро́кер з купі́влі-про́дажу ная́вного това́ру **spot business** уго́да на ная́вний това́р; уго́да «спот»; уго́да на реа́льний това́р; ка́сова уго́да **spot contract** контра́кт на ная́вний това́р, контра́кт «спот» **spot goods** ная́вний това́р; това́р за ка́совими уго́дами; ціна́ това́ру за ка́совими уго́дами **spot market** ри́нок ная́вного това́ру, ри́нок «спот» **spot price** ціна́ «спот»

stability (n.) 1. стабі́льність f 2. сті́йкість f **macroeconomic stability** макроеконо́мічна стабі́льність **stability of currency** сті́йкість валю́ти

stabilization (n.) стабіліза́ція f **stabilization fund** фонд стабіліза́ції (напр., еконо́міки)

stagflation (n.) стагфля́ція f

stagnation (n.) стагна́ція f, засті́й m **economic stagnation** економі́чна стагна́ція, засті́й в еконо́міці

standard (n.) 1. станда́рт m 2. но́рма f 3. зразо́к m, мі́рило n, мі́ра f 4. станда́ртний (adj.), звича́йний (adj.), нормати́вний (adj.) **fiduciary standard** паперо́во-грошови́й станда́рт **gold exchange standard** зо́лотодеві́зний

станда́рт **product standards** станда́рти на проду́кт **standard packing** звича́йна упако́вка **standard price list** станда́ртний прейскура́нт **standard quality** нормати́вна я́кість **up to (the) standard** на рі́вні станда́рту, я́кости станда́ртного со́рту

standing (n.) 1. стано́вище n; фіна́нсове стано́вище n, фіна́нсовий стан m 2. репута́ція f 3. пості́йний (adj.), чи́нний (adj.) **a debt of old standing** стари́й борг **credit standing** фіна́нсове стано́вище, креди́тоспромо́жність **of bad standing** що користу́ється пога́ною репута́цією **of good standing** що користу́ється до́брою репута́цією **standing committee** пості́йний коміте́т **standing order** дору́чення ба́нкові вла́сника раху́нку регуля́рно зніма́ти пе́вну су́му (напр., для спла́ти комуна́льних по́слуг) **standing rules** чи́нні пра́вила, що встано́влені корпора́цією

state (v.) 1. заявля́ти 2. констатува́ти 3. формулюва́ти **state the facts** констатува́ти фа́кти

state (n.) 1. стан m 2. держа́ва f 3. держа́вний апара́т m, держа́вна вла́да f 4. штат m 5. держа́вний (adj.) **state bank** банк шта́ту (ліцензо́ваний ба́нківськими контро́льними о́рганами шта́тів) (США) **state bonds** обліга́ції шта́тів (США) **state-chartered bank** банк шта́ту (ліцензо́ваний ба́нківськими контро́льними о́рганами шта́тів) (США) **state of affairs** стан справ, стан рече́й **state of the facts** факти́чний стан рече́й **state-owned enterprise** держа́вне підприє́мство **state price** держа́вна ціна́ **state property** держа́вне майно́ **state purchase** держа́вна заку́півля

statement (n.) 1. зая́ва f, тве́рдження n 2. звіт m; звіт m про раху́нки 3. бала́нс m 4. відо́мість f **bank statement** ба́нківський звіт **cash-flow statement** звіт про оборо́т грошей **income statement (statement of income)** деклара́ція про прибу́тки, раху́нок прибу́тків і ви́трат **statement of account** ви́писка з раху́нку; ви́писка про всі опера́ції клі́єнта за підзві́тний пері́од **statement of accounts** звіт; звіт про стан раху́нків **statement of a claim** зая́ва позива́ча́ **statement of changes in stockholders' equity** звіт (ба́нку) про змі́ни в акціоне́рному капіта́лі **statement of goods** відо́мість про ная́вність това́рів **statement of retained earnings** звіт про нерозподі́лені дохо́ди **statement savings account** оща́дний раху́нок із самості́йним за́писом

status (n.) ста́тус *m*; стано́вище *n*; стан *m* **status inquiry** за́пит про фіна́нсове стано́вище фі́рми

stock (n.) 1. акціоне́рний капіта́л *m* 2. основни́й капітал *m* 3. а́кції *pl* 4. держа́вні ці́нні папе́ри *pl*; держа́вний борг *m* (Великобрита́нія) "**A**" **stock** звича́йні а́кції кла́су А **barometer stocks** а́кції, ку́рси яки́х є показнико́м ста́ну фо́ндового ри́нку **bonus stock** безкошто́вні а́кції **callable preferred stock** привілейо́вані а́кції, що мо́жуть бути ви́куплені корпора́цією у вла́сника **capital stock** акціоне́рний капіта́л; основни́й капітал; а́кції **common (capital) stock** звича́йні а́кції; а́кції пе́ршого ви́пуску; основні́ а́кції **debenture stock** привілейо́вані а́кції 1-го кла́су (США); обліга́ції; боргові́ зобов'я́зання (Великобрита́нія) **deep discount stock** по́зикові а́кції зі значно́ю зни́жкою **dollar stock** америка́нські ці́нні папе́ри (Великобрита́нія) **equity stock** звича́йні а́кції; а́кції пе́ршого ви́пуску; основні́ а́кції **management stock** дире́кторські а́кції **ordinary stock** звича́йні а́кції; а́кції пе́ршого ви́пуску; основні́ а́кції **preference stock** привілейо́вані а́кції **preferred stock** привілейо́вані а́кції **registered stock** іменні́ ці́нні папе́ри **stock account** рахуно́к ці́нних папе́рів; рахуно́к капіта́лу (Великобрита́нія) **stock broker** біржови́й ма́клер **stock broking** фо́ндові опера́ції **stock buyer** покупе́ць а́кцій **stock capital** акціоне́рний капіта́л; основни́й капіта́л **stock certificate** свідо́цтво про а́кцію; а́кція **stock dividend** дивіде́нд у фо́рмі а́кцій **stock exchange** фо́ндова бі́ржа **stock exchange bank** банк, що фінансу́є фо́ндові опера́ції **stock exchange loan** по́зика під ці́нні папе́ри, що коту́ються на бі́ржі **stock exchange settlement** ліквіда́ція розраху́нків на фо́ндовій бі́ржі **stock jobber** біржови́й ма́клер, що прова́дить опера́ції за вла́сний рахуно́к; торго́вець ці́нними папе́рами (Великобрита́нія) **stock jobbing** спекуляти́вні біржові́ уго́ди; шту́чне підви́щення чи зни́ження ку́рсів **stock market** фо́ндова бі́ржа **stock offer** про́даж нови́х а́кцій **stock option** опціо́н на купі́влю а́кцій **stock price average** і́ндекс ку́рсів а́кцій **stock purchase warrant** варра́нт на купі́влю ці́нних папе́рів (вид ертифіка́ту) **stock scrip** свідо́цтво на части́ну а́кцій **stock share** а́кція основно́го капіта́лу **trustee stock(s)** першокла́сні ці́нні папе́ри **undated stock** держа́вні ці́нні папе́ри без вка́заного стро́ку пога́шення

stockholder (n.) акціоне́р *m*; вла́сник *m* а́кцій; вла́сник *m* держа́вних ці́нних папе́рів (Великобрита́нія)

stop (v.) припиня́ти; зупиня́ти **stop a check** «зупиня́ти» чек (дія че́кодавача́, коли́ він/вона́ зверта́ється до ба́нку з вимо́гою скасува́ти чи́нність ви́писаного ним/не́ю че́ку)

stop (n.) припи́нення *n*; зупи́нка *m* **stop payment** нака́з ба́нку від осо́би, що рані́ше ви́писала чек, не зді́йснювати платі́ж за че́ком **stop payment on a check** чек, що не мо́же бу́ти при́йнятий до спла́ти (у зв'язку́ з тим, що осо́ба, яка́ ви́писала чек, повідо́мила банк про те, що він не ма́є зако́нної си́ли) **stop payment order** нака́з кліє́нта не спла́чувати (чек)

stoppage (n.) 1. прості́й *m* 2. припи́нення *n* платеж́ів

subscription (n.) 1. передпла́та *f* 2. абонеме́нт *m* **subscription receipt** квита́нція на передпла́ту (напр., на газе́ту)

substandard (adj.) нестанда́ртний; некондиці́йний; ни́жче я́кости, встано́вленої станда́ртом **substandard assets** нестанда́ртні акти́ви **substandard loan** нестанда́ртна по́зика **substandard products** некондиці́йні ви́роби, некондиці́йні проду́кти

sum (n.) су́ма *f*; пі́дсумок *m* **indemnity sum** су́ма відшкодува́ння збитків **invoice sum** су́ма раху́нку, по́даного до спла́ти **principal sum** основни́й капіта́л

supervision (n.) на́гляд *m* **banking supervision** ба́нківський на́гляд **under the supervision of somebody** під на́глядом кого́сь

supervisory (adj.) контро́льний; що контролю́є; що зді́йснює на́гляд **supervisory approval** схва́лення о́ргану ба́нківського на́гляду **supervisory body** контро́льний о́рган, о́рган на́гляду

supply (n.) 1. постача́ння *n* 2. запа́с *m* 3. пропози́ція *f* **available supply** ная́вні запа́си **competitive supply** пропози́ція з бо́ку конкуре́нтів **joint supply** спі́льні поста́вки; взаємопов'я́зане постача́ння **money supply** грошова́ ма́са **rival supply** пропози́ція з бо́ку конкуре́нтів **supply agreement** уго́да про постача́ння **supply and demand** пропози́ція і по́пит **supply depot** ба́за постача́ння **supply on hand** ная́вні запа́си **supply policy** полі́тика постача́ння **to be in an excess supply condition** надхо́дити у надмі́рній кі́лькості **to be in short supply** бракува́ти, надхо́дити у недоста́тній кі́лькості; бу́ти в дефіци́ті

surcharge (n.) 1. наці́нка *f* 2. штраф *m* (за непра́вильні ві́домості про прибу́тки то́що) 3. позакошто́рисні ви́трати *pl*

surety (n.) 1. гара́нтія *f*, запору́ка *f* 2. забезпе́чення *n*, заста́ва *f* 3. пору́чник *m*, гара́нт *m* **joint surety** спі́льний гара́нт, спі́льний пору́чник; спі́льна гара́нтія

surplus (n.) 1. на́длишок *m*, ли́шок *m*, ре́шта *f* 2. акти́вне са́льдо *n*; акти́вний бала́нс *m* 3. прибу́ток *m*; нерозподі́лений прибу́ток *m*; резе́рвний капіта́л *m* **accumulated surplus** нерозподі́лений прибу́ток; резе́рвний капіта́л **export surplus** перевище́ння ва́ртости е́кспорту над ва́ртістю і́мпорту, акти́вний торгіве́льний бала́нс **producer's surplus** додатко́вий прибу́ток виробника́ **surplus dividend** додатко́вий дивіде́нд, бо́нус (додатко́ва винагоро́да, додатко́ва пре́мія) **surplus earnings** нерозподі́лений прибу́ток **surplus fund** додатко́вий фонд **surplus reserve** резе́рв ба́нку, що переви́щує обов'я́зковий резе́рв; резе́рвний капіта́л **surplus value** додатко́ва ва́ртість **trade surplus** акти́вне са́льдо торгіве́льного бала́нсу, акти́вний торгіве́льний бала́нс

switch (n.) світч *m*, спекуляти́вна опера́ція *f* (з про́дажу одни́х ці́нних папе́рів або валю́ти з мето́ю купі́влі і́нших ці́нних папе́рів/валю́ти)

syndicate (n.) синдика́т *m*, консо́рціум *m* **syndicate agreement** уго́да про організа́цію консо́рціуму **syndicate loan** ба́нківська по́зика консо́рціуму **syndicate offering** пропози́ція обліга́цій по́зики чи ці́нних папе́рів з бо́ку консо́рціуму **underwriting syndicate** консо́рціум, що гаранту́є реаліза́цію по́зики чи розмі́щення нови́х ці́нних папе́рів

T

take (v.) 1. бра́ти 2. придба́ти 3. прийма́ти (ці́ну) 4. стяга́ти, зніма́ти 5. найма́ти **take a bribe** бра́ти хабаря́ **take delivery** прийма́ти доста́вку **take inventory** прово́дити інвентириза́цію **take off** зніма́ти, зме́ншувати(ся) **take over** прийма́ти від ко́гось підприє́мство (устано́ву, то́що) **take possession of** оволоді́ти, взя́ти в свої́ ру́ки **take possession of collateral** взя́ти завда́ток у фізи́чне розпоря́дження **take the risk** взя́ти на се́бе ри́зик

take-home pay (n.) заробі́тна пла́та *f* після відраху́нків

takeover (n.) поглина́ння *n*, взяття́ *n* під контро́ль одни́м підприє́мством і́ншого **takeover bid** пропози́ція про купі́влю контро́льного паке́ту а́кцій

tangible (n.) реа́льний, спра́вжній, ді́йсний **tangible assets** матеріа́льні акти́ви **tangible collateral** матеріа́льне забезпе́чення (по́зики) **tangible net worth** части́на акціоне́рного капіта́лу (у матеріа́льних акти́вах); «матеріа́льний» акціоне́рний капіта́л

tariff (n.) 1. тари́ф *m* 2. розці́нка *f* 3. шкала́ *f* ста́вок **ad valorem tariff** адвало́рний тари́ф (платежі́ на осно́ві фіксо́ваної ста́вки) **compound tariff** змі́шаний тари́ф, ми́то змі́шаного ти́пу **conventional tariff** конвенці́йний тари́ф, догові́рне/конвенці́йне ми́то **general tariff** зага́льний тари́ф, прости́й тари́ф **reduced tariff** пі́льговий тари́ф **statutory tariff** встано́влений зако́ном тари́ф **tariff agreement** уго́да про тари́фи **tariff index** тари́фний і́ндекс **tariff price** тари́фна ціна́ **tariff protection** за́хист від конкуре́нції за допомо́гою тари́фів **tariff restrictions** тари́фні обме́ження **tariff quota** тари́фна кво́та (напр., застосува́ння пі́льгових ми́тних тари́фів) **tariff rate** тари́фна ста́вка **tariff value** ці́нність това́ру (за тари́фом)

tax (v.) 1. оподатко́вувати 2. встано́в-лювати су́му (судови́х ви́трат) **propensity to tax** схи́льність оподатко́вувати **tax the costs of an action** встано́влювати су́му судови́х ви́трат

tax (n.) 1. пода́ток *m* 2. ми́то *n* 3. податко́вий (adj.) **accrued taxes** податко́ві нарахува́ння **after tax** пі́сля утри́мання пода́тку **after-tax profit** прибу́ток по відраху́нку пода́тку **company income tax** пода́ток з дохо́дів акціоне́рної компа́нії **excise tax** акци́зний пода́ток (вид непрямо́го пода́тку на това́ри ма́сового спожива́ння) **Goods and Services tax (GST)** пода́ток з това́рів та по́слуг (Нова́ Зела́ндія) **implicit tax** прихо́ваний пода́ток **import turnover tax** пода́ток на про́даж і́мпортних това́рів **income tax** пода́ток з дохо́дів **local tax** місце́вий пода́ток **profit before tax** прибу́ток до спла́ти пода́тку **provisional tax** попере́дній пода́ток **punitive tax** штрафни́й пода́ток **sales tax** пода́ток з про́дажу **tax accountant** податко́во-фіна́нсовий бухга́лтер **tax accrual** накопи́чення податко́вих сум до спла́ти **tax assessment** податко́ва оці́нка **tax**

audit перевірка податків **tax avoidance** ухилення від сплати податків **tax base** база оподаткування **tax benefits** податкові пільги **tax collection** сума податкових надходжень **tax collector** збирач податків **tax concessions** податкові пільги **tax declaration** податкова декларація **tax deductions** податкове відрахування, утримання податку **tax evasion** ухилення від сплати податку **tax examiner** податковий інспектор **tax exempt** вільний від податку **tax-exempt bonds** облігації з вільним від оподаткування прибутком **tax-exempt securities** цінні папери, що не оподатковуються **tax exemption** звільнення від сплати податків **tax-free** вільний від податку **tax leniency** податкове послаблення **tax office** місцева податкова інспекція (Великобританія) **tax privileges** податкові пільги **tax quota** податкова квота **tax rate** податкова ставка **tax rebate** знижка податку **tax refund** повернення суми податку **tax treatment** податковий режим **tax year** фінансовий рік **to fix tax** встановлювати/обумовлювати податок **to reduce taxes** знижувати податки **to save on taxes** заощаджувати на мінімізації податкових платежів **transfer tax** податок на грошові перекази за кордон **transit tax** податок за транзит **turnover tax** податок з обігу **value added tax (VAT)** податок додаткової вартости (Великобританія)

taxable (adj.) що підлягає оподаткуванню **taxable income** прибуток, що підлягає оподаткуванню **taxable securities** цінні папери, що підлягають оподаткуванню

taxation (n.) оподаткування *n* **double taxation** подвійне оподаткування **principles of taxation** принципи оподаткування **progressive taxation** прогресивне оподаткування **proportional taxation** пропорційне оподаткування **redistribution-of-income principle of** принцип оподаткування «перерозподіл доходу» **taxation relief** звільнення від оподаткування

technology (n.) технологія *f* **acquisition of technology** отримання технології

technological (adj.) технологічний **technological advance** технологічний поступ, технологічний прогрес **technological backwardness** технологічна відсталість **technological justification** технологічне обгрунтування

tender (n.) 1. пропозиція *f* (бланк з пропозицією на постачання певного товару або виконання певних послуг)

2. тендер *m* 3. торги (*pl only*) 4. заявка *f* **awarded tender** прийнятий для виконання тендер **conditional tender** пропозиція під умовою **legal tender** законний тендер; законна валюта країни **lowest tender** пропозиція з найнижчою ціною **tender agreement** тендерна угода **tender list** список учасників торгів **tender offer** тендерна пропозиція; зроблена пропозиція (напр., щодо купівлі компанії) **tender price** запропонована ціна на торгах **to invite tenders** призначити торги; оголосити прийняття (цінних паперів) **to invite the public to tender for shares** оголосити про прийняття акцій **to put something out to tender** оголошувати торги на щось

term (n.) 1. термін *m*, строк *m* 2. умови *pl* 3. межа *f* 4. постанова *f*, угода *f* 5. терміновий (adj.) **delivery on term** доставка у зазначений строк **term account** терміновий рахунок **terms and conditions** умови (контракту, комерційної угоди, тощо) **terms of trade** умови торгівлі **term finance** фінансування довготермінового характеру **term loan** термінова позика (на визначений період часу) **terms of payment** умови платежу **term structure of interest rates** часова структура процентний ставок **to come to terms** домовитися по **to comply with the terms** відповідати постановам, відповідати умовам **to set a term** встановлювати строк

terminal (n.) транспортний термінал *m* (напр., залізнична станція, порт, аеропорт і т.д.) **terminal charges** плата за обробку вантажів на залізничній станції

terminal (adj.) 1. кінцевий; заключний; терміновий 2. прикордонний **terminal receipt** складська розписка **terminal market** термінова біржа

test (n.) 1. випробування *n*; перевірка *f*; 2. проба *f*; аналіз *m* **check test** контрольне випробування **means test** перевірка матеріального стану **monitoring test** контрольне випробування **routine test** планове контрольне випробування **test trial** контрольне випробування **work test certificate** свідоцтво про заводське випробування

time (n.) 1. час *m*; строк *m* 2. раз *m* **time deposit** терміновий внесок (банківський депозит, що надається на визначений строк) **time of registration** 1. час реєстрації 2. час оформлення **time schedule** розклад

tip (n.) «чайові» (*pl only*)

title (n.) 1. ти́тул *m* 2. пра́во *n* на володі́ння 3. заголо́вок *m*; на́зва *f* **document of title (to the goods)** това́ророзпоря́джувальний докуме́нт **good title** обґрунто́ваний ти́тул, зако́нний ти́тул **title deed** докуме́нт, що підтве́рджує пра́во на майно́

trade (n.) 1. торгі́вля *f* 2. торгіве́льні ко́ла *pl* 3. роздрі́бна торгі́вля *f* 4. клієнту́ра *f*, покупці́ *pl* 5. фах *m*, профе́сія *f* 6. га́лузь *f* 7. торгіве́льний (adj.) **balanced trade** бала́нс не́тто, врівнова́жений торгіве́льний бала́нс **external trade** зо́внішня торгі́вля **foreign trade** зо́внішня торгі́вля **home trade** вну́трішня торгі́вля; кабота́ж **mail-order trade** поси́лкова торгі́вля **promotion of trade** стимулюва́ння торгі́влі **restrictive trade agreement** уго́да обме́женої торгі́влі **restrictive trade practice** пра́ктика обме́женої торгі́влі **retail trade** роздрі́бна торгі́вля **seasonal trade** сезо́нна торгі́вля **to promote trade** заохо́чувати ро́звиток торгі́влі; стимулюва́ти ро́звиток торгі́влі **trade balance** торгіве́льний бала́нс **trade bill** торгіве́льний ве́ксель **trade discount** торгіве́льна зни́жка **trade negotiations** торгіве́льні перегово́ри **trade operations** торгіве́льні опера́ції **trade partner** торгіве́льний партне́р **trade price** торгіве́льна ціна́; ціна́ това́рів, що купу́ються роздрі́бним торго́вцем в оптовика́ для пода́льшого про́дажу **trade restrictions** торгіве́льні обме́ження **trade sanctions** торгіве́льні са́нкції **trade union** тредю́ніон (Великобрита́нія), профспі́лка **wholesale trade** о́птова торгі́вля

trademark (n.) торгіве́льний знак *m*; фабри́чна ма́рка *f* **trademark application** зая́вка на реєстра́цію това́рного зна́ку **trademark certificate** свідо́цтво на това́рний знак **registration of a trademark** реєстра́ція това́рного зна́ку

transaction (n.) 1. спра́ва *f* 2. уго́да *f* 3. опера́ція *f*, трансакція *f* 4. ве́дення *n* спра́ви **call transaction** онко́льна уго́да **cash transaction** трансакція готі́вкою; уго́да, що передбача́є розраху́нок готі́вкою **monetary transaction** грошова́ опера́ція, грошова́ трансакція **spot transaction** уго́да «спот»; уго́да на ная́вний това́р (у то́му числі́ при біржові́й торгі́влі, яка́ передбача́є негайну спла́ту) **stock exchange transaction** фо́ндова опера́ція

transfer (v.) 1. передава́ти 2. перево́зити, перено́сити 3. перево́дити

(гро́ші) **transfer an account** перево́дити раху́нок **transfer currency into the account of the seller** перево́дити валю́ту на раху́нок продавця́ **transfer property rights to a third party** перево́дити права́ на майно́ на тре́тю осо́бу

transfer (n.) 1. переда́ча *f* 2. переда́ча *f* у вла́сність 3. по́ступка *f* (пра́ва) 4. трансфе́рт *m*; переве́дення *n* (грошови́х сум) 5. переве́зення *n* ванта́жів (з одного́ скла́ду на і́нший) **technology transfer** переда́ча техноло́гії **transfer agent** аге́нт з ви́дачі ці́нних папе́рів та реєстра́ції трансфе́ртів **transfer of ownership** переда́ча пра́ва вла́сности **transfer of stock** переда́ча а́кцій (США); переда́ча обліга́цій, фо́ндів (Великобрита́нія)

transferable (adj.) яки́й мо́жна передава́ти; яки́й мо́жна перево́дити; перевідни́й **transferable account** перевідни́й раху́нок **transferable time deposit** термі́новий депози́т (за яки́м мо́жна роби́ти пото́чні платежі́)

transit (n.) 1. транзи́т *m* 2. транзи́тний (adj.) **transit cargo** транзи́тний ванта́ж **transit duty** транзи́тне ми́то **transit entry** деклара́ція про транзи́тні вантажі́, що не обклада́ються ми́том **transit tariff** транзи́тне ми́то **transit tax** пода́ток за транзи́т **transit zone** транзи́тна зо́на

treasury (n.) казна́ *f* **the Treasury** держа́вна казна́; Міністе́рство фіна́нсів (Великобрита́нія) **treasury bonds** 1. зобов'я́зання казни́ 2. обліга́ції, ви́пущені казно́ю **Treasury Department** Міністе́рство фіна́нсів США **treasury stock** вла́сні а́кції у портфе́лі

trial (n.) 1. випро́бування *n*, і́спит *m*, спро́ба *m* 2. судови́й ро́згляд *m*, суд *m* **test trial** контро́льне випро́бування **trial and error approach** підхі́д ме́тодом спроб і по́милок **trial run** спро́бне випро́бування

trust (n.) 1. дові́ра *f* 2. дору́чення *n* 3. креди́т *m* 4. розпоря́дження *n* майно́м за дору́ченням; 5. трест *m*, конце́рн *m* **anti-trust laws** а́нтимонопо́льні зако́ни **anti-trust legislation** а́нтимонопо́льне законода́вство **trust agreement** уго́да про переда́чу майна́ і́ншій осо́бі на зберіга́ння і розпоря́дження **trust company** трест-компа́нія (оди́н з ви́дів комерці́йних ба́нків) **holding trust** хо́лдингова компа́нія (акціоне́рна компа́нія, що володі́є контро́льними паке́тами а́кцій і́нших фірм) **investment trust**

інвестиці́йний трест (фіна́нсова компа́нія, що інвесту́є свій капіта́л в а́кції та обліга́ції і́нших компа́ній)

turnkey (adj.) «під клю́ч» **turnkey contract** генера́льний підря́д **turnkey plant** підприє́мство про́дане «під ключ» (по́вністю гото́ве до виробни́цтва) **turnkey project** будівни́цтво під ключ; доста́вка під ключ

turnover (n.) (зага́льний) о́біг *m*, оборо́т *m* **export turnover** о́біг з е́кспорту, о́бсяг е́кспортних опера́цій **import turnover** о́біг з і́мпорту, о́бсяг і́мпортних опера́цій **labor turnover** оборо́т робо́чої си́ли **turnover of capital** о́біг капіта́лу **turnover tax** пода́ток з о́бігу

type (v.) друкува́ти **type a letter** друкува́ти лист

type (n.) 1. тип *m* 2. вид *m* 3. зразо́к *m* **type of account** тип раху́нку **type of collateral** тип забезпе́чення креди́ту (напр., това́ри, земля́, ці́нні папе́ри то́що)

U

ultimate (adj.) 1. оста́нній, кінце́вий 2. максима́льний, грани́чний, кра́йній **ultimate destination** кінце́ве призна́чення (напр., вантажу́) **ultimate load** максима́льне наванта́ження, кра́йнє призна́чення **ultimate result** кінце́вий результа́т

ultimatum (n.) ультима́тум *m* **to issue an ultimatum** видава́ти ультима́тум, ста́вити ультима́тум, пред'явля́ти ультима́тум

unauthorized (adj.) недозво́лений, невповнова́жений **unauthorized access to company records** недозво́лений до́ступ до документа́ції компа́нії **unauthorized expenditure** недозво́лена ви́трата

unbalanced (adj.) незбалансо́наний; нерівномі́рний **unbalanced budget** незбалансо́ваний бюдже́т **unbalanced load** нерівномі́рне заванта́ження

unbanked (adj.) 1. що не ма́є ба́нківського раху́нку 2. що не був покла́дений до ба́нку **unbanked check** чек, що не був покла́дений до ба́нку **unbanked money** гро́ші, що не були́ покла́дені до ба́нку

uncollected (adj.) незі́браний **uncollected funds** 1. незі́брані з боржникі́в гро́ші 2. че́ки, що знахо́дяться на інкаса́ції **uncollected taxes** незі́брані пода́тки

unconditional (adj.) не обме́жений умо́вами, безумо́вний, беззастере́жний, необумо́влений

unconditional acceptance необумо́влений акце́пт **unconditional guarantee** безумо́вна гара́нтія

uncontrollable (adj.) 1. нестри́мний, невпи́нний 2. що не піддає́ться контро́лю **uncontrollable inflation** нестри́мна інфля́ція; інфля́ція, що не піддає́ться контро́лю

undercapitalized (adj.) недокапіталізо́ваний (з бра́ком вла́сного капіта́лу, з недоста́тнім капіта́лом) **undercapitalized company** компа́нія з недоста́тнім капіта́лом, недокапіталізо́вана компа́нія

undermine (v.) підрива́ти **undermine credibility of money** підрива́ти дові́ру до грошей **undermine somebody's authority** підрива́ти чийсь авторите́т

underpricing (n.) зани́ження *n* ціни́

undervalue (v.) недооці́нювати, оці́нювати ни́жче реа́льної ва́ртости **undervalue currency** недооці́нювати валю́ту (надава́ти валю́ті шту́чно зани́жений курс)

underwrite (v.) здійснювати андерра́йтинг

underwriter (n.) 1. гара́нт *m* розмі́щення ці́нних папе́рів; андерра́йтер *m* 2. морськи́й страху́ва́льник *m*

underwriting (n.) 1. гарантува́ння *n* розмі́щення (по́зик, ці́нних папе́рів); андерра́йтинг *m* 2. морське́ страхува́ння *n* **underwriting commission** комі́сія (винагоро́да) за гара́нтію розмі́щення по́зики чи ці́нних папе́рів; комі́сія страхово́му ма́клеру **underwriting commitment** андерра́йтингова уго́да **underwriting costs** ва́ртість прийняття́ (напр., ці́нних папе́рів чи страхува́ння) **underwriting rates** страхови́й тари́ф **underwriting share** ча́стка в консо́рціумі **underwriting syndicate** консо́рціум, що гаранту́є реаліза́цію по́зики чи розмі́щення нови́х ці́нних папе́рів

unemployment (n.) безробі́ття *n* **mass unemployment** ма́сове безробі́ття **regional unemployment** регіона́льне безробі́ття **registered unemployment** зареєстро́ване безробі́ття **residual unemployment** найни́жчий рі́вень безробі́ття **unemployment benefit** допомо́га під час пері́оду безробі́ття (Великобрита́нія, Австра́лія, Нова́ Зела́ндія) **unemployment compensation** допомо́га за пері́од безробі́ття **unemployment insurance**

страхува́ння на ви́падок безробі́ття **unemployment rate** рі́вень безробі́ття

unfair (adj.) 1. нече́сний 2. несправедли́вий **unfair advantage** перева́га, що була́ отри́мана нече́сним шляхо́м **unfair competition** недоброче́сна конкуре́нція **unfair trade practices** несправедли́ві ме́тоди ве́дення торгі́влі

unforeseen (adj.) непередба́чений **unforeseen circumstances** непередба́чені обста́вини **unforeseen events** непередба́чені поді́ї **unforeseen expenses** непередба́чені ви́трати

uniform (adj.) 1. єди́ний 2. однорі́дний 3. одна́ковий **uniform accounting standards and disclosure requirements** уніфіко́вані станда́рти о́бліку та вимо́ги до розкриття́ інформа́ції **uniform cargo** однорі́дний ванта́ж **uniform credit ceilings** уніфіко́вані креди́тні сте́лі **uniform price** єди́на ціна́ **uniform rate** уніфіко́вана ста́вка **uniform quality** однорі́дна я́кість

unilateral (adj.) односторо́нній **unilateral declaration** односторо́ння деклара́ція **unilateral character** односторо́нній хара́ктер **unilateral clearing** односторо́нній клі́ринг **unilateral contract** односторо́ння уго́да

union (n.) 1. сполу́чення *n*, з'є́днання *n* 2. об'є́днання *n*; сою́з *m*; спі́лка *f*; федера́ція *f* 3. професі́йна спі́лка *f*, тред-юніо́н *m* **closed union** профспі́лка з обме́женою кі́лькістю чле́нів **customs union** ми́тний сою́з

unit (n.) 1. одини́ця *f*, одини́ця *f* ви́міру 2. па́ртія *f* ці́нних папе́рів, що реалізу́ються за єди́ною ціно́ю 3. агрега́т *m*; се́кція *f*; компле́кт *m*; ву́зол *m*; елеме́нт *m* **contract units** станда́ртна систе́ма показників я́кости това́ру, що постача́ється за термі́новими контра́ктами **monetary unit** грошова́ одини́ця **trading unit** обов'язко́ва мініма́льна кі́лькість, що продає́ться за контра́ктом (на бі́ржах) **unit bank** банк, що ма́є єди́не головне́ відді́лення **unit banking** законода́вство, що забороня́є ба́нкам відкрива́ти свої́ філі́ї у де́яких шта́тах **unit banking states** шта́ти (США) що заборони́ли ство́рення ба́нками свої́х філі́й **unit cost** собіва́ртість одини́ці проду́кції **unit sample** пересі́чний зразо́к

unlimited (adj.) необме́жений **unlimited credit** необме́жений креди́т **unlimited guarantee** необме́жена гара́нтія (що покрива́є зага́льну заборго́ваність) **unlimited proprietorship** товари́ство з необме́женою відповіда́льністю

unloading (n.) розванта́ження *n*, виванта́ження *n* **point of unloading** пункт розванта́ження **unloading expences** ви́трати на розванта́ження това́ру

unsecured (adj.) незабезпе́чений **unsecured bond** облі́гація, що не забезпе́чена завда́тком конкре́тних акти́вів еміте́нту **unsecured credit** креди́т без забезпе́чення, незабезпе́чений креди́т **unsecured debt** незабезпе́чений борг **unsecured guarantee (guaranty)** незабезпе́чена (завда́тком) гара́нтія **unsecured loan** незабезпе́чена по́зика

update (v.) 1. модернізо́вувати 2. вно́сити змі́ни **update an insurance policy** вно́сити змі́ни до страхово́го контра́кту **update consumer records** змі́нювати інформа́цію про кліє́нтів (напр., за да́ними що надійшли́ за день)

upward (adj.) спрямо́ваний вго́ру; що ру́хається вго́ру **upward adjustment** підви́щення ціни́, попра́вка у бік збі́льшення **upward trend** тенде́нція до підви́щення

urgent (adj.) термі́новий; нега́йний; нага́льний; невідкла́дний **urgent business** невідкла́дна спра́ва **urgent notification** нега́йне повідо́млення **urgent order** термі́нове замо́влення **urgent question** нага́льне пита́ння **urgent sale** термі́новий про́даж

usage (n.) 1. пово́дження *n* 2. вжива́ння *n*; вжи́ток *m* 3. торгіве́льний зви́чай *m*, ділови́й зви́чай *m* 4. уза́нс *m* (пра́вило в торгіве́льних відно́синах) **general usage** зага́льноприйня́та пра́ктика

use (v.) 1. використо́вувати, користува́тися 2. вжива́ти 3. застосо́вувати 2. звертатися **use funds** використо́вувати фо́нди **use information** використо́вувати інформа́цію **use printing press to finance budget deficit** використо́вувати друка́рський верста́т для фінансува́ння бюдже́тного дефіци́ту **use something as collateral** використо́вувати щось як забезпе́чення **use the services of an agent** зверта́тися до по́слуг аге́нта

use (n.) 1. використа́ння *n* 2. вжива́ння *n* 3. застосува́ння *n* **joint use** спі́льне використа́ння **use of marketing** використа́ння марке́тингу **use the services of an agent** зверта́тися до по́слуг аге́нта **value in use** експлуатаці́йні ви́трати

user (n.) 1. кліє́нт *m* 2. спожива́ч *m* 3. покористо́вувач *m* **user of computer network** той, хто користу́ється комп'ю́терною мере́жею **user of financial services** той, хто користу́ється фіна́нсовими по́слугами

user-friendly (adj.) 1. зручни́й у користува́нні 2. легки́й у користува́нні **user-friendly computer** легки́й у користува́нні комп'ю́тер

usurer (n.) лихва́р *m* **usurer's interest** лихва́рські проце́нти

usurious (adj.) лихва́рський, зди́рницький **usurious rate of interest** лихва́рський проце́нт

utilities (n.) 1. підприє́мства *pl* зага́льного користува́ння 2. комуна́льні спору́ди *pl* 3. комуна́льні по́слуги *pl* **public utilities** 1. підприє́мства зага́льного користува́ння 2. комуна́льні спору́ди 3. комуна́льні по́слуги

utility (n.) 1. кори́сність *f*, ви́гідність *f* 2. кори́сна річ *f*

utility (adj.) зага́льного користува́ння, комуна́льний **public utility companies** підприє́мства комуна́льного господа́рства **utility bill** раху́нок за комуна́льні по́слуги **utility stock** комуна́льні а́кції, а́кції комуна́льних компа́ній

V

vacancy (n.) 1. вака́нсія *f*; ві́льне мі́сце *n* 2. примі́щення *n*, що здає́ться **vacancy rate** 1. проце́нт ві́льних кварти́р 2. проце́нт поро́жніх номері́в у готе́лі **to fill a vacancy** запо́внити вака́нсію

valid (adj.) 1. ді́йсний, чи́нний, що ма́є си́лу 2. зако́нний **valid acceptance of an offer** ді́йсний акце́пт офе́рти **valid bill of lading** ді́йсна накладна́; ді́йсний коносаме́нт **valid contract** зако́нний контра́кт

validity (n.) 1. ді́йсність *f*; зако́нність *f* 2. обґрунто́ваність *f* **validity of a claim** обґрунто́ваність по́зову **validity of sanctions** обґрунто́ваність са́нкцій

valuable (adj.) 1. ці́нний, кошто́вний 2. кори́сний, важли́вий **valuable assets** ці́нне майно́ **valuable cargo** кошто́вний ванта́ж **valuable discovery** важли́ве відкриття́ **valuable information** кори́сна інформа́ція **valuable service** вели́ка по́слуга

valuables (n. pl.) дорогоці́нності *pl*, кошто́вності *pl*

valuation (n.) оці́нка *f* **director's valuation** оці́нка дире́ктора **valuation of bank assets** оці́нка ба́нківських акти́вів **valuation risk** оцінко́вий ри́зик (оди́н з компоне́нтів проце́нтного ри́зику)

value (n.) 1. ці́нність *f*; кошто́вність *f* 2. ва́ртість *f* 3. ціна́ *f* 3. ста́вки *pl* фрахтува́ння **actual cash value** ді́йсна ва́ртість грошей (теорети́чна конце́пція ва́ртости) **book value** бала́нсова ва́ртість акти́вів **brand value** ва́ртість ма́рки **cash value (of life insurance policy)** грошова́ ва́ртість (по́лісу страхува́ння життя́) **closing values** заклю́чні ці́ни **commercial value** ри́нкова ва́ртість **contract value** ва́ртість това́рів, що були́ ку́плені за умо́вами контра́кту **contractual value** ва́ртість, що зазна́чена в контра́кті **current values** пото́чні ці́ни **depreciable value** зага́льна су́ма амортиза́ції; остато́чна ва́ртість **exchange value** обмі́нна ва́ртість **export value of imported merchandise** ці́нність това́рів за е́кспортними ці́нами у краї́ні відпра́влення **face value** номіна́льна ва́ртість **in terms of value** у ва́ртісному відно́шенні **intrinsic value** ді́йсна ва́ртість **market value** курсова́ ва́ртість; ри́нкова ва́ртість **nominal value** номіна́льна ва́ртість **par value** оголо́шена номіна́льна ва́ртість (ці́нного папе́ру) **present value** тепе́рішня ва́ртість **real value** реа́льна ва́ртість **redemption value** викупна́ ціна́ **relative surplus value** відно́сна додатко́ва ва́ртість **sale value** про́дажна ва́ртість **surplus value** додатко́ва ва́ртість **tariff value** ці́нність това́ру (за тари́фом) **to estimate the value of something** оці́нювати ва́ртість чого́сь **value added** ва́ртість обро́бки (ва́ртість, що додає́ться на ко́жному ета́пі обро́бки сировини́) **value added component** елеме́нт додатко́вої ва́ртости **value added tax (VAT)** пода́ток додатко́вої ва́ртости (Великобрита́нія) **value appraisement** оці́нка ва́ртости/ці́нности **value in use** експлуатаці́йні ви́трати **value of exports** ці́нність е́кспорту, ва́ртість е́кспорту **value of imports** ці́нність і́мпорту, ва́ртість і́мпорту

variable (adj.) мінли́вий, змі́нний **variable budget** змі́нний бюдже́т **variable capital** змі́нний капіта́л **variable costs** змі́нні ви́трати **variable-rate loan** по́зика з змі́нною ста́вкою проце́нту **variable-rate assets** акти́ви з змі́нною проце́нтною ста́вкою **variable-rate liabilities** зобов'яза́ння з змі́нною проце́нтною ста́вкою **variable-rate deposit** депози́т з змі́нною ста́вкою проце́нту

vault (n.) схо́вище *n*, сейф *m* **bonded vaults** ми́тний склад для вина́ та алкого́льних напо́їв **safe-deposit vault** сейфо́ве схо́вище для розмі́щення депози́тів **safety vault** схо́вище кошто́вностей (у ба́нку)

vending (n.) 1. про́даж *m* торгіве́льними автома́тами 2. про́даж *m* ба́нком адміністрати́вних підро́зділів чи підро́зділів забезпе́чення і́ншим компа́ніям (напр., про́даж видавни́чого це́нтру ба́нку, ві́дділу пошто́вої кореспонде́нції то́що) **coin-operated vending machine** торгіве́льний автома́т, що працю́є на моне́тах **vending machine** торгіве́льний автома́т

venture (n.) 1. комерці́йне підприє́мство *n*; ризико́ване підприє́мство *n* 2. спекуля́ція *f* **venture bank** інновацій́ний банк **joint venture** спі́льне підприє́мство

vest (v.) наділя́ти (права́ми); уповнова́жувати **vest a person with rights** наділя́ти кого́сь права́ми **vest property in a person** передава́ти майно́ у чиє́сь володі́ння **vest rights in a person** наділя́ти кого́сь права́ми

violation (n.) пору́шення *n*; недотри́мання *n* (уго́ди, зако́ну); відхи́лення *n* **violation of a law** недотри́мання зако́ну **violation of an agreement** пору́шення уго́ди **violation of financial discipline** пору́шення фіна́нсової дисциплі́ни **violation of a contract** пору́шення уго́ди **violation of regulations** пору́шення стату́ту **violation of sanctions** пору́шення са́нкцій **violation of terms** пору́шення умо́в (напр., контра́кту)

volume (n.) о́бсяг *m*; величина́ *f*; вели́ка кі́лькість *f* **established volume** встано́влений о́бсяг **definite volume** пе́вний о́бсяг **sales volume** о́бсяг про́дажу **specified volume** обумо́влений о́бсяг **to produce in volume** виробля́ти у вели́ких кі́лькостях **total volume** зага́льний о́бсяг **volume index** і́ндекс фізи́чного о́бсягу **volume of actual sales** о́бсяг факти́чного про́дажу **volume of an operation** о́бсяг опера́ції **volume of a transaction** о́бсяг опера́ції, о́бсяг уго́ди **volume of business** о́бсяг опера́цій; масшта́б бі́знесу **volume of credit** о́бсяг креди́ту; су́ма по́зик **volume of exports** о́бсяг е́кспорту **volume of imports** о́бсяг і́мпорту **volume of shipments** о́бсяг переве́зень **volume of trade** о́бсяг торгі́влі **volume of traffic** інтенси́вність ру́ху **volume of work** о́бсяг робі́т

vote (n.) 1. го́лос *m*; пра́во *n* го́лосу 2. кі́лькість *f* голосі́в, голоси́ *pl* 3. голосува́ння *n*, балотува́ння *n* **vote by proxy** голосува́ння че́рез дові́рену осо́бу

voting (n.) голосува́ння *n* **voting member** член з пра́вом го́лосу **voting stocks** а́кції, що даю́ть вла́сникові пра́во го́лосу на акціоне́рних збо́рах **voting trust** компа́нія, що розпоряджа́ється голоса́ми за а́кціями свої́х кліє́нтів

W

wage (n.) заробі́тна пла́та *f*, заробі́тна платня́ *f* **adjustment of wage rates to the cost of living index** змі́на ста́вок заробі́тної платні́ в зале́жності від змі́ни і́ндексу прожитко́вого мі́німуму **annual wage** рі́чна заробі́тна пла́та **living wage** прожитко́вий мі́німум **nominal wages** номіна́льна заробі́тна пла́та **real wage** реа́льна заробі́тна пла́та **reduction of wages** зни́ження заробі́тної пла́ти **to raise wages** підви́щувати заробі́тну пла́ту **wage bill** фонд заробі́тної пла́ти **wage ceiling** встано́влена максима́льна межа́ ро́зміру заробі́тної пла́ти **wage claim** вимо́га збі́льшити заробі́тну пла́ту **wage controls** систе́ма регулюва́ння заробі́тної пла́ти **wage cut** зни́ження заробі́тної пла́ти **wage freeze** заморо́жування заробі́тної пла́ти **wage increase against a rise in prices** компенса́ція за підви́щення цін **wage indexation** індекса́ція заробі́тної пла́ти **wage labor** на́ймана пра́ця **wage-price spiral** спіра́ль заробі́тна пла́та–ціна́, інфляці́йна спіра́ль **wage rate** ста́вка заробі́тної пла́ти **wages payable** заборго́ваність щодо опла́ти пра́ці

waive (v.) 1. відмовля́тися (від пра́ва, вимо́ги) 2. утри́муватися 3. ухиля́тися; уника́ти 4. скасо́вувати **waive a claim** відмовля́тися від вимо́ги, відмовля́тися від прете́нзії **waive an objection** зніма́ти запере́чення **waive discussion** уника́ти обгово́рення **waive formalities** відмовля́тися від форма́льностей; не дотри́муватися форма́льностей **waive immunity** відмовля́тися від імуніте́ту **waive registration** скасо́вувати реєстра́цію **waive the exercise of one's duty** не вико́нувати свого́ обов'я́зку

warehouse (n.) 1. склад *m*; това́рний склад *m* 2. вели́кий магази́н *m* роздрі́бної торгі́влі 3. складськи́й (adj.) **bonded warehouse** ми́тний склад, де зберіга́ються това́ри **free warehouse** фра́нко-склад **import warehouse** і́мпортний склад **warehouse bond** складська́ заставна́ **warehouse certificate** складське́ свідо́цтво **warehouse document** складськи́й докуме́нт **warehouse fee** складськи́й пода́ток **warehouse goods** складськи́й ванта́ж, складські́ това́ри **warehouse inspection** інспектува́ння складу **warehouse lease** оренда складу **warehouse receipt** складська розписка

warrant (n.) 1. повноваження *n* 2. підстава *f* 3. посвідчення *n*, свідоцтво *n* 4. купон *m* (облігації/ акції) 4. варант *m* (посвідчення, яке видається товарним складом про прийняття товару на зберігання) **customs warrant** ордер на випуск вантажу з митниці **dividend warrant** сертифікат на отримання дивідендів, довіреність на отримання дивідендів **warrant of attorney** довіреність

warrantee (n.) особа *f*, діяльність якої гарантується

warrantor (n.) поручник *m*, ґарант *m*

warranty (n.) 1. гарантія *f*; запорука *f* 2. підстава *f* **factory warranty** заводська гарантія **floating warranty** гарантія якости, що передається **warranty clause** пункт контракту про гарантії **warranty deductible charges** частина витрат на гарантійне обслуговування, що виплачується покупцем **warranty payment** плата за ремонт за гарантійним зобов'язанням **warranty test** приймальне/технічне випробування

waterproof (adj.) водонепроникний

weight (n.) 1. вага *f* 2. вантаж *m* 3. значення *n*, важливість *f* 4. вплив *m*, авторитет *m* **dead weight** дедвейт, власна вага **gross weight** вага брутто **net weight** вага нетто **purchase by weight** купівля на вагу **to carry weight** мати вплив **to give weight to** надавати значення; визнавати важливість; визнавати силу **unit of weight** одиниця ваги **weight allowance** знижка з ваги **weight certificate** ваговий сертифікат **weight list** ваговий лист (тип товарного документу)

welfare (n.) добробут *m*; соціальне забезпечення *n* **welfare funds** фонди соціального забезпечення **welfare system** система соціального забезпечення

wholesale (n.) 1. оптова торгівля *f* 2. оптовий (adj.) **to buy wholesale** купувати оптом **wholesale buyer** оптовий покупець **wholesale corporate banking** оптове банківське обслуговування корпорацій **wholesale cost** оптова вартість **wholesale dealer** оптовий торговець **wholesale deposit** оптовий депозит (рахунки державних та фінансових компаній) **wholesale fair** оптовий ярмарок **wholesale firm** оптова фірма **wholesale funds** оптові грошові фонди **wholesale house** оптова біржа **wholesale money**

market оптовий грошовий ринок **wholesale price** оптова ціна **wholesale price index** індекс оптових цін **wholesale purchases** оптова закупівля

wholesaler (n.) оптовий торговець *m*, оптовик *m* **affiliated wholesaler** оптовий торговець, що входить у компанію

wide (adj.) 1. широкий 2. великий, просторий **wide acquaintance** широке знайомство **wide difference** велика різниця **wide interpretation** широке тлумачення **wide range** широкий асортимент

winding-up (n.) ліквідація *f* активів, коли підприємство припиняє діяти

withdraw (v.) 1. вилучати 2. відкликати 3. знімати **withdraw a certificate of deposit** гасити депозитний сертифікат **withdraw a deposit** вилучати депозит **withdraw cash** знімати готівку (з рахунку) **withdraw from a bargain** відмовлятися від угоди **withdraw from vault** вилучати зі сховища **withdraw savings** знімати заощадження **withdraw with advance notice** знімати (гроші з рахунку) з попереднім сповіщенням

withdrawal (n.) 1. вилучення *n* 2. відкликання *n*, виведення *n* 3. відхід *m*, вихід *m* **account withdrawal** вилучення рахунку **cash withdrawal** зняття готівки з рахунку **notice of withdrawal** повідомлення про викуп чи погашення цінних паперів **withdrawal credit** вимога погашення кредиту; закриття кредиту **withdrawal(s) of gold** вилучення золота; вилучення депонованого золота; вивіз золота **withdrawal slip** документ на видачу грошей готівкою з депозиту **withdrawal ticket** документ на видачу грошей готівкою з депозиту

witness (v.) 1. бути свідком чогось, бачити 2. засвідчувати **witness a signature** засвідчувати підпис **witness a will** засвідчувати заповіт

work (v.) робити, працювати **work off goods** збувати товари **work on a commission basis** працювати на комісійних засадах

work (n.) 1. робота *f* 2. виробництво *n* **public works** комунальні роботи **relief works** громадські роботи для безробітних **volume of work** обсяг робіт **work force attrition rate** коефіцієнт скорочення робочої сили **work force turnover** плинність робочої сили **work in progress** незавершене виробництво **work load**

завантáженість робóтою **work permit** дóзвіл на робóту **work schedule** грáфік робóти **work test certificate** свідóцтво про заводськé випрóбування

world (n.) 1. світ *m* 2. всесвíтній (adj.), світовий (adj.) **World Bank** Всесвíтній банк **world economy** світовá економíка **world market demand** кон'юнктýра світовóго ринку **world finance markets** світовá фінáнсова структýра **world prices** 1. світовí цíни 2. цíни світовóго ринку **world's fair** всесвíтній ярмарок **World Trade Centre** Центр міжнарóдної торгíвлі (у Нью-Йóрку)

writ (n.) повíстка *f*, розпоряджéння *n*, накáз *m* **writ of execution** виконáвчий лист **to serve a writ** 1. привóдити до виконáння судовий накáз 2. надсилáти судовý повíстку

write (v.) писáти, випúсувати **write out a check** випúсувати чек

write-off (n.) 1. анулювáння *n*, письмóва відмóва *f* 2. списáння *n* (напр., майнá, заборгóваности) 3. сýми *pl*, що булú спúсані з рахýнку **write-off of bad assets** списáння погáних актúвів

Y

yankees (pl.) «янкíз» *pl* – цíнні папéри (сленг на бíржі, США)

yard (n.) 1. ярд *m* 2. двір *m* **stock yard** скóтний двір **timber yard** лíсна бíржа

year (n.) рік *m* **accounting year** звíтний рік **balance year** балáнсовий рік **budget year** бюджéтний рік **business year** господáрський рік, фінáнсовий рік **calendar year** календáрний рік **current year** потóчний рік **financial year** фінáнсовий рік, бюджéтний рік **fiscal year** фінáнсовий рік, бюджéтний рік **interest rate per year** рíчна процéнтна стáвка **tax year** фінáнсовий рік **year under review** звíтний рік

yellow sheets (pl.) жóвті áркуші *pl* (щодéнний бюлетéнь Національного бюрó котирóвок за корпораційними облігáціями, США)

yield (v.) 1. давáти (прибýток); принóсити 2. поступáтися, погóджуватися **the research yielded no result** дослíдження виявилися безрезультáтними **yield a loss** завдавáти збитків **yield consent** погóджуватися (вимушено) **yield interest** давáти процéнтний прибýток

yield (n.) прибýток *m*, процéнтний прибýток *m* **bond yield** процéнтний прибýток за облігáціями **dividend yield** процéнти за дивідéндами **redemption yield** прибýток з цíнних папéрів **securities yield** процéнтний прибýток з цíнних папéрів **yield curve** кривá прибýтків, кривá прибуткóвости

Z

zaibatsu (n.) дзайбáцу *n* (великí конгломерáти японських підприємств) **zaibatsu conglomerate** конгломерáт дзайбáцу

zero (n.) 1. нуль *m* 2. нульовá тóчка *f* 3. нульовий (adj.) **zero-coupon bond** зéро-купóн, облігáція з зéро-купóном, облігáція з нульовим купóном **zero defects program** прогрáма бездефéктних постачáнь **zero level** нульовий рíвень, початкóвий рíвень **zero-rated** з нульовим подáтком (на товáри та послýги)

zip code (n.) поштóвий íндекс (США) *m*

zone (v.) 1. встанóвлювати зóни, розділяти на зóни 2. встанóвлювати зонáльний тариф

zone (n.) 1. зóна *f*, пояс *m*, райóн *m* 2. зонáльний (adj.) **commercial zone** комерційна зóна **dollar zone** дóларова зóна **duty free zone** безмитна зóна; зóна безподаткóвої торгíвлі **duty-free processing zone** зóна виробництва на éкспорт **industrial zone** промислóва зóна **free economic zone** вíльна економíчна зóна **free enterprise zone** зóна вíльного підприємництва **free trade zone** (free trading zone) зóна вíльної торгíвлі; вíльна зовнíшньоторгівéльна зóна **free zone** вíльна зóна, пóрто-фрáнко **frontier zone** прикордóнна зóна **preferential tariff zone** зóна преференційних тарифів **transit zone** транзитна зóна **zone of exclusive rights** зóна виключного прáва **zone of joint enterprise** зóна спíльного підприємництва **zone of non-exclusive rights** зóна невиключного прáва **zone pricing** зонáльна розцíнка

zoning (n.) районувáння *n*; зонáльність *f*; розподíл *m* по зóнах **zoning regulations** прáвила, що регулюють забудóву та використáння територíї у мíсті

LIST OF ABBREVIATIONS

ABA	**American Bankers Association** Асоціа́ція америка́нських ба́нків
a/c	**account** 1) раху́нок, розраху́нок; 2) торгіве́льний бала́нс
A.C.A.	**Associate Chartered Accountant** член бухга́лтерської асоціа́ції
acc.; acct.	**account** 1) раху́нок, розраху́нок; 2) торгіве́льний бала́нс **accountant** бухга́лтер
ACH	**Automated Clearing House** Організа́ція автомати́чних клі́рингових опера́цій
acpt.	**acceptance** 1) акце́пт; 2) прийма́ння, прийнятт́я; 3) зго́да прийня́ти щось
A.C.T.	**advance corporation tax** ава́нсовий пода́ток з корпора́цій
ACV	**actual cash value** ді́йсна ва́ртість готі́вкою
ad.; adv.	**advertisement** рекла́ма, оголо́шення
adv	**ad valorem (Lat.)** адвало́рний
A/F	**air freight** а́віафра́хт
Agcy.	**agency** аге́нтство, устано́ва
A.G.M.	**annual general meeting** зага́льні щорі́чні збо́ри
agmt	**agreement** зго́да, до́говір, уго́да
agt	**agent** аге́нт, представни́к, посере́дник, дові́рена осо́ба
Amb.	**ambassador** посо́л
Amex	**American Stock Exchange** Америка́нська фо́ндова бі́ржа (у Нью-Йо́рку)
amt.	**amount** су́ма, пі́дсумок
a.n.wt.	**actual net weight** факти́чна вага́ не́тто
AO	**All Ordinaries Index** і́ндекс цін на Австралі́йскій фо́ндовій бі́ржі
A.P.	**American Patent** америка́нський пате́нт
APR	**annualized percentage rate (of interest)** щорі́чні проце́нтні ста́вки прибу́тку
aptd.	**appointed** призна́чений
AR	**annual return** річни́й звіт
a/s	**alongside** вздовж бо́рту (*мор.*)
asap;	**ASAP as soon as possible** якомо́га скорі́ше, якомо́га шви́дше
ass.; assn.	**association** об'є́днання, асоціа́ція, товари́ство
ass.;	**asst. assistant** асисте́нт, помічни́к
ass.;	**asstd. assorted** 1) ді́браний; 2) класифіко́ваний
AST	**automated screen trading** автомати́чна систе́ма торгі́влі (*ці́нними папе́рами*)
ASX	**Australian Stock Exchange** Австралі́йська фо́ндова бі́ржа
A.T.; A/T	**American Terms** америка́нські техні́чні умо́ви
ATM	**Automated Teller Machine (Automated Telling Machine)** автомати́чний пункт ви́дачі готі́вки

Att.; Atty.	**attorney** уповнова́жений; дові́рена осо́ба, пові́рений у суді́; юри́ст, адвока́т
Att.Gen.	**Attorney General** Міні́стр юсти́ції США
AVC	**additional voluntary contributions...**додатко́ві доброві́льні вне́ски (*до пенсі́йного фо́нду*)
ave.; avg.	**average** 1) пересі́чна кі́лькість 2) частко́ві зби́тки 3) ава́рія
a/w; a.wt.	**actual weight** факти́чна вага́
bal.	**balance** бала́нс
barr.	**barrister** адвока́т
bbl.	**barrel** 1) бари́ло, бо́чка; 2) ба́рель
b/f; B/F	**brought forward** перене́сення (*раху́нку*) на насту́пну сторі́нку
B.C.	**b/c bulk cargo** насипни́й чи наливни́й ванта́ж; безта́рний ванта́ж
bd	**bond** 1) заставна́; 2) обліга́ція, бо́н
b/d	**barrels per day** ба́релів на день
B.E.	**Bank of England** Англі́йський Банк
B/E	**bill of entry** ми́тна деклара́ція (*по прибутті́ суде́н, мор.*)
B.Ex.; B/Ex	**bill of exchange** перевідни́й ве́ксель; тра́тта; біржови́й ве́ксель
B.I.M.	**British Institute of Management** Брита́нський інститу́т ме́неджменту
B.I.S.	**Bank for International Settlements** Банк міжнаро́дних розраху́нків (*знахо́диться у Ба́зелі*)
bk.	**bank** банк
B/L;	**b.l. bill of lading** коноса́мент, тра́нспортна накладна́
B.N.	**bank note** банкно́та
bn billion	білльйо́н, мілья́рд
B.O.; b.o.	**back order** зворо́тній поря́док
	branch office філія
	broker's order бро́керське замо́влення
	buyer's option на ро́зсуд покупця́
BOP	**balance of payments** платі́жний бала́нс
B/P	**bill(s) payable** платі́ж за ве́кселем
br.	**branch** 1) філія, філіа́л, відділ; 2) га́лузь
B.R.	**bank rate** диско́нтова ста́вка ба́нку
B/R	**bill(s) receivable** ве́ксель (ве́кселі) до отри́мання
B.S.; B/S	**bill of sale** ку́пча, закладна́
bu.	**bushel** бу́шель
B/V	**book value** бала́нсова ва́ртість
bx.	**box** коро́бка, я́щик
C.A.	**chartered accountant** грома́дський бухга́лтер; бухга́лтер-експе́рт
C.A.A.	**Civil Aviation Authority** Управлі́ння циві́льної авіа́ції

c.a.d.	**cash against documents** платíж готíвкою прóти вантáжних докумéнтів
c.&f.	**cost and freight** вáртість і фрахт; каф (*умóва контрáкту*)
c.&i.	**cost and insurance** вáртість і страхувáння (*умóва контрáкту*)
CAP	**Common Agricultural Policy** Загáльна сíльскогосподáрська полíтика
C.B.D.	**cash before delivery** плáта (*за товáр*) до достáвки
CBI	**Confederation of British Industry** Конфедерáція бритáнської промислóвости
cc.	**cubic centimeters** кубíчні сантимéтри
	current cost потóчна вáртість
C.C.A.	**current cost accounting** потóчний господáрчий розрахýнок
c.d.	**cash discount** скúдка, знúжка
CDV	**cash debit voucher** розпúска в отрúманні пóзики готíвкою
cert.	**certificate** пáспорт, сертифікáт, посвíдчення, повíдка, свідóцтво, дóвідка
CEO	**Chief Executive Officer** керівнúк компáнії, дирéктор
CFO	**Cheif Financial Officer** головá фінансóвих справ компáїї
CH; c.h.	**Clearing House** ліквідацíйна кáса, клíрингова палáта
	Custom House мúтниця
chg.	**charge** цінá, вúтрата
chgd.	**charged** 1) обвинувáчений; 2) той, комý представляють сýму до вúплати
chk.	**check** чек
Chmn.	**chairman** головá
c.i.f.	**cost, insurance, freight** вáртість, страхувáння, фрахт; сíф (*умóва контрáкту*)
c.i.f. & c.	**cost, insurance, freight and commission** вáртість, страхувáння, фрахт і комíсія; сíф, що включáє комíсію посерéдника (*умóва контрáкту*)
c.i.f. & e.	**cost, insurance, freight and exchange** вáртість, страхувáння, фрахт і курсовá рíзниця; сíф, що включáє курсовý рíзницю (*умóва контрáкту*)
c.i.f.c. & i.	**cost, insurance, freight, commission and interest** сíф, що включáє комíсію посерéдника та вúтрати щóдо врахувáння акцéпта покупця (*умóва контрáкту*)
c.i.f.i.	**cost, insurance, freight, and interest** сíф, що включáє процéнти прибýтку (*від вáртости товáру, умóва контрáкту*)
C/O	**cash order** кáсовий óрдер
c/o	**care of** для передáчі (*кореспондéнції*) чéрез когóсь
	carried over 1) перевéзений; 2) перенéсений на íншу сторíнку, в íншу бухгáлтерську кнúгу
Co.	**company** компáнія, товарúство, фíрма
C.o.C.	**Chamber of Commerce** торгівéльна палáта

C.O.D., c.o.d.	**cash on delivery** післяплата
Com.	**committee** комíсія, комітéт
COO	**Chief Operating Officer** начáльник виробни́цтва компáнії
corp.	**corporation** корпорáція
C.P.	**cost price** собівáртість
C.P.I.	**consumer price index** спожи́вчий ціновий índекс
C.P.P.	**current purchasing power** поточна купівéльна спромóжність, поточна купівéльна си́ла
Cr.	**credit** креди́т
	creditor кредитóр
C.R.M.	**cash on receipt of merchandise** плáта готівкою по одéржанні товáру
C.S.	**capital stock** акціонéрний капітáл; основни́й капітáл; áкції
C.S.A.	**Canadian Standards Association** Канáдська асоціáція стандáртів
ct(s).	**cent(s)** цент(и)
C.T.T.	**Capital transfer tax** подáток з перевóду капітáлу
C.V.; CV	**curriculum vitae** автобіогрáфія
C/W; c.w.	**commercial weight** торгівéльна вагá
c.w.o.	**cash with order** сплáта готівкою при замóвленні
D/A; d/a	**days after acceptance** днів після акцéпту
	deposit account депози́тний рахýнок; авáнсовий рахýнок
	documents against acceptance докумéнти próти акцéпту
	documents attached супровідні докумéнти
D.C.F.	**discounted cash flow** дисконтóваний óбіг грошéй
doc.	**document** докумéнт
D/D	**demand draft** трáтта (*переважно у міжнарóдних розрахýнках переказни́й вéксель*)
dep.	**deposit** завдáток, застáва, вклад до бáнку, депози́т
Dept.	**department** 1) відомство; департáмент; міністéрство; 2) відділ
dft	**draft** 1) проéкт 2) трáтта, зняття́ грошéй з рахýнку
dis.; disc.	**discount** 1) дискóнт; 2) зни́жка; 3) постýпка
div.	**dividend** дивідéнд
	division (of a company) відділ (*компáнії*)
DIY	**do–it–yourself** «зроби́ сам» (*нáзва бритáнської мерéжі магази́нів, де продáються товáри для дóму*)
D/L	**demand loan** пóзика на вимóгу
D/O	**delivery order** «делівері-óрдер» (*розпоря́дження про ви́дачу товáру зі склáду*)
doc.	**document** докумéнт
dol.	**dollar** дóлар
D/P	**documents against payment** докумéнти próти платежý; докумéнти за рахýнок готівкою
d.w.	**daily wages** щодéнна заробітна плáта

EBRD	**European Bank for Reconstruction and Development** Європе́йський банк для реконстру́кції та ро́звитку (*банк допомо́ги кра́їнам Центра́льної та Схі́дної Євро́пи*)
EC	**European Community** Європе́йське співтовари́ство, ЄС
	European Commission Європе́йська Комі́сія
E.C.	**Executive Committee** викона́вчий коміте́т
ECAFE	**Economic Commission for Asia and the Far East** Економі́чна комі́сія ООН для Азі́ї та Дале́кого Схо́ду, ЕКАДС
ECE	**Economic Commission for Europe** Економі́чна комі́сія ООН у спра́вах Євро́пи
ECLA	**Economic Commission for Latin America** Економі́чна комі́сія ООН у спра́вах краї́н Лати́нської Аме́рики, ЕКЛА
ECME	**Economic Commission for the Middle East** Економі́чна комі́сія ООН у спра́вах Близько́го Схо́ду
econ.	**economy** 1) еконо́міка; 2) наро́дне господа́рство
ECOSOC	**Economic and Social Council** (*of the United Nations*) Економі́чна та соціа́льна ра́да ООН
ECSC	**European Coal and Steel Community** Європе́йське об'є́днання вугі́лля та ста́лі, ЄОВС
E.C.U.; ECU	**European Currency Unit** Європе́йська грошова́ одини́ця, є́кю
EEA	**European Economic Area** Європе́йська економі́чна зо́на
EEC	**European Economic Community** Європе́йське економі́чне співтовари́ство, ЄЕС
	European Economic Council Європе́йська економі́чна ра́да, ЄЕР
EFC	**effective foreign currency** інозе́мна валю́та, що ві́льно оберта́ється (*на бі́ржі*)
E.F.T.A.	**European Free Trade Association** Європе́йська асоціа́ція ві́льної торгі́влі
EFTPOS	**electronic funds transferred at point of sale** електро́нний пере́каз гроше́й ка́сою-автома́том (*Нова́ Зела́ндія*)
E.I.B.	**European Investment Bank** Європе́йський інвестиці́йний банк
E.M.A.	**European Monetary Agreement** Європе́йський валю́тний до́говір
EMF	**European Monetary Fund** Європе́йський валю́тний фонд, ЄВФ
E.M.S.	**European Monetary System** Європе́йська валю́тна систе́ма
Encl(s)	**enclosure(s)** докла́дено (*сті́льки-то а́ркушів до ділово́го листа́*)
E.P.	**express paid** термі́но́вість (*доста́вки*) спла́чена
EPA	**Environmental Protection Agency** Управлі́ння охоро́ни зо́внішнього середо́вища (*США*)
EPOS	**electronic point of sale** електро́нна ка́са-автома́т (*Нова́ Зела́ндія*)
E.P.T.	**Excess Profit Tax** пода́ток на надприбу́ток
eq.	**equivalent** еквівале́нт
	equal рі́вний, еквівале́нтний
ERDF	**European Regional Development Fund** Європе́йський регіона́льний фонд ро́звитку

ERM	**exchange rate mechanism** (*Європе́йський*) механі́зм о́бміну валю́т
ESOP	**Employee stock ownership plan** План придба́ння а́кцій робітника́ми
Esq.; Esqr	**Esquire** еску́айр
est.	**estimated** розрахунко́вий; згідно з оці́нками
E.T.A.	**estimated time of arrival** час прибуття́ згідно з розраху́нками
E.T.D.	**estimated time of departure** час відпра́влення згідно з розраху́нками
EU	**European Union** Європе́йський Со́юз (*коли́шнє Європе́йське Співтовари́ство*)
ex.	**export** е́кспорт
	exchequer скарбни́к
exch.	**exchange** о́бмін
exec.	**executive** викона́вчий
exp.	**export; exported** експо́рт, еспорто́ваний, ви́везений
	express експре́с
FAO	**Food and Agricultural Organization** (*United Nations*) Організа́ція ООН з пита́нь харчі́вта сільско́го господа́рства, ФАО
faq	**fair average quality** до́бра я́кість пересі́чно
f.a.q.	**free alongside quay** фра́нко вздовж на́бережної (*умо́ва контра́кту*)
FAS	**Federal Accounting Standards** Федера́льні станда́рти бухга́лтерських розраху́нків (*пра́вила, що регулю́ють бухга́лтерські розраху́нки у США*)
f.a.s.	**free alongside ship** фра́нко вздовж бо́рту судна́ (*умо́ва про забов'я́зання продавц доста́вити за свій раху́нок в“анта́ж до бо́рту судна́*)
Fax	**fax facsimile** факс
f.b.	**freight bill** ванта́жна накладна́
F.C.	**for cash** за готі́вку
F.C.C.	**Federal Communication Commission** Федера́льна комі́сія з пита́нь комуніка́ції
FCO	**Foreign and Commonwealth Office** Міністе́рство закордо́нних справ Великобрита́нії
f.d.	**free dispatch, free despatch** безкошто́вне пересила́ння
FET	**federal excise tax** федера́льний акци́зний збір
f.i.a.	**full interest admitted** дотри́мання всіх умо́в для забезпе́чення заціка́влености
fin.	**finance** фіна́нси
	financial фіна́нсовий
f.i.o.	**free in and out** наванта́ження та розванта́ження спла́чуються тим, хто фрахту́є, фіо
FMS	**flexible manufacturing system** гнучка́ систе́ма виробни́цтва

f.o.b.	**free on board** фра́нко–корабе́ль, фоб (*умо́ва контра́кту про забов'яза́ння продавця́ доста́вити та заванта́жити това́р на борт судна́*)
f.o.c.	**free of charge** безкошто́вно
f.o.d.	**free of damage** безкошто́вно у ви́падку пошко́джень (*страхува́ння*)
f.o.q.	**free on the quay** фра́нко-на́бережна (*умо́ва контра́кту*)
f.o.r.	**free on rail** фра́нко-залізни́ця (*умо́ва контра́кту*)
f.o.s.	**free on steamer** фра́нко-паропла́в (*умо́ва контра́кту*)
f.o.t.	**free of tax** що не підляга́є оподаткува́нню
Frt; Fr't; frt.	**freight** 1) ванта́ж; 2) фрахт
FTC	**Federal Trade Commission** Федера́льна комі́сія з пита́нь торгі́влі
F.X.	**foreign exchange** інозе́мна валю́та (*що купу́ється краї́ною в о́бмін на свою́ валю́ту*)
F.Y.; FY	**fiscal year** фіна́нсовий рік
GATT	**General Agreement on Tariffs and Trade** Генера́льна уго́да з тари́фів і торгі́влі, ҐАТТ
GDP	**Gross Domestic Product** Зага́льний/валови́й вну́трішній проду́кт
GNI	**Gross National Income** Валови́й націона́льний дохі́д
GNP	**Gross National Product** Зага́льний/валови́й націона́льний проду́кт, ЗНП/ВНП
G7	**Group of Seven (Industrialized Nations)** гру́па семи́ індустрія́льних краї́н, «Вели́ка Сі́мка» (*включа́є США, Кана́ду, Великобрита́нію, Фра́нцію, Німе́ччину, Іта́лію та Япо́нію*)
GRAS	**Generally Recognised as Safe** зага́льнови́знаний як нешкідли́вий (*офіці́йний ярли́к у США*)
GST	**Goods and Services Tax** Пода́ток з това́рів та по́слуг (*Пода́ток з про́дажу, Кана́да, Нова́ Зела́ндія*)
g.s.w.	**gross shipping weight** відправна́ вага́ бру́тто
GW	**gross weight** вага́ бру́тто
HAC	**Hague Arbitration Convention** Га́аґська конве́нція про міжнаро́дний арбітра́ж
H.O.	**Head Office** головна́ конто́ра; правлі́ння
HP	**hire pruchase** купі́вля «в розстро́чку» (*Великобрита́нія, Австра́лія, Нова́ Зела́ндія*)
IAFE	**International Association of Fairs and Expositions** Міжнаро́дна асоціа́ція я́рмарків і ви́ставок
IATA	**International Air Transport Association** Міжнаро́дна асоціа́ція пові́тряного тра́нспорту
IBRD	**International Bank for Reconstruction and Development** Міжнаро́дний банк для реконстру́кції та ро́звитку

ICAO	**International Civil Aviation Organization** Міжнаро́дна організа́ція циві́льної авіа́ції, **IКАО**
ICC	**International Chamber of Commerce** Міжнаро́дна торгіве́льна пала́та
	Interstate Commerce Commission Комі́сія з пита́нь торгі́влі між шта́тами США
IEA	**International Economic Association** Міжнаро́дна науко́во-економі́чна асоціа́ція
IFC	**International Finance Corporation** Міжнаро́дна фіна́нсова корпора́ція (дочі́рня фіна́нсова орга́ніза́ція Всесві́тнього ба́нку, що нада́є по́зики прива́тним компа́ніям)
ILO	**International Labor Organization** Міжнаро́дна організа́ція пра́ці (*ООН*)
IMF	**International Monetary Fund** Міжнаро́дний валю́тний фонд, МВФ
imp.	**importer** імпорте́р
Inc.	**incorporated** акціоне́рний; зареєстро́вана як корпора́ція (*у на́звах корпора́цій США*); зареєстро́ваний як юриди́чна осо́ба
inst.	**institute** інститу́т
	institution устано́ва, організа́ція
insur.	**insurance** страхува́ння; страхо́вка
int.	**interest** проце́нтний прибу́ток
inv.	**invoice** раху́нок-факту́ра за това́ри чи по́слуги; раху́нок; факту́ра; накладна́
I.O.U.	**I owe you** «я вам ви́нен» (*фо́рма боргово́ї розпи́ски*)
IRA	**Individual Retirement Account** Індивідуа́льний пенсі́йний раху́нок
I.R.S.; IRS	**Internal Revenue Service** Вну́трішня слу́жба оподаткува́ння США
ISO	**International Standards Organization** Міжнаро́дна організа́ція зі стандартиза́ції
ITO	**International Trade Organization** Міжнаро́дна організа́ція торгі́влі (*ООН*)
J.A.; j/a	**joint account** спі́льний раху́нок
JIT	**just–in–time** «якра́з вча́сно» (*систе́ма, за яко́ю проду́кція постача́ється тоді́, коли́ в ній є потре́ба*)
jt	**joint** об'є́днаний, спі́льний, колекти́вний; суку́пний
l.a.	**letter of advice** повідо́млення, аві́зо
L/A	**letter of authority** письмо́ве вповнова́ження, дові́ренність
LAFTA	**Latin American Free Trade Association** Асоціа́ція ві́льної торгі́влі лати́ноамерика́нських кра́їн
lb.	**libra = pound** фунт
LC; L/C; l.c.	**letter of credit** акредити́в, акредити́вний лист

L.D.   **letter of deposit** заставни́й лист

LDC   **less developed country** краї́на, що розвива́ється

LDE   **London Derivatives Exchange** Ло́ндонська бі́ржа ці́нних папе́рів і това́рів

LIBOR   **London Interbank Offered Rate** проце́нтні ста́вки, що пропону́ються ло́ндонським інтерба́нком

LIFFE   **London International Financial Futures Exchange** Ло́ндонська міжнаро́дна фіна́нсова ф'ю́черсна бі́ржа

LTOM   **London Traded Option Market** Ло́ндонський торгіве́льний ри́нок

Ltd; ltd   **Limited (*liability*)** Лі́мітед (*компа́нія з обме́женими зобов'я́заннями*)

manuf.   **manufacture** виробни́цтво, обро́бка

manuf.; mfg.   **manufacturing** 1) виробни́цтво, обро́бка; 2) промисло́вий

max.   **maximum** ма́ксимум, щонайбі́льше

mdse   **merchandise** това́ри

MFA   **Multi-Fibre Arrangement** домо́вленість про різномані́тні воло́кна

mfd.   **manufactured** промисло́ві (*това́ри*)

MFN   **most favored nation** краї́на, що користу́ється режи́мом найбі́льшого сприя́ння

Mfr.; mfr.   **manufacturer** фабрика́нт, виробни́к

Mgr; mgr.   **manager** ме́неджер, керівни́к, заві́дувач, дире́ктор

min.   **minimum** мі́німум, щонайме́нше

M.I.P.   **Marine Insurance Police** по́ліс морсько́го страхува́ння

mkt.   **market** ри́нок; бі́ржа

M.M.   **money market** грошови́й ри́нок, валю́тний ри́нок

MNC   **multinational company** бага́тонаціона́льна компа́нія, міжнаро́дна компа́нія

MNE   **multinational enterprise** багатонаціона́льне підприє́мство, міжнаро́дне підприє́мство

M.O.; m.o.   **mail order** пошто́ве замо́влення (*това́рів*)

    money order грошови́й пере́каз

m.p.   **months after payment** (*сті́льки-то*) мі́сяців після платежу́

M/R   **memorandum receipt** тимчасо́ва квита́нція; тимчасо́вий докуме́нт, підтве́рджувальний докуме́нт

M.R.   **money remittance** грошови́й пере́каз

M.S.   **merchant shipping** торгіве́льне судноплавство

m.v.   **market value** ринко́ва ва́ртість

M/V   **merchant vessel** торгіве́льне судно́

n.   **net** чи́стий, не́тто

n/a   **no account** відсу́тність раху́нку

    non applicable цього́ не стосу́ється

NAFTA	**North American Free Trade Association** Асоціація вільної торгівлі північноамериканських країн (*США, Канада, Мексика, утв. 1993 року*)
n.c.v.	**no commercial value** що не має комерційної вартости
NIC	**newly industrialized country** країна, де почав відбуватися процес індустріалізації; країна, що розвивається промислово
NIS	**not in stock** немає в наявності (*про товар*)
N.L.	**net loss** чистий збиток
No.; no.	**number** 1) кількість; 2) номер
n.o.p.	**not otherwise provided for** тільки, як передбачено
n.o.r.	**not otherwise rated** тільки, як передбачено тарифом
n.o.s.	**not otherwise stated** не інакше, ніж вказано
n.p.	**net price** продажна ціна
n/p; n.p.	**net proceeds** виторг нетто
n/s	**not signed** не підписано
	not specified не конкретизовано
n.s.; n/s	**not sufficient** недостатній
N.S.F.; N/S	**not sufficient funds** недостатні фонди
N.T.P.	**not to press** «не для преси» (*біржовий жаргон*)
N.V.	**nominal value** номінальна вартість
NYSE	**New York Stock Exchange** Нью-Йоркська фондова біржа
o/a	**our account** наш рахунок
o.c.	**outward cargo** експортний вантаж
OD	**organization(al) development** організаційний розвиток
O.D.; O/D	**on demand** на пред'явника; на запит, на вимогу; до запитання
O/D; OD	**overdraft** овердрафт, перевитрати
OECD	**Organization for Economic Cooperation and Development** Організація економічного співробітництва та розвитку
off.	**office** офіс, контора, бюро, канцелярія
O/L	**our letter** (*посилаючись на*) наш(ого) лист(а)
o/o	**our order** наше замовлення
O.P.	**old price** стара ціна
OPEC	**Organization of Petrolium Exporting Countries** Організація країн- експортерів нафти, ОПЕК
OR	**operations** операції
	operational research операційне дослідження
o.r.	**owner's risk** на ризик власника (*страхування*)
O/S	**on sale** продається; що надійшло у продаж
o/s	**out of stock** немає на складі; що відсутній на складі
OT; o/t	**old terms** старі (попередні) умови

p. penny/pence пенс(и)

p.a.; per an. per annum (Lat.) щорíчно, за рік

P.A.; PA personal assistant секретáр, секретáр-помíчник, особúстий секретáр

purchasing agent агéнт з закупíвлі

P & L profit and loss прибýток та збúтки

P & P postage and packing оплáта упакóвки і достáвки

pat. patent патéнт

patd. patented запатентóваний

P.A.Y.E. pay-as-you-earn «платú мíрою тóго, як заробляʹєш» (схéма стяʹгнення подáтків)

payt. payment 1) сплáта, вúплата, платíж; 2) заробíтна плáта; 3) винагорóда

p.c.; pct. per cent процéнт, відсóток

p/c prices current потóчні цíни, цíни дня

pd. paid сплáчено; сплáчений

P.D. port dues портóвий збір

PIN Personal Identification Number особúстий код (для користувáння кредúтними кáртками)

pkg. package пакéт; пакýнок

P.L. patent licence патéнтне свідóцтво

P.L.C.; Plc Public Limited company держáвна компáнія з обмéженими правáми (Великобритáнія)

pmt. payment 1) сплáта, вúплата, платíж; 2) заробíтна плáта; 3) винагорóда

PO postal order поштóвий грошовúй перéказ

P.O.D. pay on delivery плáта при достáвці; плáта пíсля достáвки

POS; p.o.s. point of sale пункт прóдажу

p.p. per procurationem = to sign on behalf of someone підпúсувати від íмени когóсь

PPBS planning-programming-budgeting system систéма планувáння, програмувáння, фінансувáння

ppd prepaid сплáчено наперéд

PPP personal pension plan індивідуáльний пенсíйний план

PPS personal pension scheme індивідуáльний пенсíйний план

p.r. payment received отрúманий платíж

PSBR public-sector borrowing requirement вимóга до пóзик держáвного сéктору

PSDR public-sector debt repayment вúплата бóргу держáвним сéктором

P.T. preferential tariff пíльговий мúтний тарúф

Qt.; quan. quantity кíлькість

Qtr.; qu. quarter квартáл

R & D; **r & d**	**research and development** дослі́дження та ро́звиток (*нови́х технологі́й*); науко́во-дослі́джувальний
r.c.	**return cargo** зворо́тній ванта́ж
rcpt.; **recpt.**	**receipt** квита́нція, розпи́ска в отри́манні
RE:; **re:**	**referring:** стосо́вно: (*на́пис на поча́тку ділово́го листа́*)
R.E.	**real estate** нерухо́ме майно́
rec; **recd.**	**received** отри́мано, прийнято́
Ref.	**reference** 1) посила́ння; 2) вихідни́й но́мер (*ділово́го листа́ чи докуме́нта*)
reg.	**registered** зареєстро́ваний
	registrar реєстра́тор
	registry рее́стр; реєстра́ція
	regulation регулюва́ння; інстру́кція, пра́вило
regr.	**register** рее́стр, офіці́йний спи́сок
rep.	**report** звіт, до́повідь
	representative представни́к
rev.	**revenue** щорі́чний прибу́ток
	review о́гляд
	revised переві́рений
R.F.D.	**rural free delivery** безкошто́вна доста́вка у сі́льській місце́вості
ROI	**return on investment** прибу́ток з інвести́ції
R.P.	**retail price** роздрібна́ ціна́
	by return of post зворо́тньою по́штою
RPI	**Retail Price Index** і́ндекс роздрібни́х цін
RRP	**Recommended Retail Price** Рекомендо́вана роздрібна́ ціна́
R.T.A.	**Reciprocal Trade Agreement** торгіве́льна уго́да на осно́ві взає́мности
R.V.	**receipt voucher** квита́нція, розпи́ска в отри́манні
s.; **/s/**	**signed** підпи́саний
S.B.	**Savings Bank** оща́дний ба́нк
	short bill коро́ткостроко́ва тра́тта
SDR	**special drawing rights** особли́ві права́ оде́ржання по́зик
S.E.; **St.Ex.**	**Stock Exchange** (*Ло́ндонська*) фо́ндова бі́ржа
SEC; **S.E.C.**	**Securities and Exchange Commission** Комі́сія з пита́нь обмі́ну ці́нних папе́рів (*на ри́нках ці́нних папе́рів у США*)
SIC	**Standard Industrial Classification** Станда́ртна промисло́ва класифіка́ція
sig.	**signature** пі́дпис
SITC	**Standard International Trade Classification** Міжнаро́дна станда́ртна торгіве́льна класифіка́ція
S.N.	**Shipping Note** судно́ви́й докуме́нт, свідо́цтво про наванта́ження
sol.	**solicitor** 1) адвока́т, юрисконсульт; 2) аге́нт фі́рми

s.p.	**selling price** про́дажна ціна́
S.R.O.	**self-regulatory organization** самовря́дна організа́ція
S.S.; s.s.	**steamship** паропла́в
std.	**standard** станда́рт, моде́ль
stk.	**stock** 1) акціоне́рний капіта́л, фо́нди; 2) ная́вний запа́с (*това́ру*)
SWIFT	**Society for Worldwide Interbank Financial Telecommunications** Товари́ство всесві́тнього міжба́нківського фіна́нсового те́лезв'язку́
TA	**technical assistance** техні́чна допомо́га
T.A.A.	**Trade Agreement Act** зако́н про торгіве́льні умо́ви
TC	**Trusteeship Council (of the UN)** Ра́да Опі́ки (*ООН*)
t.l.	**total loss** 1) зага́льна су́ма зби́тків; 2) по́вна заги́бель (*судна́*)
T.M.	**trade mark** торгіве́льний знак, виготіве́льна ма́рка
TNC	**transnational corporation** транснаціона́льна корпора́ція
TQM	**total quality management** зага́льне управлі́ння я́кістю
trans.	**transactions** ве́дення (*ділови́х опера́цій*)
	translation пере́клад
Trs.	**trustees** опікуни́
T.T.	**elegraphic transfer** грошови́й пере́каз телегра́фом
T.U.	**trading unit** торгіве́льна одини́ця
	trade union профспі́лка
T.V.	**tank vessel** та́нкер
T.W.	**total weight** зага́льна вага́
tx	**tax** пода́ток
UNCTAD	**United Nations Commission on Trade and Development** Комі́сія ООН з пита́нь торгі́влі та ро́звитку, ЮНКТАД
UNSCC	**United Nations Standards Coordinating Commitee** Координаці́йний коміте́т ООН з пита́нь стандартиза́ції
U.S.M.	**Unlisted Securities Market** Ри́нок незареєстро́ваних ці́нних папе́рів
USPS	**United States Postal Service** Пошто́ва слу́жба США
USS	**United States Standard** америка́нський (*техні́чний*) станда́рт
U.S.S.B.	**United States Shipping Board** Морське́ управлі́ння США
u.t.	**usual terms** звича́йні (*торгіве́льні*) умо́ви
U/W	**underwriter** 1) страхівни́к; 2) гара́нт розмі́щення (*по́зики, ці́нних папе́рів*)
VAT	**Value added tax** пода́ток на додатко́ву ва́ртість (*пода́ток з про́дажу това́рів і по́слуг, Великобрита́нія*)
Vr	**voucher** 1) розпи́ска; 2) ва́учер

w.b.	**warehouse book** складська́ накладна́
w.i.m.c.	**whom it may concern** всім, кого́ це стосу́ється
wkly.	**weekly** щоти́жня
W/R	**warehouse receipt** складська́ розпи́ска, квита́нція про прийняття́ (*това́ру*) на склад
wt.	**weight** вага́
WTO	**World Trade Organization (of the United Nations)** Організа́ція ООН з пита́нь міжнаро́дної торгі́влі
W/W; **w/w**	**warehouse warrant** складське́ свідо́цтво, повнова́ження (*про прийняття́ това́ру на зберіга́ння*), складськи́й вара́нт
Y.O.	**yearly output** річни́й ви́добуток; річне́ виробни́цтво